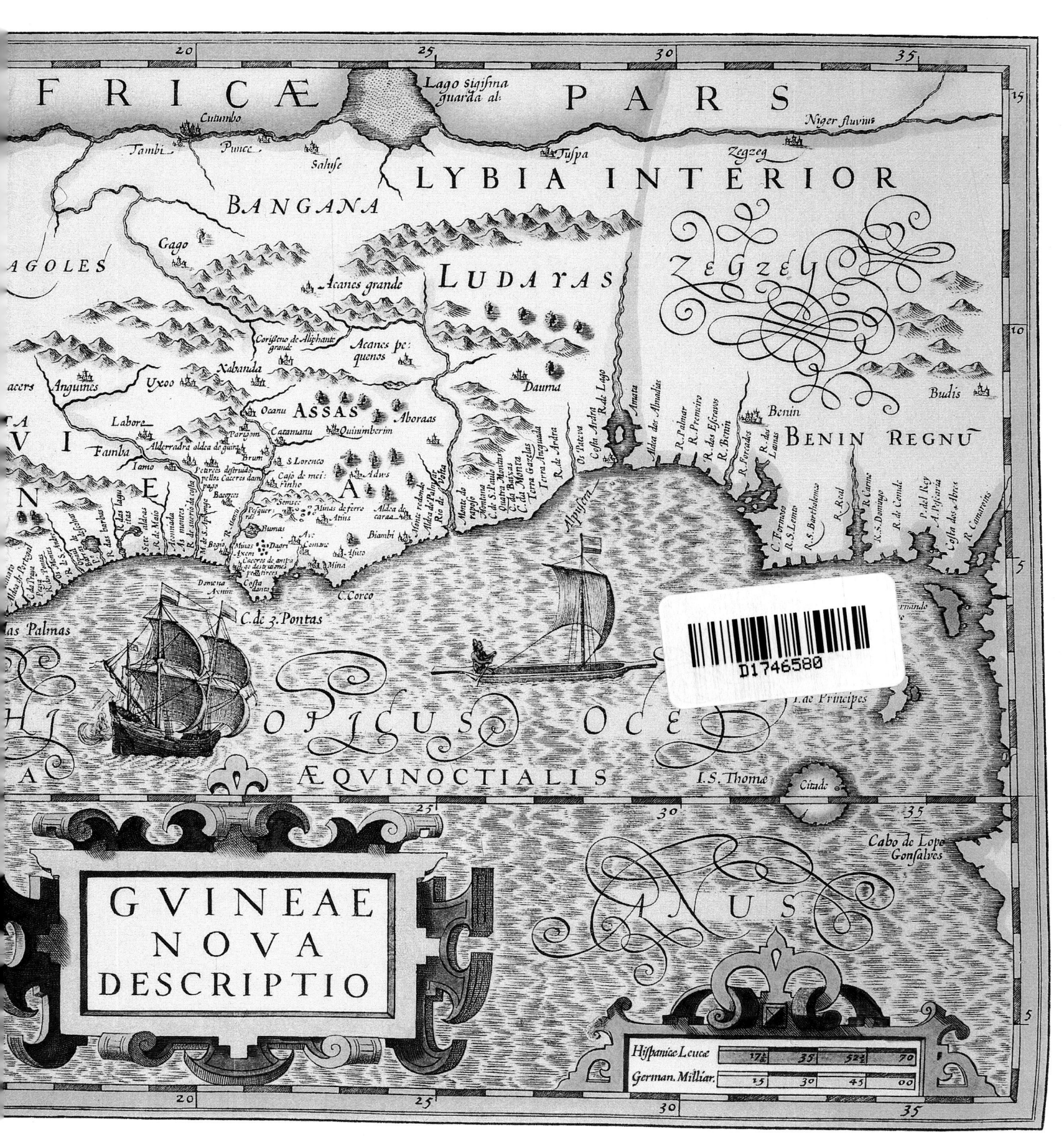

ROTE ADLER
AN AFRIKAS KÜSTE

ULRICH VAN DER HEYDEN

Kurfürst Friedrich Wilhelm I.

Die Aufnahmen auf dem Schutzumschlag zeigen die
Festung Großfriedrichsburg (Ghana) in Aufnahmen
von Marion Hunger sowie Hella Simmrow und Heinz Schmidt.
Das Schiff ist dem Gemälde «Kurbrandenburgische Flotte»
von L. Verschuir entnommen
(1684, Stiftung Schlösser und Gärten/Berlin).

ULRICH VAN DER HEYDEN

ROTE ADLER
AN AFRIKAS KÜSTE

Die brandenburgisch-preußische Kolonie
Großfriedrichsburg in Westafrika

Selignow

Der Verlag dankt folgenden Instituionen und Privatpersonen für die freundliche Überlassung der Abdruckrechte:

Dem Brandenburgischen Verlagshaus für die Überlassung der Druckvorlagen und der Abdruckrechte für etliche Bilder aus dem Verlagsarchiv Dornier (S. 8, 10, 13-14, 31 r, 63, 66, 67 l, 78, 81, 82, 85, Nachsatz).
Stiftung Preußische Schlösser und Gärten Berlin-Brandenburg (S. 67 o, Umschlag, S. 68 m l, S. 69 u l)
Staatsbibliothek zu Berlin – Preußischer Kulturbesitz (Vorsatz, S. 72 f.)
Deutsches Technikmuseum Berlin (S. 70 u l)
Deutsches Historisches Museum, Berlin (S. 68 o)
Jörg P. Anders (S. 67 o, Umschlag)
Deutsches Museum, München (S. 25 u l)
Hella Simmrow und Heinz Schmidt (S. 75 u l, Umschlag)
Katrin Fritsche (S. 75 o, Schutzumschlag)
Sabine Münch (S. 75 o)
Marion Hunger (S. 74 o, 75 o r, u r, Schutzumschlag)
Robert Volk (S. 71)
Günter Reuch (S. 68 u)
Prignitz-Museum Havelberg (S. 76)

Die übrigen Bilder stammen größtenteils aus dem Privatarchiv des Autors (S. 5, 7, 8, 9, 17-20, 23-30, 33-60, 69-70, 86-93)

Einige Rechteinhaber konnten trotz intensiver Recherchen nicht ermittelt werden. Wir bitten sie, sich beim Verlag zu melden.

Der Verlag dankt außerdem Martin Beesk und Bernd Machenschalk für die freundliche Unterstützung bei der Herausgabe.

Die Deutsche Bibliothek – CIP-Einheitsaufnahme

Heyden, Ulrich /van der
Rote Adler an Afrikas Küste : die brandenburgisch-preußische Kolonie Großfriedrichsburg in Westafrika / Ulrich van der Heyden. 2., veränd. Aufl. - Berlin : Selignow, 2001
    ISBN 3-933889-04-9

© 2001, Selignow Verlag, Berlin

Umschlaggestaltung: Sonja Hennersdorf, Berlin
Bildbearbeitung: Licht und Tiefe G. Hansmann, Berlin
Druck: druckhaus köthen, Köthen
Bindung: Lüderitz & Bauer, Berlin

Inhalt

Geleitwort zur Neuauflage (Johanna Wanka) 6

Brandenburg-Preußen – eine Kolonialmacht? 7

Kurfürst Friedrich Wilhelm I. von Brandenburg 8

Roter Adler an Afrikas Küsten 10

Das Abenteuer in Westafrika 15

Das westafrikanische Küstengebiet 18

Die Brandenburgisch-Afrikanische Kompanie 20

Europäische Rivalitäten an der Küste Westafrikas 22

Der Aufbau Großfriedrichsburgs 23

Die Absicherung der kolonialen Errungenschaft 34

Arguin 38

Der Große Kurfürst als Sklavenhändler 44

Die Afrikaner und Großfriedrichsburg 58

Gefahren und Schwierigkeiten für die Brandenburger in Afrika 61

Die Festigung der Macht in Afrika – der Anfang vom Ende 62

Die kolonialen Blütenträume verwelken 65

Der rote Adler zieht sich in seinen Horst zurück 79

Der schwarze Preuße – Legende und Wirklichkeit 83

Die Ruine Großfriedrichsburg und ihr späteres Schicksal 89

Anmerkungen 94

Zeittafel 96

Auswahlbibliographie 99

Nachwort zur 2. Auflage 104

Geleitwort zur Neuauflage

Am 18. Januar 1701 krönte sich der brandenburgische Kurfürst Friedrich III. zum König Friedrich I. in Preußen. Dieses Datum markierte nach den Verwüstungen und Zerstörungen des Dreißigjährigen Krieges den Beginn des Aufstiegs Brandenburg-Preußens zu einer europäischen Regionalmacht.

300 Jahre später erinnern die Bundesländer Berlin und Brandenburg mit einer dezentral organisierten Landesausstellung und vielen Veranstaltungen an dieses Ereignis, um eine lebendige Auseinandersetzung mit der Geschichte anzuregen. Anliegen ist es hierbei, noch vorhandene klischeehafte Vorstellungen über Preußen abzubauen und facettenreiche Einblicke in die Vergangenheit zu ermöglichen.

Zu den weniger bekannten Kapiteln der historischen Entwicklung Brandenburg-Preußens gehören die kolonialen Abenteuer des Großen Kurfürsten in Afrika. Die bis heute in dem Ort Princes Town im westafrikanischen Ghana erhaltenen Überreste der brandenburgischen Festung Großfriedrichsburg künden von dieser geschichtlichen Episode. Ihren Stellenwert dokumentiert nicht zuletzt die Tatsache, dass sie – wie die Potsdamer Schlösser und Gärtenlandschaft – in die UNESCO-Liste des Weltkulturerbes eingetragen wurden.

Der Autor dieses nunmehr neu aufgelegten Buches schildert nicht nur detailliert die Fakten, sondern versteht es, die Motive und Ambitionen der kurfürstlichen Politik, die zu dem Abenteuer an Afrikas Küste führten, kritisch zu hinterfragen und dadurch zu erhellen.

Ich wünsche dem Buch Erfolg und hoffe, dass es einen Beitrag leisten kann, Interesse füreinander zwischen den heute in Princes Town und in Brandenburg Lebenden zu fördern.

Prof. Dr. Johanna Wanka

Ministerin für Wissenschaft, Forschung
und Kultur des Landes Brandenburg

Brandenburg-Preußen – eine Kolonialmacht

Als am 29. April 1688 in Potsdam der Kurfürst Friedrich Wilhelm I. von Brandenburg verstarb, war nicht nur eine damals bekannte Persönlichkeit von der europäischen Bühne abgetreten, die noch immer zu den umstrittensten und zugleich profiliertesten Gestalten des aufstrebenden brandenburgisch-preußischen Staates und der deutschen Militärgeschichte zählt, sondern auch ein feudaler Herrscher, der noch heute von Historikern und Publizisten ob seiner Taten in Übersee mehr oder minder stark mit einem Glorienschein umgeben wird. Gerade die kolonialen Aktivitäten des Kurfürsten, den man – zu Recht oder zu Unrecht, sei dahingestellt – schon zu Lebzeiten mit dem Prädikat «Groß» versah, werden vor allem in der älteren deutschen Kolonialgeschichtsschreibung über die Maßen gelobt. Seine Versuche, an der westafrikanischen Küste, damals als Guineaküste oder auch als Goldküste bezeichnet, kolonialen Besitz zu erwerben, stellen die die Kolonialpolitik Deutschlands und der anderen europäischen Mächte in Übersee verteidigenden Historiker und Publizisten als die Anfänge der späteren imperialistischen Ausbeutungs- und Unterdrückungspolitik, vor allem in Afrika, dar. Sie können sich dabei auf die im letzten Drittel des 19. Jahrhunderts in Deutschland in großer Anzahl in den Bücherläden auftauchende Kolonialliteratur stützen. Zu jener Zeit schickte sich das 1871 geschaffene deutsche Kaiserreich nämlich an, die Anzahl der europäischen Kolonialmächte zu vermehren. Und gerade zu jenem Zweck brauchte man in Deutschland koloniale Traditionen, auf die man voller Stolz verweisen konnte; man benötigte optimistische Ausgangspunkte, auf welche die Kolonialenthusiasten sich bei dem nicht gleich aufblühenden Kolonialgeschäft berufen konnten. Die an der Errichtung eines deutschen Kolonialreiches in der zweiten Hälfte des 19. Jahrhunderts interessierten Politiker und Publizisten suchten vehement für ihre Kolonialpropaganda entsprechende Impulse, um die noch junge deutsche koloniale Bewegung voranzutreiben. Sie suchten und fanden diese in den schon fast in Vergessenheit geratenen kolonialen Bestrebungen des kurbrandenburgisch-preußischen Staats am Ende des 17. Jahrhunderts.

Aber ist die kurbrandenburgische und später, ab 1701, die kurbrandenburgisch-preußische mit der etwa dreihundert Jahre später einsetzenden Kolonialpolitik des deutschen Kaiserreiches vergleichbar? Besaßen die Deutschen, als sie nach der Berliner Afrika-Konferenz, die den afrikanischen Kontinent unter den europäischen Kolonialmächten aufteilte und lange Zeit fälschlich auch als Kongo-Konferenz bezeichnet wurde, im Jahre 1884/85 direkt ins Kolonialgeschäft einstiegen, indem sie über Togo, Kamerun, Südwestafrika (heute Namibia) und Ostafrika (heute Tansania, Burundi und Rwanda) die direkte Kolonialherrschaft errichteten, tatsächlich koloniale Traditionen? Waren die damaligen Kolonialunternehmungen, wie einige Wissenschaftler behaupten, tatsächlich im Interesse der Afrikaner? Sind die kolonialen Bestrebungen des Großen Kurfürsten und seiner Nachfolger mit der späteren imperialistischen Kolonialpolitik Deutschlands zu vergleichen? Was hat sich in Wirklichkeit vor gut dreihundert Jahren an der Westküste Afrikas, dort wo heute der selbständige Staat Ghana existiert, abgespielt?

Da trotz hervorragender Leistungen der letzten Jahre auf dem Gebiet der Erforschung und Popularisierung der brandenburgisch-preußischen Geschichte, deren Beziehungen nach Übersee weniger im Mittelpunkt des Interesses standen, wollen wir die Umsetzung der kolonialen Pläne des Großen Kurfürsten etwas genauer betrachten.

Wie in dem nach Erwerb von Kolonien strebenden deutschen Kaiserreich die kurbrandenburgische koloniale Eroberung betrachtet wurde, machen folgende Berichte aus der Zeit um die Jahrhundertwende deutlich:

Unter der Zucht der Brandenburger lernten die an diesem Orte sich ansiedelnden Neger den Ackerbau bald auf eine Weise betreiben, die ihren Nachbarn unbekannt war und bedeutenden Nutzen abwarf. Hier zeigte sich bald keine Spur mehr von der faulen Trägheit der umwohnenden nachbarlichen Völkerschaften. Alles lebte in rastloser Thätigkeit. Die Bereitung des Salzes, welches den entfernteren Volksstämmen zugeführt wurde, übernahmen die Frauen. In dem Gemeindewesen, das den Geist der heimatlichen Verwaltung athmete, herrschte die musterhafteste Ordnung.

Spätere Reisende, die hierher kamen, versicherten einstimmig, daß die von den Brandenburgern erzogenen Neger in ihrer Lebensweise einen Geist der Ordnung und der Betriebsamkeit zeigten, durch den sie sich vor allen ihren Nachbarn auf der ganzen Küste von Guinea vortheilhaft hervorthaten und woran noch die stille Wirksamkeit einer bewunderswerthen geistigen Bildungskraft des preußischen Staates in seinem jugendlichen Aufblühen erkennbar sich offenbarte.

Wilfried Westphal in seiner «Geschichte der deutschen Kolonien»:

Die Eroberung der Welt durch die Europäer ist ein dunkles Kapitel der Geschichte, und die Schuld trifft alle, die daran teilnahmen. Was es hingegen festzuhalten gilt, ist die Tatsache, daß auch die Deutschen an der Plünderung der Welt beteiligt waren und daß es nicht angeht, einfach zu sagen – und damit den Spieß umzudrehen: Das Elend in der Dritten Welt ist nicht unser Problem, es ist die Schuld der anderen!

Kurfürst Friedrich Wilhelm I. Der Große Kurfürst

Kurfürst Friedrich Wilhelm I. von Brandenburg

Der nicht unbedingt wegen seiner körperlichen Statur als «Groß» bezeichnete Friedrich Wilhelm wurde am 16. Februar 1620 in Cölln bei Berlin als Sohn des brandenburgischen Kurfürsten Georg Wilhelm (1594–1640) und der Pfälzerin Elisabeth Charlotte geboren. Als er im Jahre 1640 nach dem Tode seines Vaters den Thron bestieg, mußte er schon sehr schnell feststellen, daß er kein leichtes Erbe angetreten hatte. Noch immer tobte der verheerende Dreißigjährige Krieg (1618–1648), aus dem der erst 20jährige Landesherr seine Untertanen herauszuführen versuchte. Die ihm dafür zur Verfügung stehende Armee war allerdings zerrüttet und demoralisiert. Schon recht frühzeitig war der Hohenzollernfürst jedoch mit möglichen Alternativen zum feudalen Heerwesen in Berührung gekommen. Da er in seiner Jugend viel umhergereist war, hatte er auch das niederländische und das schwedische Militärwesen kennengelernt. Beide Länder verfügten über die damals fortschrittlichsten Militärorganisationen. Während seines Studiums in Holland von 1635 bis 1638 an den Universitäten in Leyden und Den Haag machte er sich auch mit dem Seekriegshandwerk vertraut und studierte bei dem damals sehr bekannten Admiral Marten H. Trompe sowie bei anderen bedeutenden Seeleuten und Militärs jener Zeit. Ihm wird nachgesagt, daß in gewissem Maße sein späteres lebhaftes maritimes Interesse damit im Zusammenhang steht, daß er einen Teil seiner Kindheit und Jugend an der See verbracht hat. Seiner Erziehung dienende Aufenthalte in Wolgast zwischen 1631 und 1633 und bis 1635 am Hofe des Pommernherzogs in Stettin vermittelten ihm gleichsam Grundkenntnisse der Fischerei und Küstenschiffahrt auf dem Oderhaff sowie an der Ostseeküste.

In die Heimat nach einigen Jahren zurückgekehrt, nahm er niederländische Ingenieure in seine Dienste und ließ brandenburgische auf Staatskosten zu ihrer Ausbildung in die Niederlande reisen.[1] Durch die Heirat mit der gebildeten Luise-Henriette von Oranien im Jahre 1646 kam Friedrich Wilhelm mit den fortschrittlichen Auffassungen des frühkapitalistischen Staates der Niederlande noch intensiver in Berührung. Sie wurden prägend für sein weiteres Schaffen. Doch der wichtigste Schritt für eine gedeihliche Entwicklung in Kurbrandenburg mußte zunächst in der allseitigen Festigung der Herrschaft des Landesherren bestehen. Dies um so mehr, weil nach dem Frieden von Münster und Osnabrück im Jahre 1648, der den Dreißigjährigen Krieg beendete, Friedrich Wilhelm, durch die Vermittlung der französischen Krone, die Brandenburg zunächst zu einem starken Widerpart gegen die Habsburger machen wollte, riesige, zum Teil stark zersplitterte Territorien zugesprochen bekam. Somit bestand Kurbrandenburg nun aus einer Anzahl von Territorien, die über fast das gesamte mittel- und osteuropäische Gebiet verstreut waren. Jedes Territorium besaß einen eigenen Verwaltungsapparat und führte ohne inneren Zusammenhang ein Sonderdasein. Um die Mitte des 17. Jahrhunderts hatten sich in den alten wie in den neu gewonnenen Gebieten die Stände zur beherrschenden Kraft aufgeschwungen und bildeten einen Gegenpol zum kurbrandenburgischen Herrscherhaus. Der ohnehin lockere Territorialverband drohte deshalb schon bald nach der Machtübernahme Friedrich Wilhelms auseinanderzufallen. Hinzu kam die äußerst labile wirtschaftliche Situation Brandenburgs. Der Dreißigjährige Krieg hatte nicht nur kaum vorstellbare Verwüstungen in den Städten, Dörfern und auf den Feldern angerichtet, sondern auch die Bevölkerung erheblich dezimiert. Die Landwirtschaft, der Handel und das Handwerk lagen darnieder und entwickelten sich nach Beendigung des Krieges nur zögernd.

Es gelang Friedrich Wilhelm nach großen Anstrengungen jedoch schon recht bald, Fortschritte auf dem Wege zum angestrebten Absolutismus zu erzielen. So war es ihm möglich, die ständische Opposition zu brechen.[2] Dazu gehörte auch, daß die Gutsherrschaft rechtlich fixiert wurde; für die Landbevöl-

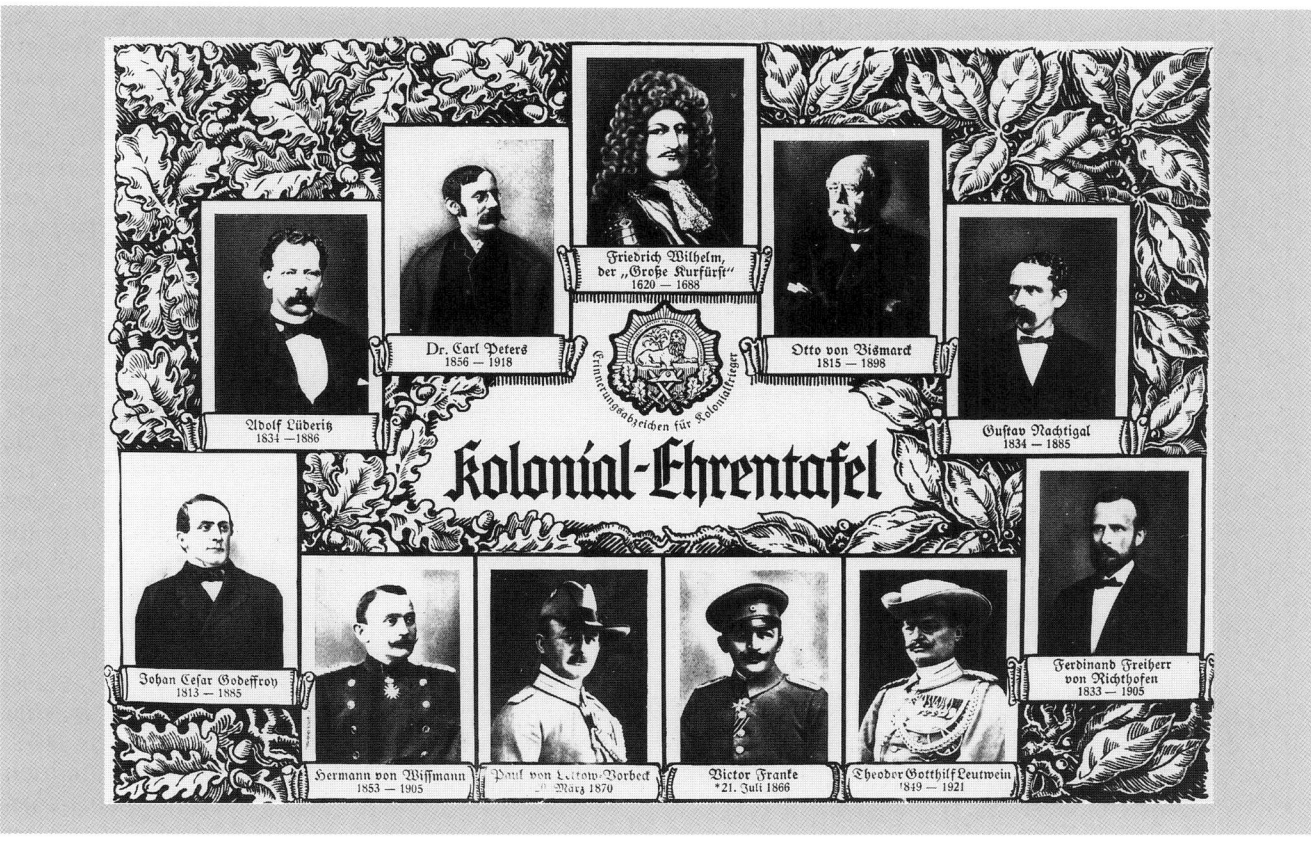

Kolonial-Ehrentafel. Die deutschen Kolonialenthusiasten sahen den Großen Kurfürsten als den Begründer oder Ahnherrn ihrer Kolonialbestrebungen an

kerung bedeutete dies die verschärfte Form feudaler Abhängigkeit, d. h. die Leibeigenschaft. Für die Stadtbevölkerung sah die ökonomische Lage nicht viel besser aus. Trotz der fast leeren Staatskasse mußte ein großes und teures Heer unterhalten werden.

Eine Söldnerarmee von 4650 Mann im Jahre 1640 wurde auf mehr als 22000 Mann im Jahre 1656 ausgebaut. Wenn sie auch den widerspenstigen Landadel bändigen sollte, so bestand die entscheidende innere Funktion doch vor allem darin, die Landbevölkerung und das Städtebürgertum der fürstlichen Herrschaft zu unterwerfen und jeden Widerstand gegen die drückenden Steuern des sich entwickelnden absolutistischen Staates rigoros zu unterdrücken.

Dazu gehört auch, daß viele Städte ihre kommunale Selbständigkeit verloren und fest in die zentralistische Verwaltung des brandenburgischen Staates eingeordnet wurden. Der Adel, wenn auch widerwillig, ordnete sich schließlich dem Kurfürsten unter.

Nachdem Kurfürst Friedrich Wilhelm die inneren Voraussetzungen dafür geschaffen hatte, begann er durch den Aufbau eines zentralen Staatsapparates das Zusammenwachsen der einzelnen Territorien zu einem einheitlichen Territorialstaat zu fördern. So konnten sich die Ideen des industriellen Merkantilismus viel freier entfalten und selbst überseeische Unternehmungen in die Überlegungen einbezogen werden.

Der immer umfangreicher werdende Staatsapparat kostete aber viel Geld, ebenfalls das sich ständig vergrößernde Heer. Durch die Erhebung von neuen Steuern und durch ausländische Subsidien konnten die ständig steigenden Kosten bald nicht mehr abgedeckt werden. Durch die Forcierung des Handels und durch Begünstigung der Einwanderung französischer Hugenotten sollten neue Geldquellen erschlossen werden. Aus gleichem Grunde unternahm Kurfürst Friedrich Wilhelm erste Versuche im Überseehandel. Gleichzeitig versuchte er nach dem Vorbild anderer europäischer Mächte Kolonien bzw. Handelsposten außerhalb Europas zu erwerben. So versuchte Friedrich Wilhelm in den ersten Jahren nach Beendigung des Dreißigjährigen Krieges eine ostindische Kompanie, eine seefahrende Handelsgesellschaft, ins Leben zu rufen. Nach mehrjährigen Verhandlungen kaufte er 1651 von Dänemark das Fort Dansborg, die dazugehörende Stadt Tranquebar und zwei benachbarte Dörfer an der indischen Koromandelküste. Da es an privaten Geldgebern mangelte, versuchte er Unterstützung in den Hansestädten zu finden – jedoch vergeblich. Letztendlich konnte die Kaufsumme von 120 000 Reichstalern nicht aufgebracht werden, und so wurde der Vertrag 1653 annulliert.[3] Der Traum von einer brandenburgisch-ostindischen Handelskompanie war somit ausgeträumt.

Der Große Kurfürst mit General Derfflinger. Nach einer Originalzeichnung von Wilhelm Camphausen

Roter Adler an Afrikas Küsten

Bei seinen Absichten, in den Übersee-, was zu jener Zeit Kolonialhandel bedeutete, einzusteigen, konnte sich der kurbrandenburgische Fürst vornehmlich auf das Beispiel der Niederlande berufen, die mit Hilfe ihrer Kolonialbesitzungen zu Reichtum und Macht gelangt waren. Dort gab es monopolistische Überseehandelsgesellschaften, die schon seit längerer Zeit von den kolonialen Gebieten, vor allem in Südostasien, riesige Profite herausholten. Zu den bedeutendsten Handelsgesellschaften zählten dort die Niederländisch-Ostindische Kompanie sowie die Niederländisch-Westindische Kompanie. Im Jahre 1621 gingen die meisten niederländischen Handelsgesellschaften in der Westindischen Kompanie auf, die dadurch ihre Macht und ihren Einfluß noch verstärken konnte; vor allem, nachdem sie 1674 bankrott gegangen war und ein Jahr später mit Unterstützung der Regierung unter gleichem Namen (am bekanntesten wohl unter der englischen Bezeichnung Dutch West India Company) wiedergegründet wurde. Die Handelsgesellschaft war für die frühkapitalistischen niederländischen Generalstaaten eine höchst willkommene Einrichtung. Sie nahm dem Staat das finanzielle Risiko für die koloniale Expansion ab. Die Leitung der kaufmännischen Geschäfte lag ausschließlich bei der Gesellschaft selbst. Die höchste Gewalt in den überseeischen Besitzungen lag in der Hand eines Generalgouverneurs, der vom Staat ernannt wurde. Der Beamte war seinerseits von den Beschlüssen und Empfehlungen einer Art Beirat von höheren Beamten, dem Rat von Indien, abhängig. Die Gesellschaft erwirtschaftete Dividenden von über 100 Prozent. Es war also kein Wunder, wenn die Vertreter des frühen Monopols eifersüchtig darüber wachten, daß nicht andere kapitalkräftige Kaufleute, die ihrer Monopolgesellschaft nicht angehörten, in den Kolonialhandel ebenfalls Geld investierten. Ebenso fürchteten sie die Konkurrenz anderer Gesellschaften und unternahmen alles, um die lästigen Rivalen auszuschalten. Wenngleich es gesetzliche Bestimmungen gab, die solche Aktionen verboten, floß doch häufig überschüssiges niederländisches Kapital in ausländische Kolonialunternehmungen, wie zum Beispiel nach Schweden, Dänemark, Kurland und Frankreich. So konnte auch die Konkurrenz besser kontrolliert werden.

Die Bedeutung des kolonialen Handels bzw. diesem dienende Stützpunkte in Übersee hatte Friedrich Wilhelm bereits während des Dreißigjährigen Krieges erkannt. So bemühte er sich noch vor Friedensschluß, Voraussetzungen für die Gewinnung einer Seeküste außerhalb Europas, nach Möglichkeit in Afrika, zu schaffen.[4] Das für dieses Projekt notwendige Geld hoffte er aus den Niederlanden zu erhalten. Von dort gewann er zunächst den ehemaligen Admiral Aernoult Gijsels van Lier als Berater für die Gründung einer Brandenburgisch-Ostindischen Handelskompanie, an der sich auch der Kaiser und eine Anzahl Reichsfürsten finanziell beteiligen sollten. Der Ex-Admiral war es wohl auch, der das vielschichtige Interesse des Großen Kurfürsten auf die überseeischen Regionen nachhaltig hervorrief. Jener war sehr gebildet und besaß für die damalige Zeit eine umfangreiche Sammlung chinesischer Schriften. Später erwarb Friedrich Wilhelm dessen zumeist religiöse und wissenschaftliche Bücher, die vornehmlich von Jesuiten stammten und größtenteils in chinesischer Sprache verfaßt waren. Bis zu seinem Tode unterstützte der Landesherr den Erwerb weiterer chinesischer Bücher für seine Bibliothek und nahm Anteil an den Ergebnissen der in Berlin betriebenen chinesischen Studien. Dies ist sicherlich nicht nur auf sein wissenschaftliches Interesse zurückzuführen, sondern zeugt wohl auch von seinen niemals ganz aufgegebenen Plänen, mit Ostasien intensiven Handel zu treiben, was auf sein unerschöpfliches Interesse für seine Handelspläne mit Ostasien erklärt werden kann.

A. Gijsels van Lier unterbreitete dem Kaiser den Vorschlag, den solchermaßen an überseeischen Dingen interessierten Kurfürsten von Brandenburg zum

Reichsadmiral oder «Admiral-General» zu ernennen und ihm eine zu schaffende Reichsmarine anzuvertrauen. Rücksichten in der großen europäischen Politik ließen jedoch die Vorschläge nicht zur Realität werden.

Obgleich Dänemark dem brandenburgischen Fürsten und seiner noch zu gründenden Kompanie für Fahrten durch den Sund weitgehende Vergünstigungen eingeräumt hatte und auch Unterstützung zusagte, scheiterten die Pläne zur Schaffung von Handelskompanien und der Erwerb von überseeischen Territorien immer wieder an Geldmangel. Mehrere derartige Versuche mußten aus finanziellen Gründen aufgegeben werden.[5] Voraussetzungen für jedwede überseeischen Unternehmen – und darüber war sich Friedrich Wilhelm vollkommen im klaren – war die Schaffung bzw. der Ausbau von Häfen und Werften sowie überhaupt die Verbesserung der Seewasserstraßen. Günstig war in dieser Hinsicht die territoriale Gebietserweiterung. Denn nach dem Westfälischen Frieden im Jahre 1648 waren an Brandenburg u. a. das Erzstift und die Stadt Magdeburg gefallen. So eröffnete sich für den Kurfürsten eine neue Möglichkeit, Zugang zum Meer zu erlangen. Statt der weitgehend versandeten und durch die Schweden blockierten Odermündung konnte nun die Elbe die Seepforte Brandenburgs werden. Schon 1656 wandte sich Friedrich Wilhelm deshalb an den Senat der reichsfreien Stadt Hamburg und schrieb, daß er «auf alle Mittel und Wege bedacht sei, wie die Handlung von Hamburg auf Frankfurt an der Oder und Breslau und zu dem Ende die Schiffahrt auf der Elbe, Havel und Spree wiederum in gutem Schwange gebracht und erhalten werden könne», und daß er aus diesem Grund die Postverbindungen von Hamburg nach Berlin, Frankfurt an der Oder und Breslau zu verbessern gedenke. Wenn die Bemühungen bezüglich der Nutzung der Elbe auch nicht sogleich Erfolg zeigten, behielt der brandenburgische Territorialfürst doch nach wie vor sein anvisiertes Ziel fest im Auge. Als Hamburg einige Jahre später von den Dänen belagert wurde, ließ er erklären, daß es für ihn von gleicher Bedeutung wäre, ob Berlin oder Hamburg bedroht würden. Diplomatisch und auch militärisch setzte er sich für die Beilegung des Konfliktes ein.[6]

Erst nach seinem Sieg über die Schweden, mit denen er wegen der Besetzung Pommerns und aus anderen machtpolitischen Gründen aneinandergeraten war, in der Schlacht bei Fehrbellin im Juni 1675 schaffte es Friedrich Wilhelm, eine der entscheidensten Vorbedingungen zur Verwirklichung seiner kolonialen Träume mit der nötigen Intensität in Angriff zu nehmen. Es gelang ihm nämlich, eine kleine Kriegsflotte aufzubauen.[7] Auch diesmal holte sich der Kurfürst aus den Niederlanden hierfür seinen Ratgeber und Helfer, nämlich den Kaufmann und Schiffsreeder Benjamin Raule. Dieser war im Jahre

Raules Hof in Berlin, um 1915

1634 in Vlissingen geboren worden und war Großreeder und Ratsherr in Middelburg. Aus einer wirtschaftlichen Notlage heraus – er konkurrierte mit der Niederländisch-Westindischen Kompanie – hatte er erstmals 1672 dem brandenburgischen Kurfürsten seine Dienste empfohlen, allerdings damals als Kaperkapitän. Dieses Angebot nahm Friedrich Wilhelm jedoch nicht an. Einige Jahre später hingegen, 1675, hatte Raule mehr Glück. Er lernte nämlich Friedrich Wilhelm bei einer festlichen Gelegenheit persönlich kennen. Beide stellten ihre gemeinsamen Interessen fest, und Raule siedelte bereits ein Jahr später nach Brandenburg über. Seine zehn ihm gehörenden Fregatten stellte Raule unter brandenburgische Flagge. Im Jahre 1680 verfügte er bereits über 28 Schiffe. Sein Erfolg ist nicht zuletzt darauf zurückzuführen, daß er von seinem neuen Landesherren großzügig ausgestattet wurde. Er erhielt zunächst Häuser, Pferde und Handelsrechte. In Berlin gehörte ihm zum Beispiel ein großes Grundstück, das lange Zeit als «Raules Hof» bekannt war. Es befand sich zwischen der heutigen Leipziger Straße und der Oberwasserstraße. Ihm gehörte auch das Schloß Rosenfelde, wo sich heute der Tierpark Friedrichsfelde befindet. In seiner jetzigen rekonstruierten und umgebauten Form erinnert das Schloß freilich kaum noch an den ersten Bauherrn. In Berlin sind aber die

Benjamin Raule (1634–1708). «Directeur général de marine»

Raules Namenszug

Zeitgenössisches Scherzgedicht des Freiherrn von Canitz über das Verhältnis zwischen Benjamin Raule und dem Großen Kurfürsten:

*Der Churfürst und was Fürstlich heisst,
Haben jüngst beim Raule gespeist
Mittags zu Rosenfelde.
Allwo man hat, versteh mich recht,
Kostbar gegessen und gezecht,
Gespielet mit dem Gelde.*

heute noch existierenden Straßen «Gröbenufer» und «Guineastraße» Zeugnisse des kolonialen Abenteuers des Großen Kurfürsten.

In der älteren Literatur bezeichnete man Raule als Fachmann für koloniale Angelegenheiten oder «in seiner Art bedeutenden und in hohem Grade unternehmungslustigen Mann» oder als «die Seele des damaligen maritimen Aufschwunges». Auf alle Fälle dürfte die Einschätzung des Historikers Hermann von Petersdorf zutreffen, der feststellte: «Ohne diesen beweglichen Mann ist die kühne Kolonialpolitik Friedrich Wilhelms gar nicht zu denken.»[8] Zumindest in einigen Punkten dürften die Einschätzungen nicht übertrieben gewesen sein, denn schon nach relativ kurzer Zeit übertrug der Kurfürst Benjamin Raule einen verantwortlichen Posten in der brandenburgischen Marine.[9] Somit unterlagen der Überseehandel und das gesamte Schiffswesen dessen Kontrolle. Schon bald nach der Übernahme seiner offiziellen Ämter begab er sich nach Königsberg, ließ den Hafen Pillau ausbauen, Werften anlegen und forcierte den Schiffsbau. In einem Schreiben vom 2. August 1679 versuchte Raule zum erstenmal, seinen neuen Dienstherren zum Erwerb von kolonialen Stützpunkten zu bewegen. Diesem schien der Gedanke durchaus zu gefallen. Friedrich Wilhelm lehnte jedenfalls nicht ab, und so verfaßte Raule eine ausführliche Denkschrift, die den Titel trägt «Vorstellungen einer neu aufzurichtenden Guineischen Kompagnie in Seiner Churfürstlichen Durchlaucht zu Brandenburg Landen». Darin unterbreitete Raule den Vorschlag, vorerst zwei Schiffe zu Erkundungszwecken nach Guinea und Angola an der Westküste Afrikas zu entsenden. Die Armierung und Ausstattung der Schiffe mit Matrosen und Soldaten sollte der Kurfürst übernehmen.

Die notwendigen maritimen und militärischen, wenn auch noch recht primitiven Voraussetzungen waren inzwischen vorhanden. Denn innerhalb kürzester Zeit hatten es die Brandenburger verstanden, sich eine kleine Flotte zu schaffen, die ihre ersten Erfolge während des Krieges gegen Schweden in den Jahren 1675 bis 1678, vor allem bei der Eroberung von Rügen sowie bei der Belagerung von Stettin und Stralsund, verbuchen konnten.

Zu Beginn des Jahres 1680 verfügte die brandenburgische Marine immerhin schon über eine Flotte, die insgesamt 502 Geschütze aufzuweisen hatte. Die Schiffe wurden zu Kaperfahrten gegen die Schweden in der Ostsee eingesetzt, unterstützten Belagerungen und Blockaden. Als erster großer Erfolg wurde wohl zu Recht das Kapern des spanischen Schiffes «Carolus Secundus» durch sechs brandenburgische Schiffe im September 1680 vor Ostende angesehen. Der Kurfürst wollte dadurch Spanien zur Zahlung zugesicherter Subsidien zwingen. Als «Markgraf von Brandenburg» wurde die «Carolus Secundus» das Flaggschiff eines Geschwaders, das 1681 spanische Schiffe, die ihre silberne Beute aus den amerikanischen Kolonien nach Hause transportierten, aufbringen sollte. Das Unternehmen mißlang jedoch. Vor der portugiesischen Küste lieferten sich die Brandenburger ein nicht sehr erfolgreiches Gefecht mit einer überlegenen feindlichen Flotte.

Trotz oder gerade wegen des Debakels kaufte der Kurfürst von Raule neun Schiffe, um das System der Mietflotte langsam zu beenden. Schon lange war die-

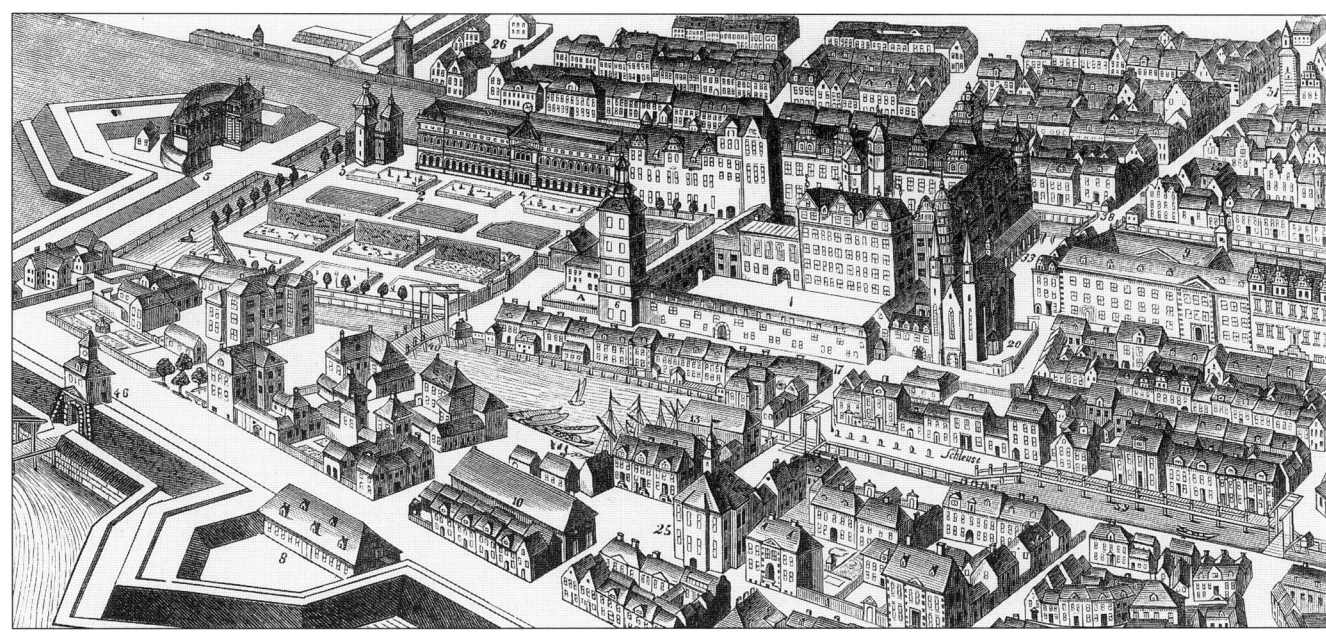

Berlin mit dem Schloß und einem Teil der Festungswerke, 1688

Der Große Kurfürst an Bord. Nach einem Aquarell von Willy Stöwer

ser erste Schritt diskutiert worden und auf starken Protest der kurbrandenburgischen Räte gestoßen, denen der Fürst jedoch geantwortet haben soll: «Weil wir aber dasselbe einmal angefangen, und es überall in der Welt einen eclat gemachet, auch von Gott mit herrlichen Häfen in Unseren Landen versehen sein, so befinden Wir Unsere Gloire dabei interessiert, daß Wir dasselbe continuieren.»

Die Erfolge in seiner Marinepolitik sah der Kurfürst von Brandenburg als ausreichend an, um die Schiffe über ihr bisheriges Einsatzgebiet, die europäischen Gewässer, hinaus in ferne Meere und zu fremden Ländern zu schicken. Er vertrat immer wieder die mehrfach zitierte Ansicht: «Seefahrt und Handlung sind die fürnehmsten Säulen eines Estats (Staates – d.V.), wodurch die Unterthanen beides zu Wasser, als auch durch die Manufakturen zu Lande ihre Nahrung und Unterhalt erlangen.»[10]

Hierbei fand Friedrich Wilhelm, vor allem was die Seefahrt anbelangte, nicht unwesentliche fachmännische, finanzielle wie auch moralische Unterstützung durch Benjamin Raule. Schon im Jahre 1680 erweiterte dieser seinen Vorschlag und bat nun den Kurfürsten, «baldt einen habilen Ingenieur zu schicken, umb mit nach Afrika zu gehen undt dort zu versuchen, ob man künftig Jahr allda nicht ein Fort machen und Kriegvolk ans Land bringen könnte, zu welchem Werke von großem Gewicht die Schiffe zum höchsten Ausganges des Augusti dahin abgehen werden.»[11]

Für die Kolonial- und Militärgeschichte ist dieser Gedanke von besonderem Interesse, denn zum erstenmal wurde nachweislich, zumindest im deutschsprachigen Raum, die Idee geäußert, in zu erobernden Territorien in Übersee militärische Befestigun-

Dreifaches Geschütz aus der zweiten Hälfte des 17. Jahrhunderts

Konstabler des 17. Jahrhunderts mit dem Luntenspieß

gen, also über einen längeren Zeitraum zu verteidigende Stützpunkte, zu errichten.

Auch dieser Vorschlag Raules fand die Zustimmung des Kurfürsten, und er befahl deshalb am 13. Juli 1680 in Potsdam dem Grafen Friedrich von Dönhoff, «daß Er auf zwey Schiffen, welche seine Churfürstliche Durchlaucht nach Guinea schicken, zwantzigk guthe gesunde Musquetiere nebst 2 Unterofficieren, von denen in Preußen stehenden Regimentern zu Fuße zu geben und selbige gehörig zu mundieren habe»[12], wie es in einer schriftlich fixierten Order heißt.

Bereits vier Tage später, am 17. Juli, wurden daraufhin zwei kurfürstliche Seebriefe für die Kapitäne Joeris Bartelsen und Philipp Pietersen Blonck ausgestellt. Kapitän Bartelsen kommandierte die Fregatte «Wappen von Brandenburg». Sie war mit 22 Kanonen bestückt. Blonck war Befehlshaber des Schiffes «Morian», das 16 Kanonen aufweisen konnte. «Morian» kann etwa mit dem das ganze Unternehmen bezeichnenden Namen «Mohr» übersetzt werden. Am 31. August traf bei ihnen die Nachricht ein: «Die Schiffe nach Guinea sollen in sieben à 8 Tagen segeln.»[13]

Dieser von höchster Stelle vorgegebene Termin wurde zwar um die doppelte der ursprünglich zur Verfügung stehenden Zeit überschritten, aber alles bange Warten hatte ein Ende, als die Schiffe am 17. September 1680 die Anker lichteten und ihren Bug in Richtung der westafrikanischen Küste richteten. Zum erstenmal wagten sich brandenburgische Schiffe so weit aufs Meer hinaus. Als Flagge zeigten sie ein weißes Tuch, in dessen Mitte sich ein roter Adler befand. Dieser trug über sich den Kurhut und in den Fängen Schwert und Zepter. Die Mannschaften wurden mit je zwölf brandenburgischen Soldaten verstärkt. Die unter dem roten Adler segelnden Schiffe hatten den direkten Auftrag, von den anderen Kolonialmächten unbehelligt und möglichst unbemerkt mit den Afrikanern Handel zu treiben und gleichzeitig die günstigste Möglichkeit einer kurbrandenburgischen Kolonialgründung zu erkunden.

Diese erste koloniale Expedition finanzierte Benjamin Raule, der für seine Handelsgeschäfte den offiziellen Schutz einer europäischen Macht brauchte, allein. Die zunächst geplante finanzielle Beteiligung anderer deutscher Territorialherrscher konnte nicht realisiert werden. Selbst der Kurfürst von Brandenburg war daran nur durch die Bereitstellung von zwanzig Soldaten und zwei Unteroffizieren beteiligt. Wahrscheinlich wollte Friedrich Wilhelm trotz alledem an einen Erfolg des zu jener Zeit sehr gewagten Unternehmens nicht so richtig glauben. Gleichwohl war ihm daran gelegen, gegenüber möglichen Konkurrenten den Schein zu erwecken, als ginge die Expedition von ihm allein aus. So bezeichneten die mitgeführten Instruktionen die Kapitäne als «Unsere von Gottes Gnaden Friedrich Wilhelms» ausgesandte Untertanen. Diese sollten ihm, quasi als sichtbaren Beweis des erhofften Erfolges, einige Affen, Papageien und andere exotische Tiere mitbringen und auf dem schnellsten Wege an seinen Hof senden. Außerdem wünschte er sich, wie es in einem Buch aus dem Jahre 1839 ausgedrückt wurde, «gleichfalls ein halbes Dutzend schöner und wohlgestalteter Mohren von vierzehn, fünfzehn oder sechzehn Jahren».[14] Es war an den europäischen Höfen seit der Zeit des transatlantischen Sklavenhandels zur Mode geworden, hier Exoten zu halten. Darunter verstand man nicht nur exotische Tiere, wie Affen und Papageien. Bevorzugt wurden zumeist junge Menschen mit schwarzer Hautfarbe, die den Herrschenden vornehmlich als Diener, Gehilfen, Begleiter, Narren oder auch als Soldaten dienten. Da es solche «Mohren» schon in anderen Herrscherhäusern gab, wollte nun auch Friedrich Wilhelm seinen Hof mit «Mohren» ausstatten und sie zur allgemeinen Begaffung präsentieren.

Wie wichtig ihm die Mohren waren, zeigt, daß schon die erste Expedition ausdrücklich den Auftrag für deren Beschaffung erhalten hatte. Denn immerhin war dem Fürsten, trotz aller Skepsis, im Interesse eines erfolgreichen Überseehandels daran gelegen, daß dieses Unternehmen nicht das einzige blieb. So heißt es bereits in einer Order vom Dezember 1680, also noch vor Beendigung der ersten Expedition: «Schließlich verstatten und erlauben Wir allen Unseren Unterthanen und Eingesessenen in Unseren Landen nach ihrer guten Gelegenheit auf alle afrikanischen Küsten zu fahren und allda auf offenbarer See mit dessen Einwohnern, mit Schlaven wie auch mit Gold, Elephantenzähnen und was derens sonst fallen mag zu negotiieren und zu verhandeln, jedoch daß sie an denen Castelen und Forten, so anderen Königen, Potentaten oder Republiken zugehören und in dero Handen und Gewalt stehen, keine Handelungen anfangen, noch treiben ... Die nun dergestalt an fremde Örter reisen und allda handeln wollen, denen soll von Unserem Rath und Directeur de la Marine Benjamin Raule ein Attestatum gegeben werden, und wollen Wir sie darüber mit einem Passeport unter Unser Hand und Insiegel versehen lassen.»[15]

Das war nicht nur ein Freibrief, sondern geradezu eine Aufforderung an interessierte Personen, in Afrika zu rauben und zu plündern, ja, sogar Menschen in die Sklaverei zu verschleppen; beschränkt lediglich durch die zur Verfügung stehenden Kapazitäten sowie durch die kolonialen Besitzansprüche anderer europäischer feudaler Herrscher und kolonialer Mächte. Die ausdrückliche Respektierung der kolonialen Einflußsphären der anderen europäischen Länder konnte dennoch nicht verhindern, daß das kurbrandenburgische Abenteuer insbesondere von seiten der niederländischen Generalstaaten auf ungeheures Mißtrauen und auf Ablehnung stieß. Nachdem auch Holland und Westfriesland vom Kurfürsten die Aufgabe der Expedition gefordert hatten, schien der Erfolg des Unternehmens, bevor es überhaupt richtig begonnen hatte, aufs höchste gefährdet.

Das Abenteuer in Westafrika

Während in Europa ein diplomatischer Schlagabtausch zwischen Brandenburg und den niederländischen Generalstaaten stattfand, segelte Kapitän Bartelsen mit dem «Wappen von Brandenburg» zur westafrikanischen Küste. Im Januar 1681 ließ er den Anker werfen, um Frischwasser an Bord zu nehmen. Bei der Gelegenheit verkaufte er einigen ihm freundlich gegenübertretenden Afrikanern ein Faß Branntwein.

Korporal und Musketier, um 1660

Diese eigentlich unbedeutende Geste ereignete sich in einem Gebiet, das jedoch die Niederländisch-Westindische Kompanie für sich beanspruchte. Der Vorfall war für die Vertreter der frühkapitalistischen monopolistischen Vereinigung eklatant genug, um das in ihr Hoheitsgebiet «eingedrungene» Schiff zu konfiszieren. Am 20. März 1681 fällte der niederländische «Generaldirektor und Rath über die Nord- und Südküste von Afrika» ein Urteil, in dem ausgeführt wird: «Das ‹Wappen von Brandenburg› samt seiner ganzen Ladung wird konfisziert, weil es ... an solchen Orten Handel getrieben hat, welche der holl.-westind. Kompagnie gehörten. Der Kapitän nebst seiner Mannschaft wird anstatt der verdienten Todesstrafe damit bestraft, daß sie von der afrikanischen Küste fortgebracht werden und nie anders, als im Dienste der westindischen Kompagnie zurückkehren dürfen.»[16]

Nicht viel erfolgreicher war anfangs Kapitän Blonck mit seinem Schiff «Morian» gewesen. Die Holländer zwangen auch ihn, die afrikanischen Küstengewässer wieder zu verlassen. Doch war es dem brandenburgischen Kapitän zuvor gelungen, und zwar am 16. Mai 1681, an der «Goldküste», in der Nähe der mit Küstenforts befestigten niederländischen Besitzungen während einer Landung einen Vertrag mit drei afrikanischen Häuptlingen abzuschließen. In einer offiziellen Charakter tragenden Schrift des Großen Generalstabes der deutschen Armee wurde späterhin mit Nachdruck festgehalten, «daß das Jahr 1681 als der eigentliche Ausgangspunkt der brandenburgischen Kolonialerwerbungen gelten darf». Wenngleich das schriftlich fixierte Abkommen als Handelsvertrag deklariert wurde, enthielt es doch Festlegungen, nach denen sich die Häuptlinge verpflichteten, die Oberhoheit des brandenburgischen Kurfürsten anzuerkennen. Außerdem

Segler vor Emden

stimmten sie der Errichtung einer militärischen Befestigungsanlage in ihrem Herrschaftsbereich zu.

Nachdem ihnen, wie es die Brandenburger selbst einschätzten, «einige geringwerthige Geschenke» gemacht worden waren, erklärten sich die drei Afrikaner bereit, bei denen es sich vermutlich um Dorfhäuptlinge gehandelt haben dürfte, in Zukunft nur noch mit brandenburgischen Schiffen und Händlern Tauschgeschäfte zu tätigen.

Die von Kapitän Blonck beauftragten Unterhändler, die Offiziere Jakob van der Beke und Izaäk van de Geer, versprachen den Afrikanern ihrerseits, innerhalb von acht bis zehn Monaten mit den zur Erbauung einer Festung notwendigen Materialien zurückzukehren. Eine den Häuptlingen übergebene Flagge sollte anzeigen, daß sie sich der «Schutzherrschaft» des Kurfürsten von Brandenburg unterworfen hätten. Die spätere kolonialapologetische deutsche Geschichtsschreibung hat diesen ersten Vertrag zwischen Deutschen und Afrikanern als besondere Zuneigung der Afrikaner gegenüber den Brandenburgern zu interpretieren versucht. In Wirklichkeit unterschieden sich jedoch diese Verträge im Prinzip nicht von denen, die auch die anderen europäischen Kolonialmächte mit afrikanischen Oberhäuptern abgeschlossen hatten.

Das dürfte den Dorfhäuptlingen, die am europäischen Handel gleichfalls beteiligt sein wollten, bekannt gewesen sein; ob sie jedoch das Ausmaß und die Konsequenzen solcher Verträge erfaßt hatten, ist allerdings fraglich. Wie später viele weitere schriftlich abgefaßte Verträge oder andere Dokumente mit afrikanischen Herrschern oder Stammesführern, kalkulierten die Europäer mit deren Unkenntnis der fremden Sprache und vor allem mit der ihnen unbekannten Schrift. Natürlich lernten die Afrikaner schnell, sich die europäischen Gepflogenheiten, vornehmlich ihr konkurrierendes Gebaren untereinander, zu eigen zu machen und auszunutzen. Allerdings verbot es die rassistische Überheblichkeit der zeitgenössischen Berichterstatter und vor allem die chauvinistische Einstellung der späteren Kolonialhistoriker darzulegen, wie die in ihrer paternalistischen Haltung als minderwertig betrachteten Afrikaner von den Angehörigen der «zivilisierten weißen Rasse» nicht nur sehr schnell lernten, sondern sie auch in einigen Tatbeständen übervorteilten. Wie dies im einzelnen aussah, darauf wird in der folgenden Darstellung zurückzukommen sein. Diese einseitige Sicht auf die damaligen Vorgänge, das Vorhandensein von Dokumenten ausschließlich aus der Sicht der Europäer erschwert eine objektive Darstellung. Selbstverständlich müssen die einschlägigen schriftlichen Quellen kritisch gelesen und ausgewertet werden. Für die wissenschaftliche Forschung ergibt sich hier noch ein breites Betätigungsfeld. Manches Detail oder nur auf Vermutungen basierende Rekonstruktionen werden wohl überhaupt nicht mehr aufzuklären bzw. exakt beweisbar sein. So ist aber auch verwunderlich, wie sich die Nachricht von der Konfiszierung des «Wappen von Brandenburg» so rasch in den europäischen Häfen verbreitete. Die Meldung rief nicht nur bei den Brandenburgern, sondern auch bei anderen Konkurrenten der Niederländisch-Westindischen Kompanie Protest hervor. Das beeindruckte indes die niederländischen Handelsherren recht wenig. Vielmehr versuchten sie nunmehr mit aller Macht, Brandenburg von weiteren Eroberungsversuchen in Afrika abzuhalten, denn sie mußten befürchten, daß die maritimen Unternehmungen des Großen Kurfürsten ihr beanspruchtes Handelsmonopol zumindest an der Westküste Afrikas bedrohten.

Aber auch die Engländer waren über die brandenburgischen Vorstöße beunruhigt, mußten doch auch sie ein Eindringen in ihre bisher allein kontrollierte Domäne in Übersee befürchten.

Da allerdings die anderen für solche Unternehmen

Werft in Berlin, um 1717

Brandenburgischer Schiffsbestand (im Besitz des Kurfürsten bzw. der Brandenburgisch-Afrikanischen Kompanie)

Schiffsart	1675	1676	1677	1678	1679	1680	1684	1688	1689	1692	1696	1700
Fregatten	6	5	6	5	6	15	16	13	12	11	6	4
Fleuten	1	1	1	1	0	0	3	3	4	4	2	0
Schnauen	0	0	2	2	2	1	5	5	4	4	1	0
Galioten	0	8	7	5	5	5	4	6	2	1	1	0
Jachten	1	2	2	2	1	4	4	5	5	5	5	5
Sonstige	1	12	9	2	0	1	2	0	1	2	4	3

in Frage kommenden Küstengebiete in Asien und Amerika bereits unter den etablierten europäischen Kolonialmächten, wie insbesondere England, Spanien, Portugal, Frankreich, Niederlande, aufgeteilt waren, versteifte man sich in Berlin und Potsdam darauf, an der afrikanischen Küste Fuß zu fassen und dort Handelsstützpunkte zu errichten. Davon ließ sich Kurfürst Friedrich Wilhelm nicht mehr abbringen, auch wenn ihm seine Geld- und einige Ratgeber von weiteren überseeischen Abenteuern dringend abrieten.

Die Brandenburger protestierten selbstverständlich aufs schärfste bei den Generalstaaten gegen das Aufbringen des «Wappen von Brandenburg» und forderten Schadensersatz in Höhe von 68 000 Talern. Weil ihnen dies verweigert wurde, zog sich der diplomatische Streit, nachdem eine brandenburgische «Strafexpedition» schon nach wenigen Seemeilen durch Schiffbruch im wahrsten Sinne des Wortes ins Wasser fiel, noch endlos hin. Im Laufe der Zeit kamen zu diesem Streitpunkt noch weitere hinzu, die indes für unser zu untersuchendes unmittelbares Geschehen nicht von Bedeutung sind.

Jedenfalls folgten den ersten beiden Schiffen bald weitere, so «Fortuna» und der «Brandenburgische Dragoner», mit dem Auftrag, Erkundungen an Afrikas Küsten vorzunehmen. Eine weitere Fregatte, «Churprinz von Brandenburg», machte sich im September 1681 auf den Weg. Mit dem Auslaufen mehrerer Schiffe mit Kurs auf Afrika wurde die kurfürstliche Flotte in der Heimat weiter ausgebaut, weil man so dem spanischen Feind am wirkungsvollsten begegnen konnte. Außerdem konnte man sich so den Weg nach Afrika «freikämpfen». Deshalb wurden mehrere neue Kriegsschiffe in Dienst gestellt. Ein weiterer Tatbestand war dafür von großer Bedeutung: Wurden die Schiffe bislang vom Kurfürsten für eine gewisse Zeit von Reedern, zumeist von Benjamin Raule, gechartert bzw. gemietet, so wurden nunmehr Schiffe in Dienst gestellt, die Eigentum des Landesherrn waren. Am 1. Oktober 1684 wurden auch die bisherigen Mietschiffe Raules durch Kaufvertrag Eigentum des kurbrandenburgischen Fürsten. Dieser mußte dafür 110 000 Taler bezahlen.

Dem für die damaligen Verhältnisse raschen und gewaltigen Auf- bzw. Ausbau der Kriegsflotte kamen die Pläne Friedrich Wilhelms und Benjamin Raules zur Errichtung von kolonialen Stützpunkten und der Unterhaltung einer stabilen Schiffahrts- und Handelsverbindung von dort ins Mutterland zugute.

Ashanti-Familie

Das westafrikanische Küstengebiet

Während vom afrikanischen Hinterland um die Mitte des 17. Jahrhunderts den Europäern nur sehr wenig bekannt war, konnte um diese Zeit die Küstenlinie des ganzen Kontinents im wesentlichen als erforscht betrachtet werden. Auf der Karte von Afrika, die der Originalausgabe von Olfert Dappers «Umbständliche und Eigentliche Beschreibung von Afrika» aus dem Jahre 1668 beigefügt war, wirken die Umrisse des schwarzen Kontinents äußerst exakt. Flußmündungen, Buchten, Inseln, Siedlungen sind hier genau zu erkennen. Das Landesinnere jedoch war für den Karthographen «Terra incognita». Dies dürfte nicht allzu verwunderlich erscheinen, zieht man die Schwierigkeiten in Betracht, die ein europäischer Entdecker zu überwinden hatte, wenn er ins Landesinnere vorstoßen wollte. Neben vielen anderen Gründen spielte auch die Haltung der einheimischen Bevölkerung gegenüber den blaßgesichtigen oder behaarten Eindringlingen eine nicht unwesentliche Rolle; anders als bei den Küstenstämmen, die die europäischen Neuankömmlinge gern aufnahmen. Diese hatten die Vorteile der Errichtung von Handelsstützpunkten durchaus erkannt. Hinzu kommt, daß sie den militärtechnisch überlegenen Ankömmlingen kaum dauerhafte Abwehr hätten entgegenbringen können. So verbanden sie das Unvermeidliche mit dem Nützlichen. Von den Europäern erhielten sie begehrte Waren, vor allem Waffen. Auch die Möglichkeit, sich bei Angriffen in den Schutz der jeweiligen Forts zurückzuziehen, wenn sie von anderen Europäern oder feindlichen afrikanischen Ethnien angegriffen wurden, stellte einen nicht zu unterschätzenden Grund dar, sich mit den Europäern zu einigen. In einer der umfassendsten und detailliertesten Untersuchungen über die Geschichte der europäischen Expansion heißt es hierzu: «Obwohl die Afrikaner nach europäischer Auffassung bei Vertragsabschluß Untertanen des jeweiligen europäischen Staates wurden, konnte von einer Herrschaft der Weißen über die Schwarzen keine Rede sein. Die Afrikaner sahen sich vielmehr als gleichberechtigte Partner; die zwischen beiden Parteien abgeschlossenen Verträge beruhten auf dem Prinzip der Gegenseitigkeit. Hielten die Weißen die Abmachungen nicht ein, betrachteten sich auch die Schwarzen aus ihren Verpflichtungen gelöst und gingen Bündnisse mit einer Konkurrenzgesellschaft ein. Vor allem auf dem Gebiet des Handels waren die Europäer völlig von den Stammesführern abhängig, denn diese kontrollierten die Zugangswege zum Hinterland, die Ausfuhr gewisser Exportgüter (Gold, Elfenbein) und den Sklavenmarkt. Die Weißen in ihren Handelsstützpunkten blieben auf das angewiesen, was ihnen auf den üblichen Handelswegen angeliefert wurde.»[17]

Die in der Küstenregion, in der die Brandenburger ihre Festungen errichteten, lebenden Afrikaner gehörten zur Ethnie der Fanti (oder Fante), die kulturell mit den weit bekannteren Ashanti, auch Aschanti oder Ashante geschrieben, verwandt sind.
Dieses Gebiet gehört heute zum Staat Ghana. Sie gehören zu den Akan-Völkern, die noch heute 40 Prozent der Bevölkerung Ghanas ausmachen. In der kolonialen Literatur werden die Fanti als «echte Neger» bezeichnet.

Die Fanti leben hauptsächlich im Küstenflachland, das sich in einer Breite von 15 bis 30 Kilometer am Golf von Guinea hinzieht. Es besitzt mit Hügeln bis zu 100 Metern Höhe nur ein schwach ausgebildetes Relief. Die Küste hat nur in einem schmalen Streifen um Cape Coast einen felsigen Abschnitt.

Ursprünglich wohnten die Fanti verstreut in kleinen Siedlungen im Regenwald und kannten – nach Aussagen einiger Forscher – keine sozialen oder politischen Institutionen. Vermutlich gehörten sie aber zum Königreich Wagadu – oder Ghana genannt –, das zu Beginn unserer Zeitrechnung in Westafrika entstanden und im 11. Jahrhundert wieder zerfallen war. Im 15. Jahrhundert drangen Fremde aus dem Norden in das Territorium des heutigen Ghana ein und kamen bis an die Küste des Atlantiks. Sie führten das System der chieftaincy, das Häuptlingstum, ein und gründeten verschiedene Reiche: Dagomba,

Mamprussi und Gonja.' Aber auch andere Ethnien wanderten in die Küstenregion, nicht zuletzt um sich als Zwischenhändler im transatlantischen Handel zu etablieren. Die Eindringlinge vermischten sich meist mit der lokalen Bevölkerung, nahmen deren Sprache und Kultur an. Aus einem durch verschiedene Interessen im Handel herrührenden Konflikt entstanden einige starke Akan-Reiche im Regenwald. Aus ihnen ging das Königreich der Ashanti gegen Ende des 17. Jahrhunderts als stärkster Staat hervor. Über 200 Jahre beherrschte Ashanti die zentralen Gebiete des heutigen Ghana.

Fanti, wie Ashanti, lebten in dörflichen Siedlungen von der Landwirtschaft. Sie bauten Gemüse, Maniok, Bananen und Jams an. Haustiere wurden gehalten. Handel spielte eine wichtige Rolle. Auf den Gold- und Sklavenhandel wird noch näher einzugehen sein.

Die Mitglieder mütterlicher Klane unterstützten einander bei der Landarbeit, beim Hausbau und bei Beerdigungsriten.

Einige Einzelheiten der Beschreibung der Afrikaner und ihrer Sitten durch den ersten Kommandanten von Großfriedrichsburg, Otto Friedrich von der Groeben, die ihn einerseits als guten Beobachter ausweisen, andererseits seine Phantasie deutlich machen:

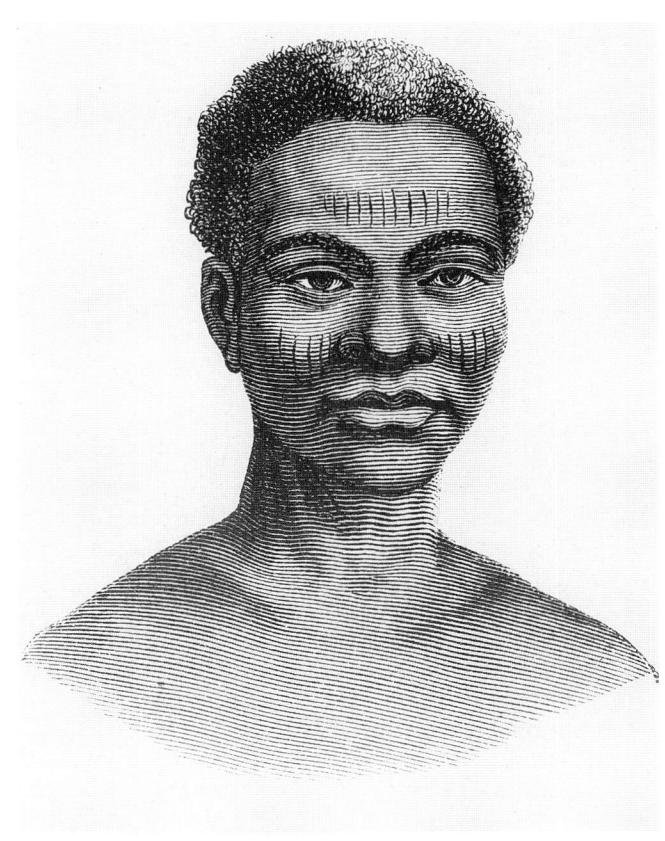

Porträt eines Ashanti

Die Eigenschafft der Einwohner insgemein betreffend, sind sie meist alle starcke und hohe Leute, lieben die Waffen sehr, indem ein Haupt mit dem andern offt in die drey biß sechs Jahre krieget, können sich wohl behelffen mit Schieß-Gewehr, wie ich selbst gesehen. Sie sind sehr böse, verkauffen nicht allein ihre Gefangene, die sie im Kriege bekommen, sondern auch Weiber, Kinder, und nächsten Freunde ... dann sie halten ihre Frauen gleich den Hunden, und heyrahten so viel als sie bezahlen können. Weil nun der Preiß gering, nimet ein Schwarzer auch viel Weiber, dann er kan eine von ihren Eltern, umb einen Ochsen, oder ein paar Ziegenböcke kauffen. Selbiger Ochs wird öffentlich gebraten, die Freunde von beyden Seiten beruffen, welche sich hier und da ein Stück von dem halb-rohen Braten abschneiden, es mit Zähnen von einanderreissen, daß das Blut davon den nackten Leib herab rinnet. Dabey jauchtzen, schreyen, und tantzen alle durcheinander, wie unsinnige Leute.

…

Wann ein Näger abstirbet, der einigen Reichthumb nachlässet, so hat des Verstorbenen näester Freund das meiste Recht dazu. Dieser wann er erben wil, muß er sein Leben in des Verstorbenen ältesten Frauen Discretion stellen, derselben ein grosses Messer in die Hand geben, vor ihr niederknien, und den blossen Halß darstrecken. Begehret das Weib selbst die Güter zu erben, so hat sie Macht dem Freunde den Halß mit drey Streichen abzuschlagen, behält zwar darauff die Güter, muß aber mit Schanden, wie eine Hure in der Gemeine, leben. Liebet hergegen das Weib die Ehre, so schläget sie den Freund mit der Fläche in den Nacken, und lässet ihn leben. Alsdann giebet ihr der Freund von der Verlassenschafft einen geringen Auffenhalt, und das Weib bleibt ehrlich.

…

Wenn der Mann gestorben, und mit grossem Geschrey in die Erde gebracht, beweinen ihn die Weiber fünff bis sechs Tage lang. Unter wärender Trauer werden sie von den Verwandten besuchet, und kommen offt in die hundert Frauen zusammen, so unter einander ein seltzames Geheul machen. Nach denen Trauer-Tagen kommen die andern Freunde, beschencken die Leydtragende mit Güldenen Ringen, bunten Tüchern, so sie umb die Lenden binden, u.d.g. Der Freund, dem das Leben geschencket, besuchet seine Wohlthäterin auch, verehret ihr einige Ringe, Kleider, auch wohl gar einen Elephanten-Schwantz, den sie oben mit rohten oder gelben Tuch benähen, das übrige bestreichen sie mit Oel, und poliren den Schwantz so schwartz, daß er, wie ein Spiegel, gläntzet. Nachmahls hängen sie denselben zur Pracht an den Haltz, und wehren sich damit die Fliegen. Diese Schwäntze werden von der Zähn-Küste gebracht, und gilt hernach einer, in die zehn Ducaten. Ihrer viel tragen sie zur Pracht an ihrem Gewehr, denn sie sind sehr rar auf der Gold-Küste.

Ich habe mir wohl 1 000. mahl gewünschet, wann es die Zeit hätte leiden wollen, den Zügen der Schwartzen beyzuwohnen, und ihre Krieges-Disciplin Augenscheinlich abzumercken, indem sie mit grosser Macht zum Streit ziehen, und vor allen Dingen ihren Häuptern grossen Gehorsam leisten. Etliche brauchen Mußqueten, andere Asigaien (Speere – d. V.) und grosse Messer, fechten so Nachgierig, daß sie in offenen Kriegen nicht leichtlich Perdon geben, sondern, wie blind, in den Streit lauffen, und wann sie keine Rache üben können, sich mit eigenen Händen umbs Leben bringen.

Mit den Ashanti gerieten die Fanti des öfteren, vornehmlich etwa seit der Zeit, als sich die Brandenburger an der Küste festsetzten, in Konflikte, da sie den Zugang zur Küste und somit zu den europäischen Sklavenhändlern und deren Stützpunkten kontrollierten. Als an der Küste die Europäer im 15. Jahrhundert erschienen, waren sie überrascht, dort bereits ausgeprägte Handelsplätze mit florierenden Geschäften vorzufinden. Die ersten portugiesischen Seefahrer sahen große Schiffe, auf denen bis zu einhundert Menschen Platz fanden. Europäische Kaufleute, die an der afrikanischen Küste Handel treiben wollten, beschrieben voll Staunen die gute Anlage der Niederlassungen, die Kunst und das Handwerk ihrer einheimischen Bewohner. Olfert Dapper, einer der ersten darüber Bericht erstattenden Europäer, verglich die dortigen Siedlungen mit den Städten in seiner holländischen Heimat. Es waren also keineswegs «Unzivilisierte» oder gar «Wilde», denen die Europäer – unter ihnen die Brandenburger – erst Kultur und Zivilisation bringen mußten.

Die Brandenburgisch-Afrikanische Kompanie

Zur effektiveren Absicherung des erhofften guten Geschäftes in Afrika sollte nach niederländischem Vorbild auch in Brandenburg eine Handelsgesellschaft gegründet werden, denn, so bemerkte der Kurfürst in einem Schreiben an die Generalstaaten: «Gott hat Uns mit Landen gesegnet, welche dazu bequem und mit herrlichen Seehafen begabt, und solches hat Uns veranlasset, nach dem Exempel anderer Potentaten und Ew. H. M. selber eine Compagnie aufzurichten, welche nach Guinea handeln soll.»[18] Das drückte sich auch in der ersten offiziellen Bezeichnung der Gesellschaft aus: «Handels-Compagnie auf denen Küsten von Guinea». Als Wirkungsgebiet wurde die gesamte westafrikanische Küste von den Kapverdischen Inseln bis Angola ins Auge gefaßt. Hauptsitz der Kompanie war zunächst Berlin.

Ihre Werft befand sich anfangs in Pillau, später, ab 1683, in Emden. Trotz aller Initiativen und guten Willens litt die Brandenburgisch-Afrikanische Kompanie an einem Geburtsfehler, der über die ganze Zeit ihrer Existenz nicht viel besser wurde und schließlich auch den wichtigsten Grund für ihr Dahinscheiden bildete: der chronische Geldmangel. Statt des geplanten Anfangskapitals in Höhe von einer halben Million Talern standen nur 48 000 Taler zur Verfügung. In einer Geschichte der kolonialen Aufteilung Afrikas wird mit Recht auf einen wichtigen Fakt hingewiesen: «In den kaufmännischen Kreisen des Landes scheint das Unternehmen keinen Anklang gefunden zu haben.»[19]

Die geglückte Heimkehr des Schiffes «Morian» war trotz des nur begrenzten finanziellen Gewinns ein nicht zu unterschätzender Erfolg für Kurbrandenburg. Dazu gehörte nicht nur der Vertragsabschluß mit einigen afrikanischen Häuptlingen, sondern auch einige eingetauschte Landesprodukte. Der Kurfürst ließ, von dem Erfolg des Unternehmens begeistert, sogleich aus diesem Anlaß einige Medaillen prägen. Allerdings kostete die Prägung eines sogenannten Guinea-Dukaten an Herstellungskosten zwei Dukaten. Festzuhalten bleibt indes die Tatsache, daß zum ersten Male die begehrten afrikanischen Produkte Gold und Elfenbein nicht über

Dritte in das mitteleuropäische Fürstentum gelangt waren, was immer den Preis heraufrieb, sondern diesmal waren sie ohne Umwege importiert worden. Der erste direkte Zugang zum Überseehandel war geschaffen! Nun galt es ihn zu bewahren. Dazu war ja inzwischen die Brandenburgisch-Afrikanische Kompanie, die in der Literatur zuweilen auch als Brandenburgisch-Guineische Kompanie bezeichnet wird, insbesondere durch das initiativreiche Handeln Benjamin Raules, ins Leben gerufen worden.

In dem Gründungsdokument, einem Kurfürstlichen Erlaß vom 7. März 1682, auch als Kompanie-Patent bekannt, heißt es: «... Demnach Wir erwogen, wie daß der höchste Gott einige Unserer Landen mit wohlgelegenen Seehäfen beneficiret, und dannenhero Vorhabens sein, unter andern Mitteln, so Wir zur Verbesserung der Schiff-Fahrt und des Commercii, als worin die beste Aufnahm eines Landes bestehet, einzuführen bedacht, vermittelst Göttlicher Hülfe und Segens, eine nach der in Africa belegenen so genanndten Guineischen Küste handelnde Kompagnie aufzurichten und zu Publiciren, welche unter Unserer Flagge Autorität und Schutz, und mit Unseren See-Pässen versehen, den Handel an freye Orte daselbst treiben sollen und mögen.» Und für den notwendigen kurfürstlichen militärischen Schutz für die Kompanie wurden folgende Festlegungen getroffen: «Wir versprechen, diese Kompagnie wider alle und jede, die sich unternehmen möchte, selbige in Ihrer Handlung an freyen Orten auff der Küste von Guinea, Angola, und durchgehens in freyer See zu troubliren, zu inkommodiren oder einiger massen zu beschädigen, durch alle zuläßige Weise und nach der Macht, so Uns Gott gegeben, zu schützen und zu mainteniren, und zu dem Ende die Schiffe mit tüchtigen Soldaten, so viel auf jedem, außer den Matrosen, so die Kompagnie giebt, nöthig zu montiren. Jedoch ist die Kompagnie schuldig, die Soldaten mit essen und trinken gleich den Matrosen zu unterhalten: Und wollten Wir im Uebrigen alles dasjenige thun und vornehmen, was zur Maintenirung der Kompagnie und sothanen Handels erfordert wird.»[20]

Somit besaß die Handelsgesellschaft einen Schutzbrief des brandenburgischen Kurfürsten, der es ihr erlaubte, unter brandenburgischer Flagge an der afrikanischen Westküste Handel zu treiben. Dieser auch als Oktroi bekannte Schutzbrief bildete quasi das aus 27 Paragraphen bestehende Statut der brandenburgischen Handelsgesellschaft. Es regelte den administrativen Aufbau der Gesellschaft und deren Handelstätigkeit sowie die Gewinnverteilung. Die Brandenburgisch-Afrikanische Kompanie war eine Art frühe Aktiengesellschaft, in der kapitalkräftige Interessenten mindestens 200 Taler einzahlen konnten und dann am Gewinn anteilmäßig beteiligt wurden. Zum großen Teil finanzierte sie sich über die Jahre aus niederländischen Quellen. Ein Historiker des 19. Jahrhunderts drückte das Verhältnis zwischen der Gesellschaft und dem Kurfürsten so aus: «Gegen alle Angriffe europäischer Mächte, wie gegen etwaige von Seiten der Neger, versprach der Kurfürst Vertheidigung mit bewaffneter Hand, so wie auch, daß er die Gesellschaft in allen Verhältnissen auswärtigen Höfen und Mächten vertreten, ihr Bestes befördern und gegen jede Art von Beleidigung sicher stellen wolle.»[21] Zum ersten Präsidenten der Gesellschaft wurde Dodo Freiherr von Knyphausen ernannt.

Benjamin Raule drängte trotz oder gerade wegen der Gründung der Handelsgesellschaft, in die er eine ansehnliche Summe Geldes investiert hatte, von Berlin aus seinen Herrn immer wieder zur Eile. Er riet ihm, schnellstens ein Schiff zu der Stelle zu entsenden, wo Kapitän Philipp Pietersen Blonck den Vertrag abgeschlossen hatte, um «die Mohren unserer Ankunft» zu versichern. Deshalb wurden auch im Sommer 1682 zwei weitere Kriegsschiffe an die Westküste Afrikas geschickt. Das größte Hindernis mußte jedoch zuvor durch die Bereitstellung von ausreichenden finanziellen Mitteln überwunden werden, denn die der Brandenburgisch-Afrikanischen Kompanie reichten nicht aus. Die auf insgesamt 44 000 Taler veranschlagten Kosten sollten deshalb durch Beiträge von «Liebhabern» abgesichert werden. Der Kurfürst stellte 8 000 Taler zur Verfügung, der Kurprinz 2 000 Taler. Mit jeweils 1 000 bis 4 000 Talern beteiligten sich einige kurfürstliche Kompaniebeamte. Außerdem zeichnete der Prinz von Anhalt 2 000 Taler. Da die Summe immer noch nicht ausreichte, mußte Benjamin Raule, der ursprünglich nur 6 000 Taler investieren wollte, nun doch noch weitere 24 000 Taler bereitstellen. Trotz einiger Schwierigkeiten gelang es schließlich, die Expedition finanziell abzusichern. Für die Expedition wurden die Fregatten «Churprinz von Brandenburg» mit 32 Geschützen und 60 Matrosen sowie die «Morian» mit Kapitän Philipp Pietersen Blonck als Befehlshaber, dem wieder 12 Geschütze und 40 Seeleute unterstanden, vorgesehen. Der Kapitän des «Churprinzen», Mattheus de Voss, befehligte das kleine Geschwader, das im Mai 1682 Kurs auf die westafrikanische Goldküste nahm, die wegen ihrer günstigen Handelsmöglichkeiten schon damals eine fast magisch zu nennende Anziehungskraft auf Europäer ausübte. Wie waghalsig – manche Kenner sprechen auch von größenwahnsinnig – das ganze Unternehmen des Großen Kurfürsten war, zeigt eine Berechnung vom Ende des 19. Jahrhunderts, aus der hervorgeht, daß es um das Jahr 1669 etwa 25 000 Schiffe in Europa gab, wovon den Niederlanden allein 16 000 gehörten. Kurbrandenburg verfügte dagegen über höchstens zwei Dutzend seetüchtige Schiffe. Um so mehr Grund, den Hintergründen, Erfolgen, Mißerfolgen und dem Scheitern des Unternehmens auf die Spur zu kommen!

Siegel der «Brandenburgisch-Afrikanischen Kompanie»

Brandenburgisch-preußische Niederlassungen in Westafrika 1683–1721. Nach H. Bleckwenn

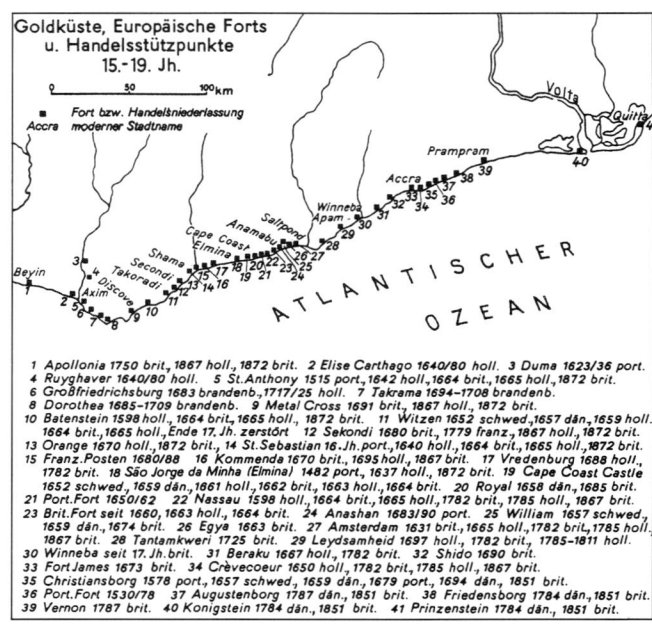

Europäische Rivalitäten an der Küste Westafrikas

Schon gut einhundert Jahre vor dem brandenburgischen Kolonialabenteuer kontrollierten Portugiesen, Engländer, Niederländer und Franzosen die westafrikanische Küste vom Senegal-Fluß bis zum heutigen Benin.

Die westafrikanische Küste als lohnendes Handelsgebiet wußten die Europäer aber schon seit etwa Mitte des 15. Jahrhunderts zu schätzen.[22] Die Guineaküste, so benannt nach der in den alten arabischen Reisebeschreibungen erwähnten, einige hundert Kilometer von der Küste entfernten Landschaft Ghinea oder Ginne, wurde seit dem Ende des 15. Jahrhunderts zunächst von Portugiesen besetzt. Allerdings bezeichnete man damals fast die gesamte Westküste Afrikas bis zum Cap Verde als Guinea. Als die eigentliche «Goldküste» wurde mit dem 15. Jahrhundert die Küste des heutigen Staates Ghana angesehen, seit dem 17. Jahrhundert nannten die europäischen Seefahrer den östlich davon gelegenen Küstenstrich (heute Togo, Benin, Nigeria) die «Sklavenküste», den westlichen Teil «Elfenbeinküste». Die Namen sind kennzeichnend für die erhandelten Waren des afrikanischen Kontinents. Als erste errichteten die Portugiesen 1482 das Fort S. George de Mina, auch Elmina genannt. Im Jahre 1612 errichteten dann die Niederländer östlich davon das Fort Nassau; weitere Befestigungen wie Axim, Choma und Goreé folgten. Auch die Engländer, Schweden und Dänen tauchten auf, um an dem gewinnversprechenden Handel teilhaben zu können. Hinzu kamen Franzosen, Spanier und sogar Abgesandte des Herzogs von Kurland.[23]

Kurland

Zur Zeit des Großen Kurfürsten eine baltische Adelsrepublik, an deren Spitze der Barockfürst Jakob (1610–1681) stand. Die historische Landschaft befindet sich zwischen Ostsee, Rigaischem Meerbusen und der Nordgrenze Litauens, die ihren Namen den hier ehemals siedelnden westfinnischen Kuren verdankt. Im Jahre 1267 waren sie vom Deutschen Orden unterworfen worden. Seit 1562 stand Kurland als deutsches Herzogtum unter polnischer Lehnshoheit. Die Untertanen waren in der Mehrzahl leibeigene lettische Bauern. Fürst Jakob von Kurland investierte sein Vermögen in koloniale Unternehmungen, um seine innenpolitische Abhängigkeit vom polnischen Adel durch außenpolitische Macht- und Finanzgewinne zu erlangen sowie eine anerkannte Handels- und Seemacht in Europa zu werden. Der Plan scheiterte nach anfänglichen Erfolgen. Im Jahre 1795 zu Rußland gekommen, gehört Kurland heute zu Lettland.

Es wird übrigens in der Literatur oft behauptet, daß der brandenburgische Kurfürst Friedrich Wilhelm I. das Vorbild für die kurländischen kolonialen Bestrebungen gewesen sei. Diese Behauptung ist jedoch unhaltbar. Vielmehr war der Onkel des brandenburgischen Landesherrn, Jakob, «kolonialpolitisch das Vorbild des Kurfürsten».[24] Selbstverständlich war auch die englische Kolonial- und Seemacht an Afrikas Westküste präsent, die in diesem Gebiet das Fort Cape Coast Castle anlegte. Wohl kaum in einer anderen Region der Welt konkurrierten so viele europäische Mächte auf einem relativ begrenzten Raum miteinander. Sie wußten sich ihre Konkurrenten mit dem Bau von zum Teil stark armierten Befestigungen vom Leib zu halten. Natürlich dienten die nach europäischem Vorbild errichteten Befestigungen, die Forts, auch dem Schutz vor eventuellen Angriffen von seiten der Afrikaner. Aber ist es nicht bezeichnend, daß die meisten Kanonen in den Festungen seewärts gerichtet waren? Die Afrikaner aber kannten zu jener Zeit keine hochseetüchtigen Schiffe, nur die Europäer. Auf einem etwa 300 km langen Küstenstreifen zwischen Axim und der Mündung des Volta befanden sich über 30 größere und kleinere befestigte Handelsniederlassungen bzw. vornehmlich aus Stein errichtete Befestigungsanlagen. Nötig waren die Vorkehrungen allemal, denn es waren viele Räuber, die sich um die Beute stritten; mit Gewalt ausgetragene Rivalitäten und bewaffnete Konkurrenzkämpfe, die später auch die Brandenburger zu spüren bekommen sollten, waren unter den Vertretern der europäischen «zivilisierten Mächte» nicht selten. Warum sollten auch die oftmals rauhen Gesellen anders handeln als ihre Landesherren? Diese überzogen Europa oft genug mit Krieg und

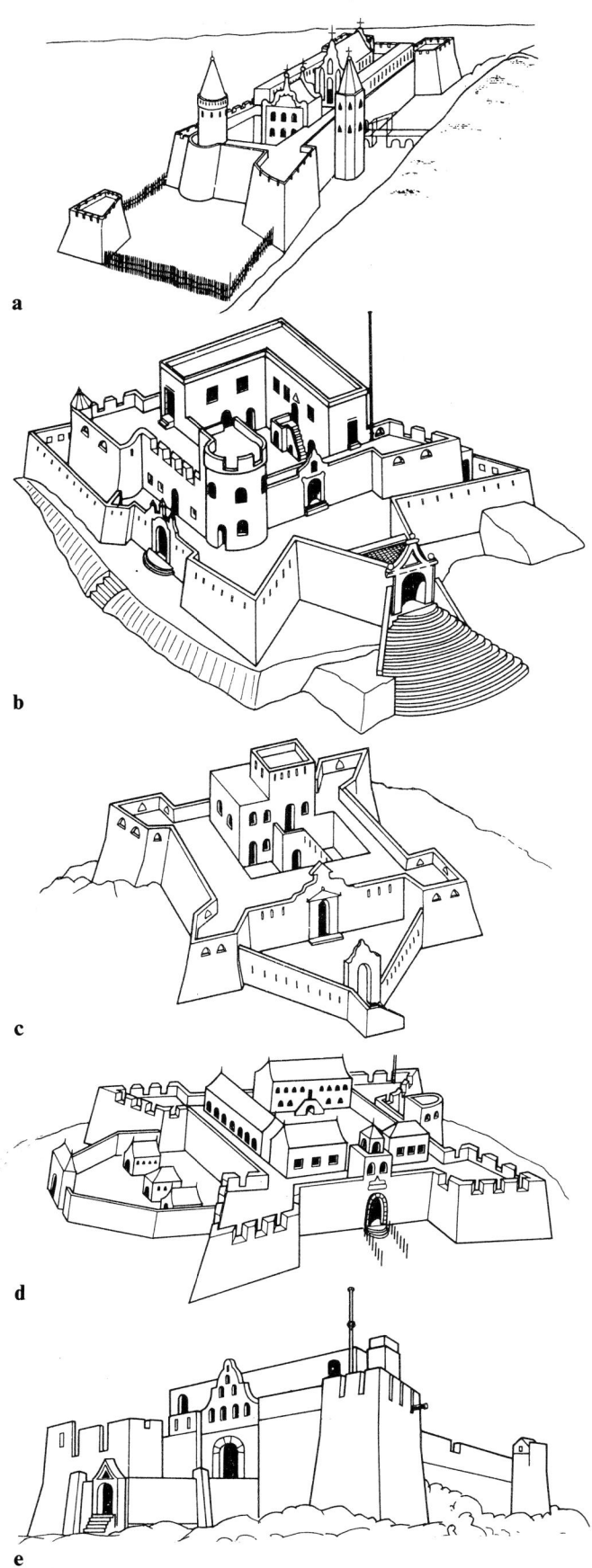

a. Fort Elmina
b. Fort St. Sebastian
c. Fort Christiansborg
d. Fort Großfriedrichsburg
e. Fort Tantamkweri

Ansichten verschiedener europäischer Forts an der Küste Westafrikas in der 2. Hälfte des 17. Jahrhunderts

a. Fort Elmina
b. Fort St. Sebastian
c. Fort Christiansborg
d. Fort Großfriedrichsburg
e. Fort Tantamkweri

Die niederländische Festung Elmina, 1704

Verwüstung. In den damals gerade tobenden Auseinandersetzungen gewannen schon bald die Niederländer die Überhand und traten die portugiesische Erbschaft in Westafrika an. Sie rissen bis auf wenige Ausnahmen in recht kurzer Zeit die Küstenforts Portugals an sich. Im Jahre 1637 fiel sogar die Hauptfestung der Portugiesen in Westafrika, Elmina, in niederländische Hände.

Der Aufbau Großfriedrichsburgs

Als Leiter der im Juli 1682 nach Afrika entsandten brandenburgischen Expedition wurde der erst 27jährige, zum Major ernannte kurfürstliche Kammerjunker Otto Friedrich von der Groeben[25] eingesetzt. Der Ostpreuße galt trotz seiner Jugend als vielgereister und erfahrener Soldat. Außer den Schiffsbesatzungen unterstanden seinem Kommando noch die Ingenieure Walter und Leugeben, der Fähnrich von Selbig sowie ein Sergeant, zwei Korporale und zwei Spielleute sowie 40 Soldaten aus preußischen Regimentern. Die Soldaten sollten die zukünftige Besatzung des zu errichtenden Forts stellen. Im Aufbau einer nach europäischem Vorbild errichteten Befestigungsanlage bestand die Hauptaufgabe der Expedition. Hierfür Leute anzuwerben, war nicht einfach. Deshalb kamen viele der Teilnehmer aus den Niederlanden und anderen Ländern.

Daß weder die Überfahrt noch der Dienst in Afrika ungefährlich waren, zeigt allein die Tatsache, daß während der Überfahrt drei Soldaten und zwei Matrosen den Tod fanden. Um mit dem Bau der Festung ohne große Schwierigkeiten und Verzögerungen beginnen zu können, gestattete eine Vollmacht

Goldküste: Europäische Forts und Handelsstützpunkte, 15.–19. Jh.

Die brandenburgischen Kriegsschiffe CHURPRINZ und MORIAN bei der Ausreise nach Afrika vor Helgoland (Kupferstich)

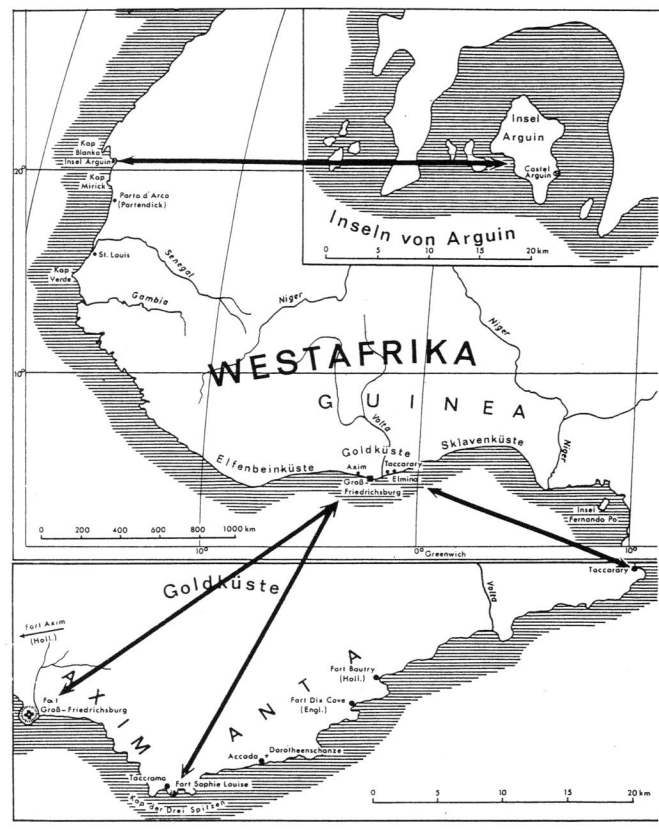

Der erste Kommandant von Großfriedrichsburg, Otto Friedrich von der Groeben, beschreibt die Ankunft am Kap der drei Spitzen:

Letztlich betrachtete ich die umbliegende Gegend, und ging in Begleitung der jauchtzenden Nägerey wieder von dannen an Bord, und nahmen unsere Fahrt nach der ersten Spitze von Capo tres Puntas, dahin wir mit grosser Mühe gelangeten, indem wir unser Schiff, mehrentheils haben mit Palmen (Wurfanker aus Holz – d.V.) fortziehen müssen; Allda lieget ein grosses langes Dorff, Accoda, welches nach geworffenen Ancker Capitain Philipp Blanck noch selbigen Abend besahe. Den anderen Tag, weil uns der contraire Wind und Strom zu segeln verhinderten, ging ich auch mit dem Schiff-Capitain und einem Ingenieur ans Land. Kaum hatten wir die herrliche Gegend und Situation erblicket, da gefiel sie uns so wohl, daß ich bey denen Capiscirs (Häuptlinge – d.V.) angehalten, ob sie zulassen wollten, daselbst ein Brandenburgisches Fort zu bauen; Welches sie mir mit Freuden gestattet. Worauf ich sie alle, des andern Tages in die Fregatte Chur-Printz zu kommen, ersuchet, versprechend, daß sie von unseren Capitains; auf den Schiffs-Fahrzeugen solten abgeholet werden. Worauf frühe Morgens die Capitains ans Land fuhren, und meine zwey Schreiber, nebst dem Kammer-Diener als Geissel am Lande zu lassen mit sich nahmen, brachten auch Nachmittage acht Capiscirs an Bord, mit welchen ich vors erste Mündlich einen Contract geschlossen, in Willens, ihn folgenden Tag aufs Papier zu bringen, und zu unterschreiben. Nach vollkommener Richtigkeit ließ ich sie oben unter das Zelt, (wo eine Taffel zubereitet war) führen, und durch meine Ingenieurs dergestalt tractiren, daß man sie alle, wegen der Trunckenheit, an einem Tau in das Fahrzeug niederlassen muste; Sie wolten aber nicht ehe vom Schiff, biß ich sie ingesamt beschencket.

des Landesherrn dem Major von der Groeben, den im Jahre zuvor abgeschlossenen Vertrag mit den afrikanischen Häuptlingen zu erneuern. Da befürchtet wurde, daß den Afrikanern die seinerzeit getroffenen Abmachungen in Vergessenheit geraten sein könnten, hatte Kurfürst Friedrich Wilhelm angeordnet, den Häuptlingen neben anderen Geschenken auch je «einen silbernvergüldeten Becher mit einem Deckel» sowie ein Gemälde mit seinem Portrait und, wohl der größeren Feierlichkeit halber, einen «mit vergüldeten Buchstaben geschriebenen Brief» zu übergeben. In diesem wurde den Afrikanern «Schutz und Protektion wie auch die Erbauung einer Festung» zugesagt. Schon damals verstanden es die Kolonialherren, den von ihnen übervorteilten Völkern einzureden, daß alles nur zu deren Bestem und Nutzen geschähe.

In der Tat gelang es von der Groeben, nachdem er am 27.12.1682 afrikanischen Boden betreten hatte, einige den Brandenburgern jedoch völlig unbekannte Afrikaner zu bewegen, ihre Zustimmung für die Errichtung einer Festung zu geben. Aber an diesem sogenannten Kap der drei Spitzen (Kap Tres Puntos), in der Nähe des Afrikaner-Dorfes Accada, tauchten plötzlich Vertreter der Niederländisch-Westindischen Kompanie aus dem Fort Elmina auf.

Da diese mit recht drastischen Worten ihren Besitzanspruch auf das Land geltend machten, ordnete von der Groeben an, einige Seemeilen weiter zu se-

Major Otto Friedrich von der Groeben

Landung an der westafrikanischen Küste durch die beiden kurbrandenburgischen Kriegsschiffe CHURPRINZ und MORIAN (Gemälde)

Kanonendeck einer schweren Fregatte, um 1680. Nachbildung im Deutschen Museum München

So stellten sich die brandenburgischen Chronisten die Landung Otto Friedrich von der Groebens an der Küste Westafrikas vor

geln. Als ein geeigneter Platz in der Nähe des afrikanischen Dorfes Poqueso gefunden worden war, hißten die Brandenburger hier am ersten Tag des Jahres 1683 ihre Flagge. «Den folgenden Tag, als den 1. Januarii Anno 1683,» berichtete Otto von der Groeben in seinem Buch über seine Erlebnisse in Afrika, «brachte Captain Voss die grosse Churfürstliche Brandenburgische Flagge vom Schiffe, die ich mit Pauken und Schallmeyen auffgeholet, mit allen im Gewehr stehenden Soldaten empfangen, und einem hohen Flaggen-Stock auffziehen lassen, dabey mit 5 scharff geladenen Stücken das Neue Jahr geschossen, denen jedes Schiff mit fünf geantwortet, und ich wieder mit drey bedancket. Und weil Sr. Churfl. Durchl. Nahme in aller Welt Groß ist, also nennete ich auch den Berg: den Grossen Friedrichs-Berg.»[26] Aus dieser Bezeichnung entstand später der Name Großfriedrichsburg für die dort angelegte Festung, die zugleich der ganzen Kolonie ihren Namen gab.

Der Platz war wirklich ideal. Die Brandung war hier nicht so stark wie an den weiter westlich und östlich gelegenen Küstenstreifen, so daß ein Landen von auf den Segelschiffen mitgeführten Ruderbooten jederzeit möglich zu sein schien. Außerdem bot die Reede für größere Schiffe einen sicheren Ankerplatz in nicht zu großer Entfernung vom Strand.

Wie mag dieses donnernde, steife Zeremoniell auf die Afrikaner gewirkt haben?

Zeitgenössische Darstellung von der Festung Großfriedrichsburg und Umgebung aus der Vogelperspektive, um 1688

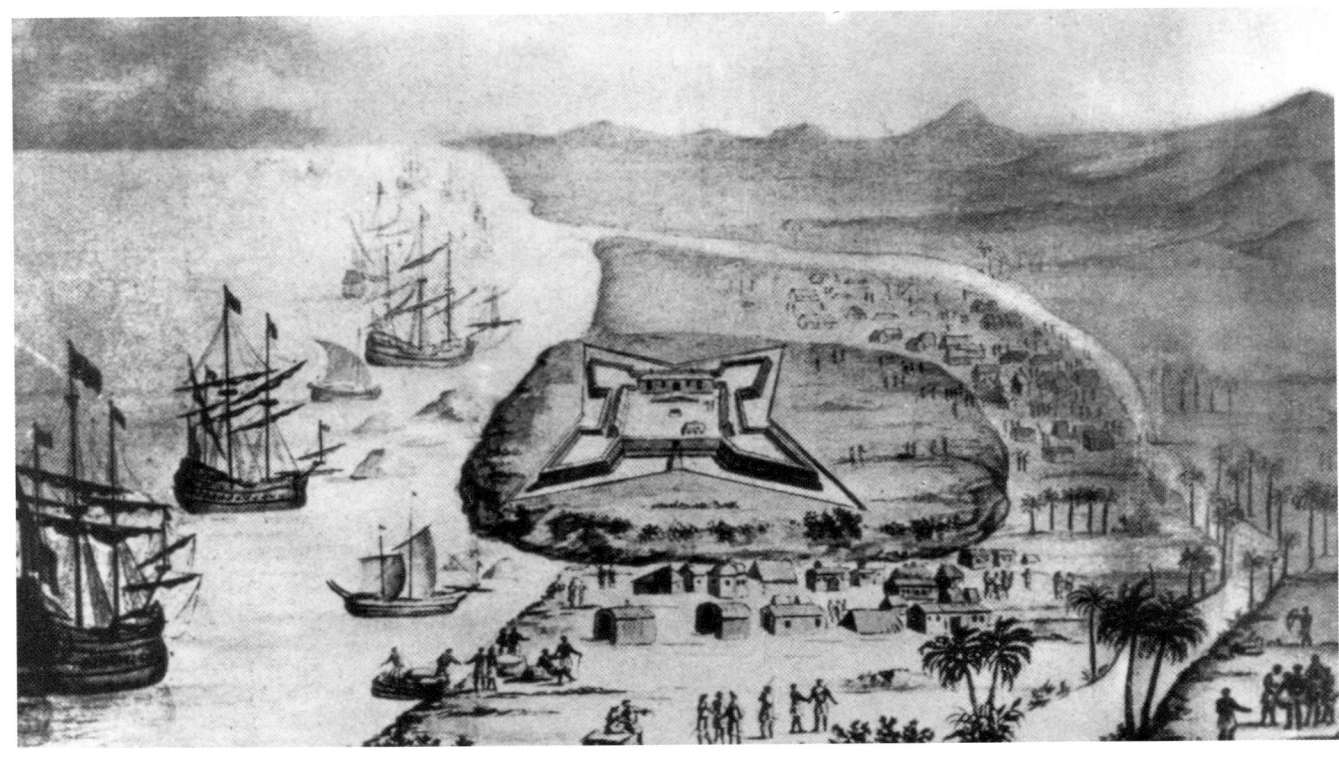

Auf dem Berg, der auf einer etwa 700 Meter ins Wasser vorspringenden Halbinsel lag, wurde schon am nächsten Tag mit Erdarbeiten zum Bau der Festungsanlage unter Anleitung der Ingenieure begonnen. Zunächst sollte die Festung aus Holz errichtet werden. Den Berg nannten die Afrikaner Manfro, Mamfor oder Mamfro. Aus den alten Berichten geht hervor, daß sich die Afrikaner an den Arbeiten fleißig beteiligten. Nachdem schon am Tage nach der Landung der Grundriß für die Festung abgesteckt war, wurden die Afrikaner angehalten, Baumstämme zum Palisadenbau auf den Berg zu schleppen. In einem Bericht, der aus dem vorigen Jahrhundert stammt, heißt es dazu: «Am zweiten Tage wurden die Soldaten zusammenberufen, und ihnen vorgestellt, wie man Willens sei, an diesem Orte eine Veste anzulegen, auch zugleich jeden einlade, sich freiwillig für den Besatzungsdienst in der neuen Ansiedlung zu gestellen ... Noch an demselben Tage wurden mit Hülfe der Eingeborenen, ohne die es, weil der Berg zu hoch und der Weg zu holprig war, unmöglich gewesen wäre, sechs dreipfündige Stücke durch einen Steig auf die Höhe geschleppt ... Während nunmehr alsobald die Leute anfingen, ihre Baracken zu bauen, und die Neger angewiesen wurden, für ihn (v. d. Groeben – d. V.) und die anderen Befehlshaber unter ihm eine große Baracke zu bauen, versammelte Groeben diese letzteren nebst den zwei Cabusiern (Häuptlingen – d. V.) in seinem Zelte, stellte eben diesen sein Vorhaben nochmals deutlichst vor, und verlangte von ihnen, daß sie im Beisein jener ihn ihrer Treue durch einen Eid versichern sollten. Die Negerhäupter erwiderten, daß an ihrer Treue nicht zu zweifeln wäre, sofern die Brandenburger Fetis (Alkohol – d. V.) mit ihnen darauf trinken wollten, daß sie es gleichfalls treu meinten, sie nie verlassen und gegen ihre Feinde vertheidigen würden.»[27] Solchermaßen der Hilfe und des Nachschubs von einheimischen Arbeitskräften sicher, wurden die Festungsbauarbeiten vorangetrieben. Daß die Hauptlast der Arbeiten auf Kosten der Afrikaner ging, steht wohl außer Zweifel. Jedoch findet sich über deren Anteil an der Errichtung des Forts nur sehr wenig in den Akten und in der späteren Geschichtsschreibung. So kann es schon fast als Ausnahme angesehen werden, wenn es in einem der Dokumente heißt: «Der Bau des Werkes wurde mit Unterstützung eifrig arbeitender Neger nach Möglichkeit beschleunigt, da jeden Augenblick Feindseligkeiten seitens der Holländer oder der von ihnen beeinflußten Negerstämme zu erwarten standen.[28]» Um den Besitzanspruch gegen die holländischen Konkurrenten besser verteidigen zu können, wurden die drei Häuptlinge gesucht, mit denen vor Jahresfrist der «Schutzvertrag» abgeschlossen worden war.

Allerdings konnte man zunächst trotz großer Bemühungen nirgends die drei Afrikaner auftreiben. Deren Namen waren als Pregate, Sophonie und Apany überliefert. In der Zwischenzeit waren nämlich die an der Küste gelegenen Siedlungen von afrikanischen Kriegern anderer Stämme überfallen worden. Zwei der damals mitunterzeichnenden

Schutzbrief des Großen Kurfürsten für die Cabisters von Accada, Taccarary und Tres Puntas nebst deren Angehörigen. Vom 29. September 1684.

*Wir Friedrich Wilhelm, von Gottes Gnaden Markgraf und Churfürst zu Brandenburg pp. (tot. tit.) urkunden und bekennen hiemit für jedermänniglich:
Demnach die sämmtliche unter dem Berge Monfort in Africa wohnende Capucirer und Regenten, imgleichen die Capucirer von Accida und Taccara, wie auch die von Tres Pontos einen Ihres Mittels Namens Jancken an Uns abgeschicket und durch eine besondere von demselben präsentirte, auch von obgedachten Capucirern ingesammt unterzeichnete Acte sich dahin verbunden, daß Sie und Ihre Angehörigen nicht allein allen Contracten, so hiebevor in Unserm Namen mit Ihnen gemachet worden, unverbrüchlich nachkommen, sondern auch Uns stets subject und unterthänig sein, auch nie in einige fremde Handlung sich einlassen oder unter anderer Botmäßigkeit und Herrschaft als die Unsere sich begeben, sondern demjenigen, was Wir durch Unsere in Africa habende Bediente und Officirer anordnen werden; jedesmal gebührend nachkommen wollen, daß Wir darauf nicht allein solche Ihre unterthänigste freiwillige Offerte in Gnaden acceptiret, sondern Sie auch in Unsern besondern Schutz, Protection und Vertretung auf- und angenommen haben, thuen das auch hiemit und kraft dieses offenen Briefes bester und beständigster maßen dergestalt und also, daß obgedachte Capucirer und Ihre sämmtliche Angehörigen unter Unserm besonderm Schutz, Schirm und Protection sein und wider männiglich, so Ihnen und denen Ihrigen an Leib und Gut einigen Schaden und Ungelegenheit möchten zufügen wollen, kräftiglich protegiret und vertreten werden sollen, allermaßen Wir Ihnen denn hiemit geloben und versprechen, daß Wir in dergleichen Fällen Ihnen wider Ihre Feinde und Aggressores die starke Hand allemal bieten, unter Unsere Festung und Canon Ihnen sichere Retraite verstatten und sonsten in allen anderen begebenden Fällen auch in specie in Handlung und Kaufmannschaften Uns vor Sie nicht weniger als vor Unsere selbsteigene Unterthanen mit allem Nachdruck interessiren wollen, allermaßen Wir denn Unserm Praesident und Bewindhabern der Africanischen Compagnie zu Emden, auch Unsern jetzigen und künftigen Commendanten, Officirern und allen und jeden in Africa habenden Befehlshabern und Bedienten hiemit gnädigsten Befehl ertheilen sich hiernach gehorsamst zu achten, gedachter Capucirer in allen begebenden Fällen sich gebührend anzunehmen und dasjenige, was Wir Ihnen hiedurch versprochen und zugesaget, Ihnen auf Ihr geziemendes Ansuchen jedesmal zu prästiren und genießen zu lassen.
Urkundlich p. Geben Cölln an der Spree, den 29. September 1684.*

Die Festung Großfriedrichsburg nach einer zeitgenössischen Darstellung

Häuptlinge waren dabei vermutlich getötet worden. Major von der Groeben gelang es nach einigem Suchen, sich mit deren Nachfolger zu verständigen, zumal die Waren und Geschenke aus Europa für die Afrikaner sehr verlockend waren. Die Landung der Brandenburger an der Küste sowie ihr geschäftiges Treiben ließ auch nach einigen Tagen den ins Landesinnere geflüchteten Apany wieder auftauchen, konnte er doch vermuten, daß dieses Mal die Brandenburger ihren vertraglich fixierten Schutzverpflichtungen nachkommen wollten. Am 5. Januar 1683 konnte mit ihm ein neuer Vertrag unterzeichnet werden. Im Prinzip war dies nur eine Formsache. Denn noch vor Vertragsunterzeichnung hatten die Brandenburger durch das Aufstellen von sechs Geschützen auf dem Berg Manfro ihren festen Willen angezeigt, sich von hier nicht mehr vertreiben zu lassen. Die Vertragsunterzeichnung hatte vor allem eine Art Alibifunktion gegenüber den niederländischen Konkurrenten und gegenüber ihrem eigenen Landesherrn zu erfüllen, der einen schriftlichen Vertrag mit den afrikanischen Häuptlingen ausdrücklich wünschte.

Die erneuten Vertragsverhandlungen, wenn man das Vortragen der brandenburgischen Wünsche und Vorstellungen so bezeichnen will, wurden zum Anlaß genommen, gleich mit vierzehn Häuptlingen zu sprechen. Alsbald wurden mit ihnen einige Vereinbarungen abgeschlossen. Die Afrikaner verpflichteten sich in dem Vertrag zu folgend aufgeführten Leistungen:

Die Festung Großfriedrichsburg von der Seeseite aus gesehen, 1684

Faksimile eines Vertrages zwischen dem Großen Kurfürsten und dem mauretanischen Herrscher von Argyn

- Schutz der zu errichtenden Festung und deren Besatzung;
- Hilfe beim Bau der Festung sowie weitere Dienste für den Kommandanten der Garnison;
- Handel nur mit brandenburgischen Schiffen bzw. Kaufleuten;
- Verhinderung des Ansiedelns von «Nichtbrandenburgern».

Zunächst verlief alles, wie schriftlich vereinbart. Unter dem Schutz von sechs Kanonen wurden Zäune geflochten, Gräben angelegt und Pfähle zu Palisaden aneinandergereiht. Die Befestigungsanlagen trugen eher provisorischen Charakter. Für den Bau solider Mauern und Behausungen benötigte man das Material aus Europa. Andererseits mußten rasch Unterkünfte für die das Klima nicht gewohnten Europäer und eine militärische Befestigung entstehen, um Freund wie Feind anzeigen zu können, welcher Herrscher hierher seinen Fuß gesetzt hatte. Und, wenn auch primitive, Anlagen zum Schutz von Leib und Leben sowie der mitgebrachten Güter waren um so notwendiger geworden, da die holländischen Konkurrenten nichts unversucht ließen, die Neuankömmlinge wieder zu vertreiben. Allerdings gingen die Brandenburger mit ihren Konkurrenten auch nicht glimpflich um.

Als Krieger eines vermutlich von den Holländern angestachelten Stammes die neuen Weißen samt ihren «brandenburgischen Negers» eines Tages angriffen, ließ Major von der Groeben eine sechspfündige Kugel unter sie schießen, «welche recht in den größten Haufen geschlagen», berichtete der brandenburgische Befehlshaber. «Zugleich hatte der Krieg ein Ende, weil die Mohren nichts weniger, als das

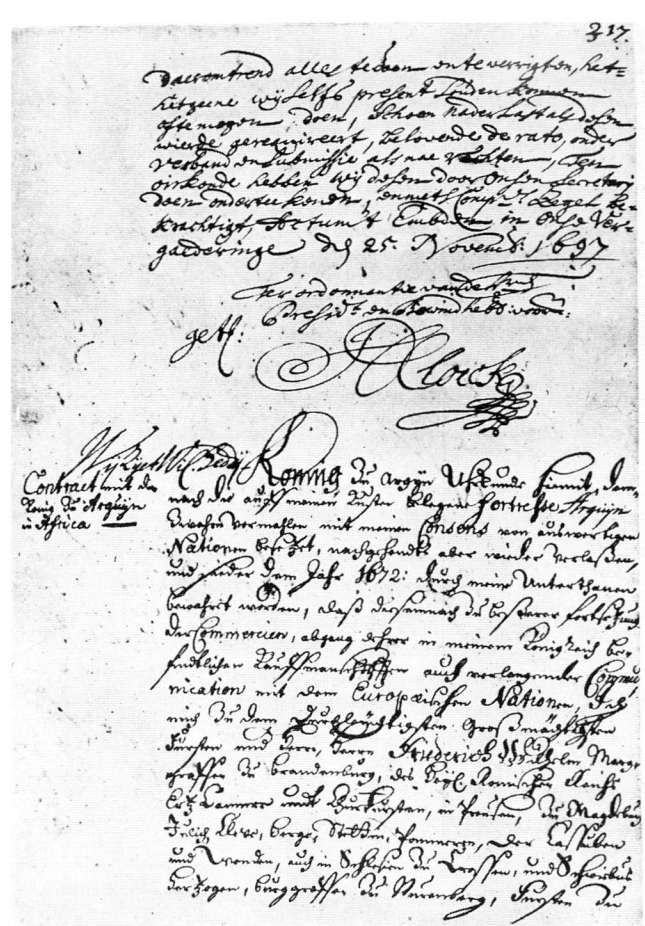

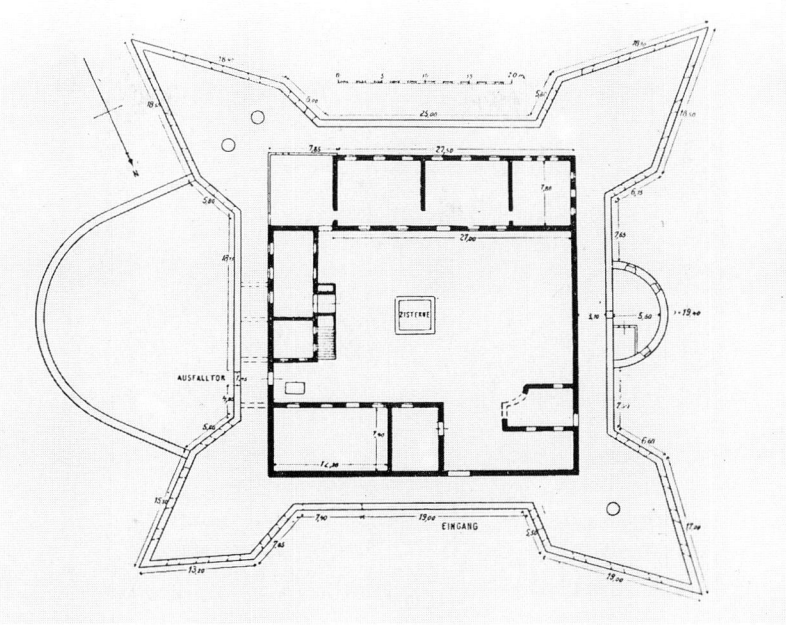

Titelblatt der «Guineischen Reisebeschreibungen» des Otto Friedrich von der Groeben, 1694

Maßstabgerechte Aufarbeitung der Anlagen Großfriedrichsburg durch den Kunstmaler Heines, 1913

grobe Geschütz vertragen können, sie höreten auf zu schießen und lieffen in aller Geschwindigkeit, denen unsere Schwartzen noch ein ziemliches Stück nachsetzten.»[29]

Nachdem Major Otto Friedrich von der Groeben die Leitung des weiteren Aufbaus der Festung in die Hände von Kapitän Blonck gelegt hatte, kehrte er im August 1683 auf der Fregatte «Morian» nach Europa zurück, wo er nach einem bewegten, abenteuerlichen Leben am 30. Januar 1728 als Generalleutnant in Marienwerder verstarb.[30]

Am Hofe Friedrich Wilhelms sowie in Gesprächen mit Benjamin Raule konnte sich von der Groeben nach seiner Rückkehr aus Afrika zunächst davon überzeugen, daß viel für den Aufbau und Erhalt der Kolonie Großfriedrichsburg getan wurde. So waren Schiffe unterwegs an die westafrikanische Küste, um Baumaterial dorthin zu transportieren. Aktiviert wurden die Arbeiten dadurch, daß von der Groeben nicht nur recht günstige Nachrichten mitbrachte, sondern auch seltsame Tiere und Pflanzen, ja, sogar einige der am Hofe so begehrten «Mohren». Die, wenn auch nicht in jedem Falle unter Zwang nach Europa verbrachten schwarzen Menschen, dienten in Potsdam und Berlin als Dienstboten. Diejenigen von ihnen, die aus einer Häuptlingsfamilie stammten oder mit einer verwandt waren, kehrten ein Jahr später auf einem der Schiffe in ihre afrikanische Heimat zurück. Man erhoffte sich am brandenburgischen Hof durch die nach Europa geholten und dann wieder zurückgeschickten Afrikaner noch einen besonderen Effekt. Durch die großzügige Zurschaustellung des luxuriösen Pomps und des streng reglementierten Hofstaates sowie der Bewaffnung und Stärke der Armee wollte man die Afrikaner beeindrucken.[31] Nach der Rückkehr zu ihren Stammesgenossen sollten sie diesen von der Macht und Größe des brandenburgischen Staates berichten, unter deren «Schutz» sie weder Überfälle von anderen afrikanischen Stämmen noch von anderen Europäern zu befürchten hätten. Dies war eine Taktik, welche die Kolonialherren nicht nur zu jener Zeit und nicht nur mit Afrikanern anwandten, jedoch hier schon sehr früh praktizierten.

Außer für den Nachschub an Baumaterialien und Tauschwaren für die Afrikaner sowie den Transport von für Europäer in tropischen Gebieten lebensnotwendigen Dingen des alltäglichen Bedarfs mußte vor allem für den personellen Entsatz gesorgt werden. Brandenburgische Werber reisten in halb Europa herum, um für den Dienst in Afrika Freiwillige zu rekrutieren. Diese Bemühungen waren in den ersten Jahren auch oftmals von Erfolg gekrönt. Nachdem eine für hinreichend betrachtete personelle Verstärkung für die Kolonie zusammengestellt worden war, sollte der Aufbau der Festung Großfriedrichsburg relativ rasch vorangehen. Die von der ersten Expedition verbliebenen Brandenburger hatten in der Zwischenzeit mit wertvollen Vorarbeiten begonnen. Der Festungsingenieur Hauptmann Carl Constantin von Schnitter übernahm die Leitung des Aufbaus der Festung Großfriedrichsburg. Von niederländischen Festungsbauten beeinflußt, hatte er nach europäischem Vorbild entsprechende Pläne entworfen. Was von Schnitter jedoch bei seiner Ankunft in Afrika vorfand, befriedigte ihn nicht. Enttäuscht berichtete er in die Heimat von einem «alten Werk, welches von Zäunen geflochten war».[32] Überhaupt fand der Inge-

Zuordnung der Gebäude im Fort Großfriedrichsburg, nach einer Vorgabe aus dem Jahre 1708
1 Sitz des Kommandanten/Gouverneurs
2 Unterkünfte für Offiziere und Ratsmitglieder
3 Unterkünfte für die Soldaten über den Arbeitsräumen und Werkstätten
4 Wohnräume für Assistenten, Kapitäne und Gäste
5 Unterkünfte für Kompanie-Angestellte
6 Wirtschaftsräume
7 Nord-Bastion
8 Ost-Bastion
9 Süd-Bastion
10 Sklaven-Unterkünfte

Epitaph von C. C. Schnitter in der Berliner Nikolai-Kirche

Großfriedrichsburg im Jahre 1709. Vermutlich von einem holländischen Offizier gezeichnet

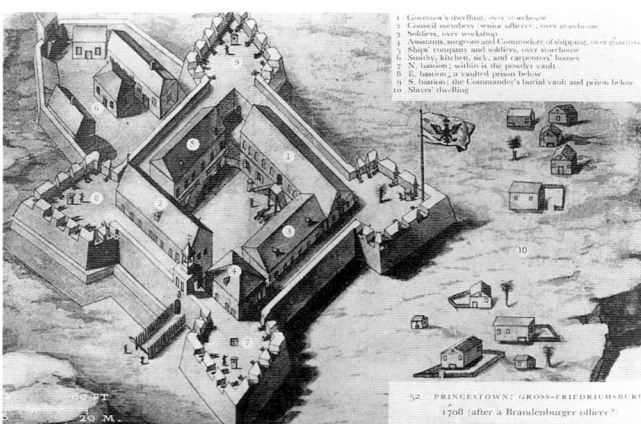

nieurkapitän, wie seine exakte Bezeichnung lautet, zusammen mit der auf dem «Goldenen Löwen» nach Afrika gesandten Verstärkung katastrophale Zustände vor. Die sie in Großfriedrichsburg ungeduldig erwartende Besatzung war auf 16 Mann unter Führung des Fähnrichs von Selbig, insbesondere wegen des in dem tropischen Klima verheerenden Fiebers, zusammengeschrumpft. Selbig und seine Männer begrüßten hocherfreut die Ersatzmannschaft, die aus folgend aufgeführtem Personal bestand: Major Dillinger, Lieutnant Siegmund, einem Steuerbeamten namens Reindermann, zwei Fähnriche, dem Ingenieurkapitän von Schnitter, zwei Ingenieurassistenten, je einem Ober- und Unterchirurg, drei Assistenten, einem Schreiber, einem Konstabler, zwei Schneider, vier Schmiede, fünf Maurer, fünf Zimmerleute, 31 Soldaten.

Intensive Arbeiten an den Befestigungswerken unter Anleitung von Fachleuten waren unbedingt notwendig. Aus dem Provisorium sollte eine dauerhafte, nach europäischem Vorbild aus Steinen gebaute Festung entstehen. Trotz Bemühungen der bisherigen Besatzung, Vorarbeiten zu leisten, und einiger sichtbarer Erfolge durch die zu Bauarbeiten herangezogene afrikanische Bevölkerung war das Ergebnis insgesamt gesehen wohl recht mager. Vermutlich hatten die gerade aus Europa eintreffenden Handwerker und Soldaten auch ganz andere Vorstellungen vom Leben und Arbeiten in Afrika. Jedenfalls beschwerte sich der damalige Assistent der Brandenburgisch-Afrikanischen Kompanie in Großfriedrichsburg bei seiner Ankunft. Es sei «ein schlechtes Fort, das wie ein Bauerngarten aussieht», und er vergleicht seine Unterkunft mit einer «Bauernscheune».[33]

Der Festungsingenieur im Range eines Hauptmanns ging hingegen mit Tatkraft an sein bereits in Europa geplantes Vorhaben. Unter seiner Leitung legten die Soldaten und die herangezogenen sowie die angeworbenen Afrikaner das Fundament für ein massives Werk. Den ursprünglichen Grundriß des aus Baumstämmen bestehenden Palisadenringes be-

Tauschhandel bei Großfriedrichsburg. Federtuschzeichnung von Rutger von Langervelt, um 1690

Batterie auf den Wällen der Festung Großfriedrichsburg in den zwanziger Jahren des 20. Jh.

hielt er zwar bei, erweiterte diesen jedoch nach der Seeseite hin durch die Anlage von zwei neuen Bastionen, so daß der Grundriß des Bauwerkes nun einem regelmäßigen Viereck glich. Der das Festungswerk umgebende Hauptwall wurde mit Steinen aufgemauert und dort Kasematten eingebaut. Die Hauptgebäude im Inneren der zeitweiligen Befestigung, die bislang behelfsmäßig als Unterkünfte dienten, wurden durch zweistöckige Steinhäuser ersetzt.

Nach Fertigstellung der Befestigungsanlage konnte die strategische Lage als sehr günstig angesehen werden. Eine Verteidigung war sowohl zur Seeseite hin als auch zum Landesinneren möglich. Die vorspringende Halbinsel, auf der der Berg mit Festung lag, gestattete von den Flanken her mittels der Kanonen und Handfeuerwaffen den Strand zu beherrschen. Die erhöhte Lage machte einen Angriff vom Lande her sehr schwierig. Später wurde die von Schnitter konzipierte Festungsanlage erweitert und ausgebaut.

Gleichzeitig mit dem Auf- und Ausbau von Großfriedrichsburg ging auch die Errichtung eines weiteren Forts vonstatten. Denn einige Häuptlinge der Siedlung Accada (heutige Bezeichnung Akwida), die bislang mit den Niederländern Handel getrieben hatten, baten die Brandenburger um die Errichtung eines Forts und um die Stationierung einer brandenburgischen Besatzung. Der nach dem Vorbild niederländischer Faktoreien in Großfriedrichsburg gegründete Rat, der die Verwaltung und Leitung vor Ort übernommen hatte, stimmte als höchstes Gremium und Sachwalter der Interessen der Brandenburgisch-Afrikanischen Kompanie dem Wunsch der afrikanischen Häuptlinge zu. Anfang Februar 1684 wurde begonnen, die Voraussetzungen für den Bau eines kleinen Forts bei Accada zu schaffen.

Am 24. Februar kam es sogar auf dem erhöht gelegenen Gelände für das geplante Fort in der Nähe des Dorfes mit 24 lokalen Häuptlingen zum Abschluß eines Vertrages. Die Afrikaner verpflichteten sich hierin, den Brandenburgern das Baugelände zu über-

Vertrag mit 24 Cabisters (Häuptlingen) von Accada. Vom 24. Februar 1684.

Anno 1684 den 24. Febr.
Haben die sämmtliche Capucier von Accada nachfolgende Puncta zugestanden und darauf geschworen.
1. *Daß Sie Sr. Chfl. Dl. zu Brandenburg den ganzen Berg schenken und kein Praetension hinfüro daran machen wollen.*
2. *Wollen wir ein Haus vor die Güter und den Kaufmann bauen, imgleichen eine Loge für die Soldaten.*
3. *Wollen sie nothwendige Hilfe das Fort aufzubauen thun, doch daß von dem Hr. Major und dem Hr. Capitain Blonck vor die Arbeiter etwas verordnet werde, damit sie zufrieden sein wollen.*
4. *Haben sie Fatise gegessen (:oder einen Eid gethan:) und Sr. Chfl. Dl. bei der aufgesteckten Flagge geschworen obiges zu halten, denen Leuten, welche in dem Fort liegen, kein Leid zu thun, sondern ihnen alle Lebensmittel bringen wollen. Zu mehrer Versicherung haben sie sich eigenhändig mit ihrem gewöhnlichen Character unterzeichnet. So geschehen auf dem neuen Fort zu Accada, den 24. Febr. 1684.*

(Gezeichnet von 24 Capuciers.)

Songa.	Ajabu.
Motu.	Caboe.
Amacon.	Jan Jancke.
Mani.	Poma.
Agoni.	Assang.
Aganne.	Fanque (Herr von das Land).
Coja.	Ampajoba.
Ansa.	Busseke.
Agere.	Bude.
Gungma.	Anusa.
Anteba.	Dohot.
Jancke.	Boane.

lassen und die für die Unterbringung der Besatzung benötigten Gebäude zu errichten sowie die notwendigen Arbeitskräfte zu stellen. Sie gelobten ferner, der Besatzung des Forts kein Leid zuzufügen und sie mit Lebensmitteln zu versorgen.

Von brandenburgischer Seite unterzeichnete Hauptmann Carl Constantin von Schnitter den Vertrag. Er wurde zum ersten Kommandanten des zu errichtenden Stützpunktes ernannt. Ihm standen neun Soldaten und vier Geschütze zur Verfügung. Die Befestigungsanlage, die mit Großfriedrichsburg nicht zu vergleichen war, erhielt den Namen Dorotheenschanze; genannt nach der zweiten Frau des Kurfürsten, Dorothea.

Nachdem die Arbeiten nicht so reibungslos vorangegangen waren wie ursprünglich gedacht, weil die Arbeitskräfte bei weitem nicht ausreichten, schlug Hauptmann von Schnitter den Afrikanern den Abschluß eines weiteren Vertrages vor. In diesem auch zustande gekommenen Abkommen verpflichteten sich die Anwohner, zweimal pro Woche kostenlos am Bau der in Form eines regelmäßigen Dreiecks zu errichtenden Befestigungsanlage und der sich darin befindenden Unterkünfte zu arbeiten. Außerdem erklärten sie sich bereit, ausschließlich mit den Brandenburgern Handel zu treiben und für eine regelmäßige Schiffsverbindung nach Großfriedrichsburg gegen Bezahlung zu sorgen. Letztere Vereinbarung war für die Europäer sehr notwendig geworden, denn eine Schiffsverbindung zu ihrem Hauptstützpunkt ermöglichte nicht nur eine schnellere Verbindung, sondern vor allem auch eine sicherere. Die Fußmärsche durch glühende Hitze und tropisches Dickicht waren nicht ungefährlich.

Die Dorotheenschanze lag auf einer Halbinsel. Zunächst wurde ein Erdwerk in Dreiecksform angelegt, das mit hölzernen Palisaden umgeben wurde. Die ebenfalls nach europäischem Vorbild errichtete Schanze wurde später nach den Plänen von Carl Constantin von Schnitter weiter ausgebaut und befestigt.

Die hölzernen Palisaden der Festungsbauten wurden schon nach einigen Jahren durch Steinmauern ersetzt. Drei unterwölbte Bollwerke wurden angelegt und die Anzahl der Geschütze auf zwölf erhöht. Der Erwerb des Geländes für das Fort bei Accada kann für die Brandenburger als ein recht großer Erfolg angesehen werden, denn der im Bereich der Dorotheenschanze gelegene Hafen bot für kleinere Schiffe nicht nur einen günstigen Hafen und Zufluchtsort, sondern er lag auch inmitten einer wegen der Fruchtbarkeit weit und breit gepriesenen Landschaft mit vielen Feldern. Zudem wird die Gegend oft als einer der schönsten Küstenstreifen Westafrikas gerühmt. Ein alter Reisebericht zeichnet über die Dorotheenschanze folgendes authentische Bild: «Ihr könnt dessen Beschaffenheit aus folgendem so viel deutlicher ersehen. Erstlich findet sich ein Haus oben ganz eben, und gleich dabey zwey Bollwercke und halbe Cortinen (Teil eines Walles, der zwei Bastionen verbindet – d. V.), auf jede haben sie einige kleine Stücke gepflantzet, übrigens siehet man im Hause daselbst unterschiedliche schöne Zimmer, wiewol alles sehr leicht und nahe bey einander gebauet ist.»[34]

Den ersten «Ehrengruß» von einer anderen europäischen Macht erhielt die im Aufbau begriffene Kolonie Großfriedrichsburg von einem englischen Schiff, welches, nachdem es den roten Adler auf weißem Grund, der hoch über dem Bauplatz an einem Mast wehte, mit Kanonenschüssen begrüßt hatte, in dem natürlichen Hafen vor der Festung vor Anker ging. Bald darauf ankerte ein dänisches Schiff in dem neuen Kolonialgebiet und erkannte ebenfalls durch seinen Salut die Herrschaft Brandenburgs über diesen Teil der afrikanischen Küste an. Allerdings wurden Schiffe der wichtigsten Macht, der Niederländer, mit dieser Ehrenbezeigung nicht gesichtet.

Der Bitte zur Errichtung weiterer Forts von anderen Häuptlingen konnten die Brandenburger aus Kapazitätsmangel nicht in vollem Umfang entsprechen. Außerdem hatten sie schon durch den Bau der Dorotheenschanze holländische Handelsinteressen verletzt, was deren Vertreter auf den Plan rief und Ärger mit sich brachte.

Jedoch unterzeichnete am 4. Februar 1685 der inzwischen zum Major beförderte Kommandant von Schnitter einen weiteren Vertrag mit afrikanischen Häuptlingen aus dem Ort Taccarary (heute Takoradi), etwa 30 Kilometer östlich von Großfriedrichsburg, und somit am weitesten von der großen Festung entfernt, gelegen. Die hier lebenden Afrikaner hatten sich von den Niederländern abgewandt und baten um brandenburgischen Schutz. Das konnten sich diese nicht entgehen lassen. Deshalb wurde dort eine Befestigungsanlage, wenn auch nur eine sehr kleine, errichtet.

Auf Befehl des Kommandanten ergriff Fähnrich du Mont mit einem Gefreiten und sechs Soldaten, die drei dreipfündige Geschütze mit sich führten, von Taccarary Besitz, «umb seiner Churfürstlichen Durchlaucht und Deroselben Afrik. Kompagnie Flagge allda zu pflanzen und wähen zulassen, auch gleich von den Negers und Soldaten eine kleine Redoute mit Palisaden umbsetzen machen zu laßen», heißt es in einem zeitgenössischen Dokument.[35]

Eine weitere, die vierte militärisch befestigte Handelsniederlassung Kurbrandenburgs an der Westküste Afrikas wurde dann die auch als «Loge» oder als «Sophie-Louise Schanze» bezeichnete Befestigung in der Nähe des Dorfes Taccrama, in deren Nähe sich eine ergiebige Frischwasserquelle befand. Die Schanze lag zwischen Großfriedrichsburg und der Dorotheenschanze auf dem Kap Tres Puntos, in der

Dorotheenschanze, um 1709

Resolution des Raths von Groß-Friedrichsburg. Vom 5. Februar 1685.

Copie der Resolution, welche von dem Chfl. Brandenburgischen Commandeur Schnitter auf Groß-Friedrichsburg, dem Fiscal Reijnerman und dem Ober-Kaufmann Johan Nieman am 5. Febr. 1685 genommen worden ist.

Es ist bekannt, daß die Cabusiers (Häuptlinge – d. V.) von Taccarary, sammt ihren Negers, continuirlich bei uns angehalten eine kleine Fortresse bei ihnen zu machen; sie wollten hinfüro unter Sr. Chf. Dl. Devotion stehen und wollten die Holländer durchaus nicht haben; Ursache, weil die Holländer allezeit, wann ein Krieg käme, ihre Güter wegnähmen und die arme Negers verließen, die alsdann keinen Schutzherrn hätten, sondern mußten auch fliehen und alles verwüsten lassen, dieses aber thäten des Churfürsten von Brandenburg Leute nicht, sondern sie defendirten die Negers sowohl, als ihre Fortresse und gingen nicht davon wie die Holländer. Es ist zwar denen Cabusiers von Taccarary abgeschlagen eine Fortresse bei ihnen zu machen, weil jetzo noch ein holländischer Kaufmann und Flagge dastünde, auf ihr vielfältiges Anhalten aber hat man ihnen zugesaget Schutz zu leisten, wann ein Krieg käme, und die Holländer sie verlassen würden. Worauf die Cabusiers Fetise gegessen, das ist einen starken Eid geschworen, anders keine Nation als S. Chf. Dl. zu Brandenburg zu ihrem Schutzherrn zu nehmen, wollten auch nach allem Fleiß Kaufleute anschaffen zu unserm großen Contentement. Hierauf hat sich begeben, daß anno 1685 im Januario ein ziemlicher Krieg entstanden, unter der Landschaft Adom und Anta, worunter Taccarary lieget, die Holländer haben ihren Kaufmann, Güter, Flagge und alles weggenommen, ja die arme Negers miserabel verlassen, da sie doch monatlich gute Negotie gehabt wie uns bekannt, indeme der Kaufmann in einem Monat 14 Pfd. Goldes, aufs wenigste 9 Pfd. empfangen hat. Weil sich nun die Cabusiers abermal von den Holländern verlassen sahen, haben sie ihre Zuflucht zu uns genommen und einständig angehalten, bei ihnen eine kleine Fortresse aufzurichten. Es ist zwar an deme, daß wir auf dem Berge Manfro bei Cap de tres Puntas, die Fortresse Groß-Friedrichsburg angeleget, zu Accada auch eine kleine Fortresse.

Weil wir aber keiner andern Ursache hier in dieses Land geschicket seind, als Sr. Chf. Dl. und der Chf. Brandenburgisch Afr. Compagnie Nutzen und Bestes nach allem Vermögen zu suchen, welches auf keinerlei Weise anders geschehen kann, als daß man sorget, daß gute Negotie möge getrieben und viel Gold empfangen werden, aus dieser Consideration haben wir einhellig in Rath beschlossen, weil die Holländer selbigen Ort wegen des Kriegs verlassen, solchen einzunehmen und Post zu fassen, weil er sehr favorabel vor unsere Negotie ist, indeme rund umb viele Dörfer und Negers sein, welche die Kaufleute zu unser großen Avantage anbringen werden.

Als habe den 5. Febr. anno 1685 einen Fähnrich, Gefreiten und sechs gemeine Knechte, mit drei dreipfündigen eisernen Stücken, fünfzig Granaten und zur Defension gehörigen Ammunition dahin nach Taccarary geschicket, umb Sr. Chf. Dl. und Deroselben Br. Afr. Compagnie Flagge allda zu pflanzen und wehen zu lassen, auch gleich von den Negers und Soldaten eine kleine Redoute mit Pallisaden umbsetzet machen zu lassen befohlen. Der Herr Fiscal Daniel Gerhard Reijnerman ist deputiret, nebst dem Fähnrich du Mont solches Werk wohl in Stand zu bringen. Dieses Obenstehende ist nach fleißiger und wohlbedachtlicher Berathschlagung von uns resolviret und ins Werk gestellet worden. Conclusum im Rath auf der Fortresse Groß-Friedrichsburg, den 5. Febr. 1685.

C. C. von Schnitter,
Major und Commandant.
D. G. Reijnerman,
Fiscal.
Johan Nieman.

Orte an der Küste Westafrikas, über die in den europäischen Schriftquellen berichtet wird. Nach A. Jones

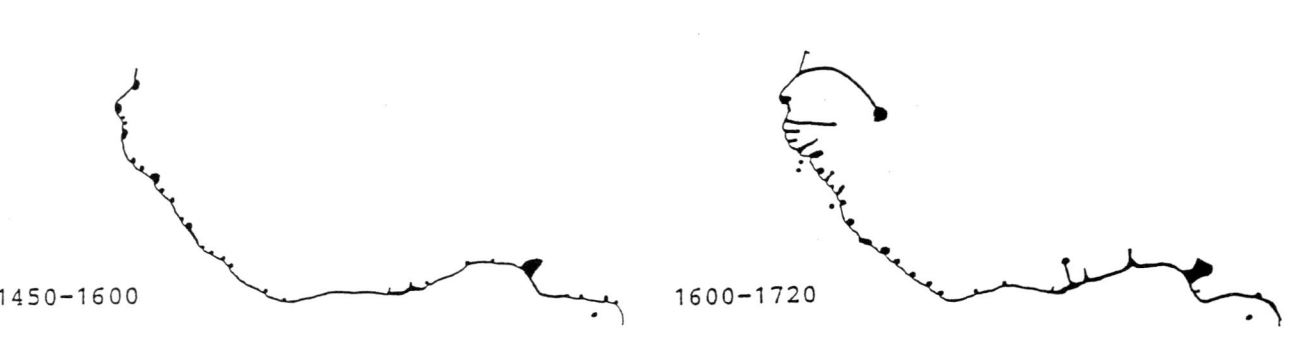

Nähe des ersten Landungsortes von Major Otto von der Groeben. Diese kleinste der vier Befestigungen bestand lediglich aus einem zunächst mit zwei Geschützen armierten Erdwall. Die Besatzung dieses Befestigungswerkes hatte nicht nur die Versorgung der Europäer mit Frischwasser zu sichern, sondern besaß auch aus strategischer Sicht eine gewisse Bedeutung, weil es die Landverbindung zwischen Großfriedrichsburg und Accada sicherte.

Die Befestigungen und somit der Einfluß der kurbrandenburgischen Kolonie erstreckten sich über eine Küstenstrecke von etwa 50 Kilometern. Das gesamte Gebiet wird in der Fachliteratur als Großfriedrichsburg bezeichnet. Der direkte Einfluß der Brandenburger ins Landesinnere reichte kaum weiter, als ihre Kanonenkugeln fliegen konnten. Wie auch andere europäische Besitzungen an der westafrikanischen Küste blieb ihr Einfluß auf die unmittelbare Küstenregion beschränkt. Da der Haupterwerb zunächst vornehmlich im Tauschhandel bestand, ist diese Form der «Küstenkolonie» mit der Jahrhunderte später errichteten imperialistischen Kolonialherrschaft kaum vergleichbar. Aber immerhin leiteten sie die spätere Phase der direkten Kolonialherrschaft ein bzw. bereiteten sie mit vor.

Die Absicherung der kolonialen Errungenschaft

Als Major Otto von der Groeben im Januar 1684 über Hamburg nach Berlin zurückgekehrt war, wurde er, wie es heißt, überaus gnädig vom Kurfürsten empfangen. Er konnte sich selbst davon überzeugen, daß man während seiner Abwesenheit ernsthaft daran gegangen war, den gerade anlaufenden Handel mit Übersee nach Kräften zu fördern. Zu diesem Zwecke wurden zum Beispiel in Berlin Werften errichtet.[36] Auch an anderen Orten, wie in Havelberg, begann man Werften, die in der Lage waren, Schiffe für den Überseehandel zu bauen, zu errichten.[37] Da gleichzeitig auch Binnenschiffe gebaut und Kanäle ausgehoben wurden, konnte die territoriale Zersplitterung Brandenburgs am Rhein, an der Weser, Elbe und Oder gut genutzt werden. Berlin wurde zu einem bedeutenden Umschlagplatz für Handelswaren aller Art und aus allen Richtungen. Der Förderer und Finanzier der überseeischen Unternehmungen, Benjamin Raule, war inzwischen zum «Oberdirektor der Seesachen» und darauf zum «Generaldirektor der Marine» avanciert.[38] Er erhielt ein Jahresgehalt für die genannten Funktionen in Höhe von 2400 bis 3000 Talern.

Gleichzeitig mit den ökonomischen und administrativen Maßnahmen, die vornehmlich dem Überseehandel dienten, wurden auch andere zur Hebung der allgemeinen wirtschaftlichen Prosperität durchgeführt. In diesem Zusammenhang kam es unter anderem zur Einführung einer Feuerordnung für Berlin, Cölln und Werder. Auch wurde ein «Admiralitäts- und Kommerzkollegium» in Berlin eingerichtet, das u. a. der Schlichtung von Handelsstreitigkeiten diente. Die ostpreußische Hafenstadt Pillau wurde zum Kriegshafen ausgebaut und dort ebenfalls eine Werft errichtet. Für diese und weitere Vorhaben wurde, bevor sie sich amortisierten, nicht wenig Geld benötigt. So kam der Erlös aus den afrikanischen Waren, welche zuerst die Fregatte «Morian» und dann auch die anderen Schiffe mitbrachten, dem angegriffenen Finanzsäckel des Großen Kurfürsten sehr gelegen, wenn auch letztlich der Gewinn niedriger als erhofft ausfiel. An Bord des Schiffes «Morian» befanden sich 58 Pfund, acht Loth Gold (ca. 29,125 kg), aus welchem in Berlin 7226¼ Dukaten im Werte von 14453 Talern gemünzt werden konnten. Die 9800 Pfund Elefantenzähne, also Elfenbein, brachten einen Gewinn von etwa 3400 Talern. 6000 Pfund Getreide, das man aus Afrika einführte, erbrachten einen Erlös von 457 Talern und 16 Groschen.

Der Gesamterlös reichte dennoch nicht aus, um eine weitere Expedition zu finanzieren, deren Kosten

1720-1840   1840-1880

Vorderfront des kurbrandenburgischen Magazins in Emden. Erbaut 1623

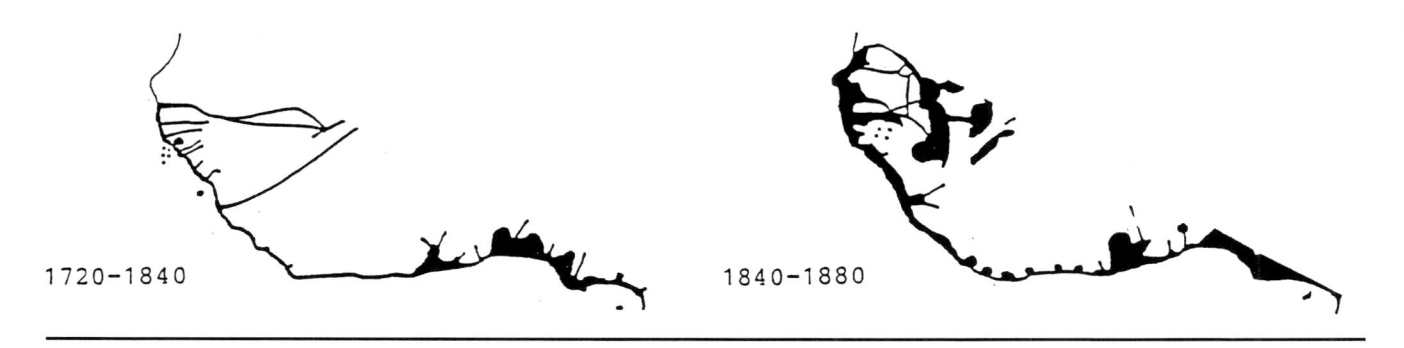

auf 44 000 Taler veranschlagt wurden. Damit ein Auslaufen der Schiffe «Wasserhund» und «Goldener Löwe» trotzdem ermöglicht werden konnte, mußte die Brandenburgisch-Afrikanische Kompanie einen Kredit von 16 000 Talern aufnehmen. Dadurch konnte schließlich doch der «Wasserhund», ein kleines Schiff mit zehn Geschützen, von Emden aus Anfang September in See stechen, um den auf Großfriedrichsburg lebenden Menschen Nachschub bringen zu können.

Emden war übrigens 1684 wegen seiner günstigen Lage zum Sitz der oft kurz «Afrikanischen Kompanie» genannten brandenburgisch-preußischen Überseehandelsgesellschaft und zum Haupthafen der brandenburgischen Marine bestimmt worden, nachdem schon bald Pillaus ungünstige strategische Lage für den Überseehandel erkannt worden war.[39] Diese Verlagerung des «Tors zur See» kam Friedrich Wilhelm sehr gelegen, kam er doch so seinem Ziel, einen Zugang zur Nordsee zu erhalten, ein bedeutendes Stück näher. Mit den ostfriesischen Ständen und mit der Hafenstadt Emden war ein Handels- und Schiffahrtsvertrag abgeschlossen worden. Der Kurfürst mußte dafür Benjamin Raule und die Kompanie vorschieben, um den ob der vielfältigen brandenburgischen Aktivitäten mißtrauisch gewordenen Kaiser einigermaßen zu beruhigen. Raule verlegte den Sitz des Kontors der Handelskompanie in die ostfriesische Hafenstadt und gründete dort sogleich eine Werft. Das Material hierfür ließ er aus Pillau heranschaffen. Das Admiralitätshaus und die Holzkirche der Bauleute wurden demontiert und an die Nordsee gebracht. Emden war zwar keine brandenburgische Stadt, aber die in der Nähe gelegene Burg Gretsiel befand sich in der Hand des Kurfürsten. Die «Afrikanische Kompanie» schloß aus dem genannten Grund mit der Stadt Emden eine Vereinbarung, die es den Brandenburgern gestattete, dort für den Dienst der Gesellschaft nicht nur einen Hafen, sondern auch eine Garnison zu unterhalten. Drei Kompanien Marineinfanterie wurden dort ab 1683 statio-

Magazin der Kurbrandenburgischen Flotte in Emden (Gesamtansicht)

niert. Zuerst nannte sich die Marineinfanterie Marinekompanie, dann Marinemiliz und schließlich Marinebataillon. Sie war in dem noch heute existenten sogenannten Gödenser Haus untergebracht. Aus ihren Reihen wurden nicht nur die militärische Besatzung der Schiffe, sondern auch die Mannschaften für die Forts in Westafrika rekrutiert. Bis zu diesem Zeitpunkt wurden für den Marine- und Kolonialdienst brandenburgische Musketiere herangezogen, die aus den in Preußen stationierten Regimentern Churprinz, Dönhoff und Barfus stammten. Zur besseren Koordinierung der kolonialen Überseebestrebungen wurde zudem in Berlin eine Admiralität errichtet. Außerdem übernahm der Kurfürst nun endgültig alle Kriegsschiffe, die bislang nur für eine gewisse Zeit von Privatreedern, zumeist von Raule, gemietet worden waren.

Da Friedrich Wilhelm I., Kurfürst, Markgraf von Brandenburg, Herzog von Preußen und Fürst mehrerer anderer Landesteile, nunmehr noch größeres privates Interesse an den kolonialen Besitzungen hatte, sorgte er auch dafür, daß neue Mannschaften und weiteres Baumaterial sowie Tauschwaren stetig nach Afrika verschifft wurden. Sogar Holz wurde nach Afrika transportiert. Jeder der noch heute an Ghanas Küste zu besichtigenden alten Mauersteine wurde per Schiff aus Mitteleuropa in den Süden gebracht. In erster Linie wurde allerdings das für notwendig erachtete Kriegsgerät nach Beendigung der Bauarbeiten an die westafrikanische Küste transportiert, das zunächst aus folgendem bestand: 16 eiserne Sechspfünder und zwei sechspfündige Haubitzen nebst Munition und allem Zubehör, außerdem 1 600 Handgranaten, 300 Pechkränze, 60 Musketen, 50 Paar Pistolen, 100 Degen, 30 ganze sowie 30 halbe Piken, 30 Morgensterne, 30 an Stangen befestigte Sensen, 4 000 Fußangeln und 50 Stück spanische Reiter. Auch ein Wagen mit vier Pferden trat die Seereise an.

Um zu überprüfen, wie die investierten Gelder und Güter gewinnbringend in der Kolonie Großfriedrichsburg angelegt wurden, machte sich am 9. Dezember 1684 ein Inspektor der Brandenburgisch-Afrikanischen Kompanie, namens Brouw, auf den Weg nach Westafrika, um sich, wie es hieß, von dem Zustand der Kolonie zu überzeugen und dem Kurfürsten Bericht zu erstatten. Zu einer ernsthaften Konkurrenz waren neben den Niederländern nämlich die Interloper geworden. Den Brandenburgern wurde von Vertretern anderer europäischer Kolonial-

Innenhof von Großfriedrichsburg, um 1900

Interloper

Als Interloper – auch Interlooper, Interläufer, Lorrendreyer, Lordenträger – wurden Schiffe bezeichnet, die auf eigene Faust, also unabhängig von einer der europäischen Handelsgesellschaften, Tauschgeschäfte mit den Afrikanern tätigten. Sie wurden von Reedern auf eigene Kosten ausgestattet. Bis zum Ende des 18. Jahrhunderts war diese Art Geschäfte illegal und somit riskant. Die im Auftrage der Handelskompanien fahrenden Schiffe durften die Interloper aufbringen, was sie oft genug zur Wahrung ihres Monopols auch taten. Dennoch war der von Interloper getätigte Handel für die Schiffsbesatzungen und deren Reeder äußerst gewinnträchtig. Deshalb konnte der Handel an der westafrikanischen Küste durch Interloper, trotz laufender Gefahr der Vertreibung oder gekapert zu werden, nicht unterbunden werden.

mächte vorgeworfen, mit den Interlopern Geschäfte zu machen. Dieser Vorwurf sollte von offizieller Seite untersucht und nach Möglichkeit entkräftet werden. Die Geschäftspraktiken der Interloper und ihr Einfluß auf Großfriedrichsburg waren ebenfalls Anliegen der Inspektion. Der Admiralitätsrat Johann Brouw nahm auf der Fregatte «Goldener Löwe» einige Soldaten vom Marinebataillon als Verstärkung der Besatzung von Großfriedrichsburg mit auf den Weg. Nach glücklicher Seereise übergab er eine kurfürstliche Instruktion dem Kommandanten, die anwies, daß alle Weißen, einschließlich der kaufmännischen Beamten sowie eine gewisse Anzahl Afrikaner zum Waffendienst heranzuziehen seien. Offensichtlich befürchtete man nicht nur ein militärisches Einschreiten des niederländischen Konkurrenten, sondern bereits ein mögliches bewaffnetes Aufbegehren der, trotz gegenteiliger Behauptungen, letztendlich übervorteilten afrikanischen Bevölkerung. Diese Vermutung wird noch dadurch bestärkt, daß die kurbrandenburgischen Kolonialherren sogar Angst vor den in ihren Diensten stehenden Afrikanern, den sogenannten Haus-Schwarzen, hatten. Denn in einer Verordnung der Brandenburgisch-Afrikanischen Kompanie heißt es: «Um aber von den aufgeführten

Südlicher Abschnitt der Festung Großfriedrichsburg, Aufnahme um 1900

Kellergewölbe unter der Bastion von Großfriedrichsburg

Haus-Schwarzen nicht überfallen zu werden, so sollen diese wohl ebenfalls unterm Gewehr stehen und zwei- bis dreimal in der Woche durch den Sergeanten eine, auch zwei Stunden in der Handhabung des Gewehrs unterwiesen und geübt werden, sollen aber kein Gewehr in ihrer Gewalt oder Aufbewahrung haben, sondern nur in der Not und sollen alsdann aus der Kompagnie-Waffenkammer schleunigst mit Gewehren versehen werden können. Auch kann man die Haus-Schwarzen zur größeren Sicherheit des Nachts zusammen an einem dazu geeigneten Ort einschließen und durch eine Schildwache bewachen lassen, die auf ihre Handlungen und Machinationen achtet».[40]

Wenn die «Haus-Schwarzen» auch formal freiwillig in brandenburgische Dienste getreten waren, wurden sie doch nicht als gleichberechtigt oder gleichwertig behandelt. Und von diesen afrikanischen Helfern, die auch zum Bau von Befestigungsanlagen eingesetzt wurden, gab es nicht wenige in und um Großfriedrichsburg. Allerdings gibt es über die exakte Anzahl keine zuverlässigen Überlieferungen, wie es überhaupt kaum schriftliche Informationen über das alltägliche Leben der Afrikaner im Fort oder in dessen Umgebung gibt. Hierüber Mitteilung zu machen, erachteten die zeitgenössischen Chronisten für nicht notwendig. Selbst in Zeiten der Blüte der Kolonie Großfriedrichsburg riefen nur mehr oder minder spektakuläre Handlungen der Afrikaner die Aufmerksamkeit der europäischen Berichterstatter hervor. Im Mittelpunkt ihres Interesses standen eher die wirklichen oder vermeintlichen Erfolge der neuen Kolonialherren. Und in der Tat hatten sich die kolonialen Pläne des Großen Kurfürsten zunächst recht günstig gestaltet. Trotz chronischem Geldmangel konnte ein Gebiet in Afrika erworben und behauptet werden. Das Jahr 1686 kann wohl als der Höhepunkt der brandenburgischen Kolonialunternehmungen bezeichnet werden. Kurfürst Friedrich Wilhelm übernahm in jenem Jahr das gesamte Eigentum der Brandenburgisch-Afrikanischen Kompanie, so daß nunmehr sowohl die administrative Verwaltung als auch die militärische Leitung des Unternehmens sowie dessen umfassende Absicherung in seinen Händen lagen. So ist es nicht verwunderlich, wenn Friedrich Wilhelm in persona mit der Kolonialmacht gleichgesetzt wird. Der nunmehr alleinige Eigentümer der Kompanie und des afrikanischen Kolonialbesitzes ging mit neuem Elan an die Arbeit. Um den Ausbau der Befestigungsanlagen zu forcieren, schickte er noch im Jahre 1686 weitere fünf Schiffe mit Baumaterialien, Geschützen und Munition für die Dorotheenschanze sowie Taccrama und Taccarary auf den Weg.

Trotz aller kritischen Bewertungen des kolonialen Unternehmens des Großen Kurfürsten müssen unbestritten die für die damaligen Verhältnisse enormen bau- und transporttechnischen Leistungen gewürdigt werden. Wurden doch recht gewaltige Bauwerke in klimatisch ungewohnten und geologisch kaum erschlossenen Gebieten errichtet, für die bis zum Nagel alles Baumaterial über Tausende von Kilometern transportiert werden mußte, vor allem Steine, Holz, Dachziegel und Kalk. Die einzige Erleichterung beim Bau der Befestigungsanlagen war, daß man den Kalk aus den am Strande gesammelten Muscheln brennen konnte.

Arguin

Neben der Festung Großfriedrichsburg und den anderen kleineren Forts der gleichnamigen Kolonie hatte der Große Kurfürst eine weitere koloniale Besitzung an der Westküste von Afrika erworben. Selbst vielen historisch interessierten Lesern ist der

Fakt weitgehend unbekannt geblieben, daß Brandenburg im heutigen Ghana eine Kolonie errichtet und unterhalten hat, von der noch heute Ruinen und eine noch fast unverändert intakte Festung Zeugnis ablegen. Tatsache ist, daß die Brandenburger auch eine Insel zu ihrem Kolonialbesitz zählten, die weiter nordwestlich im Atlantischen Ozean liegt. Es handelte sich um die Insel Arguin, auf der sich ein Kastell befand. Einige kleinere, Arguin vorgelagerte, unbewohnte Eilande gehörten dazu. Südöstlich von Kap Blanco, etwa fünf Kilometer vom Festland entfernt, liegt am Eingang einer kleinen Bucht diese Gruppe von acht Inseln. Sie gehört heute zum nordafrikanischen Staat Mauretanien. Die größte der Inseln, die auch den anderen den Namen gab, bildete mit dem gleichnamigen Kastell den Mittelpunkt des Kolonialgebietes, das Kurbrandenburg bzw. Brandenburg-Preußen in jener Region besaß. Über die dortige einheimische Bevölkerung und die Handelsmöglichkeiten gibt folgend zitierte alte Schrift Auskunft: «Zu Arguyn, welches Land einen eigenen König hat, der wohl 100 000 Mann in Waffen bringen kann, gehören verschiedene Eylande, davon 5 sehr fruchtbar seynd. Dieses arguynische Königreich ist 150 Meilen lang, nehmlich von Canarien bis an Arguyn 70, und von Arguyn bis Senegal 80 Meilen südwerts und 70 Meilen ostwerts breit. Das Commercium (der Handel – d. V.) auf dieser Arguyn'sche Küste bestehet vornehmlich in Gummi, auch etwas Gold, Sclaven, Elephanten-Zähne, Pfeffer, Häuten von Tigern (d.h. Leoparden – d. V.), Ochsen, Böcken, weißem und schwarzem Ambra, zuweilen viel, zuweilen wenig, nachdem die See solchen auswirft, Straußfedern, Fisch und Salz in großer Menge. Die Luft in Arguyn ist gesund und ob es daselbst schon große Hitze giebt, so werden doch die Leute gemeiniglich sehr alt.»[41]

Die der afrikanischen Küste vorgelagerte Inselgruppe um Arguin war schon im Jahre 1441 von portugiesischen Seefahrern entdeckt worden. Die Portugiesen wußten recht bald den strategischen Wert der Insel zu schätzen und erbauten 1520 auf der Ostseite von Arguin eine Befestigungsanlage aus Stein. Als Portugal 1580 unter spanische Herrschaft geriet, nahmen die Spanier selbstverständlich auch Besitz von Arguin und errichteten hier eine Garnison.

Im Jahre 1638 fiel Arguin allerdings in niederländische; 40 Jahre später, im August 1678, dann in französische Hände. Da die Garnison von den Franzosen schließlich nicht mehr unterhalten werden konnte, ordnete der französische König Ludwig XIV. an, daß nach Sicherstellung von Ausrüstungen, Geschützen und allem beweglichen Gut das Kastell zerstört und die Garnison aufgelöst werden soll.

Bereits im Jahre 1683 war Friedrich Wilhelm I. auf die Bedeutung der Insel als günstig gelegener Hafen- und Handelsplatz aufmerksam gemacht worden, dessen Erwerbung er seit jenem Jahr als wertvolle Erweiterung des bereits auf dem afrikanischen Kontinent vorhandenen Kolonialbesitzes anstrebte. Vor allem erschien ihm die Insel als Zwischenstation für seine Schiffe, als Umschlagplatz für Handelswaren und als Frischwasser- und Frischgemüsereservoir sehr gut geeignet.

Zu Beginn des Jahres 1685 hatte sich der kolonienhungrige Kurfürst endgültig zu einem Entschluß durchgerungen. Mit Hilfe von Benjamin Raule bereitete er eine Expedition zu der nordwestafrikanischen Insel vor. Am 27. Juli 1685 segelte der «Rote Löwe», der mit 20 Geschützen bestückt war, unter dem Kommando von Kapitän Cornelius Reers, einem Holländer in brandenburgischen Diensten, von Emden aus nach Arguin. Das Schiff erreichte am 1. Oktober das Kap Blanco. Die Besatzung der Fregatte bestand aus 70 niederländischen, hanseatischen und französischen Seeleuten sowie aus 20 brandenburgischen Soldaten vom Regiment Barfus. Hierzu gehörten der Fähnrich Gepke, ein Unteroffizier, ein Tambour und 17 Musketiere.

Wie die Besitzergreifung von Arguin vor sich ging, zeigen übersetzte Auszüge aus dem in niederländischer Sprache geführten Schiffsjournal:

«Montag, den 1. Oktober 1685:
Vormittags sahen wir Capo Blanco, um Mittag warfen wir beim Cap St. Anna den Anker bei 5 Faden Wasser; ließen die Schaluppe ins Wasser und fuhren nach dem Kastell mit dem Unter-Kaufmann und noch 6 Matrosen.

Mittwoch, den 3. dito.
Mit Tagesanbruch fuhren wir mit dem großen Boote nebst der Barkasse nach der Insel Arguin, um Wasser zu holen. Ungefähr eine Stunde später kamen wir wieder ins Boot mit Wasser und einigen Fischen; segelten hierauf mit 10 Mohren nach dem Schiffe, wo wir vor Mittag ankamen. Gleich nach Mittag gingen

Fort Arguin, Ende des 17. Jahrhunderts

wir mit dem Schiffe unter Segel, um nach dem Kastell zu fahren und ankerten gegen Abend ungefähr 2½ Seemeilen oberhalb des Kastells.

Donnerstag, den 4. dito. lichteten wir Morgens den Anker und gingen unter Segel; gegen Mittag ankerten wir vor dem Kastell, ungefähr auf Pistolenschußweite davon. Wir gaben drei Schüsse ab, nach altem Brauch, wofür die Mohren sich bei uns bedankten; des Mittags ging ich mit dem Unter-Kaufmann an Land, wo die Mohren mir Treue gelobten.

Freitag, den 5. dito. ließen wir den Abbruch von dem Boote an Land bringen, wo der Zimmermann an selbem Tage begann aufzusetzen; am Abend ging der Kommandeur an Land ...; wir steuerten sofort an Bord und holten die Brandenburgische Flagge, welche wir in aller Eile nach dem Kastell brachten und von dort aus wehen ließen. Wir blieben diese Nacht mit 8 Mann auf dem Kastell und gaben an die Mohren Orange und an die Christen Berlin als Losung aus.

Montags, den 8. dito, Morgens früh kam der Commandeur Reers an Land zu dem Kaufmann Jan E. van Velde, und nachdem sie miteinander gesprochen hatten, fuhr eine Jolle mit zwei Mohren nach dem Festlande, wo sich ein großer Häuptling derselben befand, den sie nach der Insel brachten, wo er im Kastell empfangen wurde. Es wurde hier mit ihm verhandelt und er sagte, die Brandenburger könnten das Kastell wieder aufbauen und sollten den Handel allein genießen, jedoch müßte der König wegen dieser Sache erst befragt werden.

Sonntag, den 3. März 1686, ging die Schaluppe schon früh morgens nach dem Lande wegen des Königs. Wir gaben 5 Schuß und ließen die Flagge und die Wimpel wehen ... Sodann wurde mit dem König geplaudert, und wir äußerten unter Anderem unsere Verwunderung, daß nicht mehr Gummi täglich einkam, da wir gehört hätten, daß es gerade in diesem Jahre viel Gummi gäbe, worauf er uns die Versicherung gab, und dies mit einem Handschlag bekräftigte, daß das Schiff voll werden sollte, und er beschwor mit einem Eide, daß er nimmermehr von uns abfallen würde, daß er, so ich im nächsten Jahre kommen würde, mir das Kastell geben würde.»

Nachdem die Brandenburger geschickt das Mißtrauen des an der atlantischen Küste nomadisierenden Mauren-Anführers gegen die dort wirkenden niederländischen Kaufleute geschürt und dann für sich ausgenutzt hatten, schlossen sie mit dem in den Akten und der älteren Literatur als König bezeichneten Herrscher, dessen Name als Wil Heddy überliefert worden ist, einen vorläufigen Vertrag ab, der ein Jahr später ratifiziert und noch einmal im Jahre 1698 erneuert wurde. Vermutlich handelte es sich um den auch in französischen und arabischen Quellen aus jener Region des öfteren auftauchenden Emir von Trarza; bekannt auch als Haddi Ould Achmed Ben Daman. Offensichtlich war den Brandenburgern die Tatsache entgangen, daß dieser mauretanische Edelmann bereits mit den Franzosen in Saint Louis am Senegal einen ähnlichen Vertrag abgeschlossen hatte. Dennoch erhielten die Brandenburger alljährlich gegen in Europa hergestellte Waren etwa die Hälfte des Aufkommens an Gummi arabicum aus den Emiraten Trarza und Adrar. Gewonnen wurde dieses Produkt aus dem Baumharz der in Wüste und Sahelzone vorkommenden Gummiakazien, insbesondere der Acacia Senegal.[42]

Im Oktober 1687 segelte Kapitän Cornelius Reers, der inzwischen nach Europa zurückgekehrt war, um dem Kurfürsten persönlich Bericht zu erstatten, mit den beiden Fregatten «Dragoner», mit 24 Geschützen an Bord, und «Berlin» (14 Geschütze) zum zweitenmal nach Arguin, um nunmehr intensiv mit dem Aufbau des Kastells zu beginnen und die Insel fest in den überseeischen Besitz des Großen Kurfürsten zu bringen. Die Schiffsbäuche waren bis zum Rand mit Baumaterialien vollgestopft. Die einheimischen Inselbewohner beteiligten sich, wie es hieß, «mit großem Eifer hilfreich» am Wiederaufbau. Die Arbeit ging so rasch vonstatten, daß gegen Ende des Jahres 1687 die äußeren Befestigungsanlagen grob wiederhergestellt waren und man auf den Wällen die mitgeführten 20 Geschütze aufstellen konnte. Die Anzahl der Kanonen wurde später vergrößert und die gesamte Festung ausgebaut. Eine Denkschrift, «Memorial» genannt, aus dem Jahre 1702 gibt eine Beschreibung des Kastells vornehmlich unter militärischen Gesichtspunkten: «Die Garnison kann man mit 20 Mann halten, weil daselbsten auch wohl 300 bis 400 Mohren wohnen, welche gute Soldaten seyn. Auch ist Argyn mit 32 Stücken (Kanonen – d. V.) gut gemontirt und von kleinen Steinen aufgebauet. Der Feindt kann sich nicht daran machen, weil die Mohren dorten selbsten die Lootsen seynd, welche sonder ordre von dem Commander keine feindlichen Schiffe einbringen dürfen.»[43]

In jenem Jahr bestand die Garnison im Kastell Arguin aus einem Offizier, einem Sergeanten, einem Chirurgen und 16 Soldaten. Aus der eben genannten Beschreibung geht auch hervor, daß sich nahe der Festung ein Hafen befand, der befreundeten Schiffen Schutz vor Sturm sowie durch die Kanonen der Festung diesen oft genug Sicherheit vor europäischen Konkurrenten sowie Seeräubern bot. Denn gerade vor den europäischen Kolonialrivalen mußten sich die Brandenburger in acht nehmen. Nach wie vor interessierten sich die Franzosen und nun auch die Niederlande für die Insel. Nachdem die Befestigungsanlagen einigermaßen wiederhergestellt, die Unterkünfte für die Besatzung neu errichtet waren und der Handel mit den Einheimischen in Gang gekommen war, erschien schon Ende 1687 ein kleines französisches Kommando, bestehend aus einer Fre-

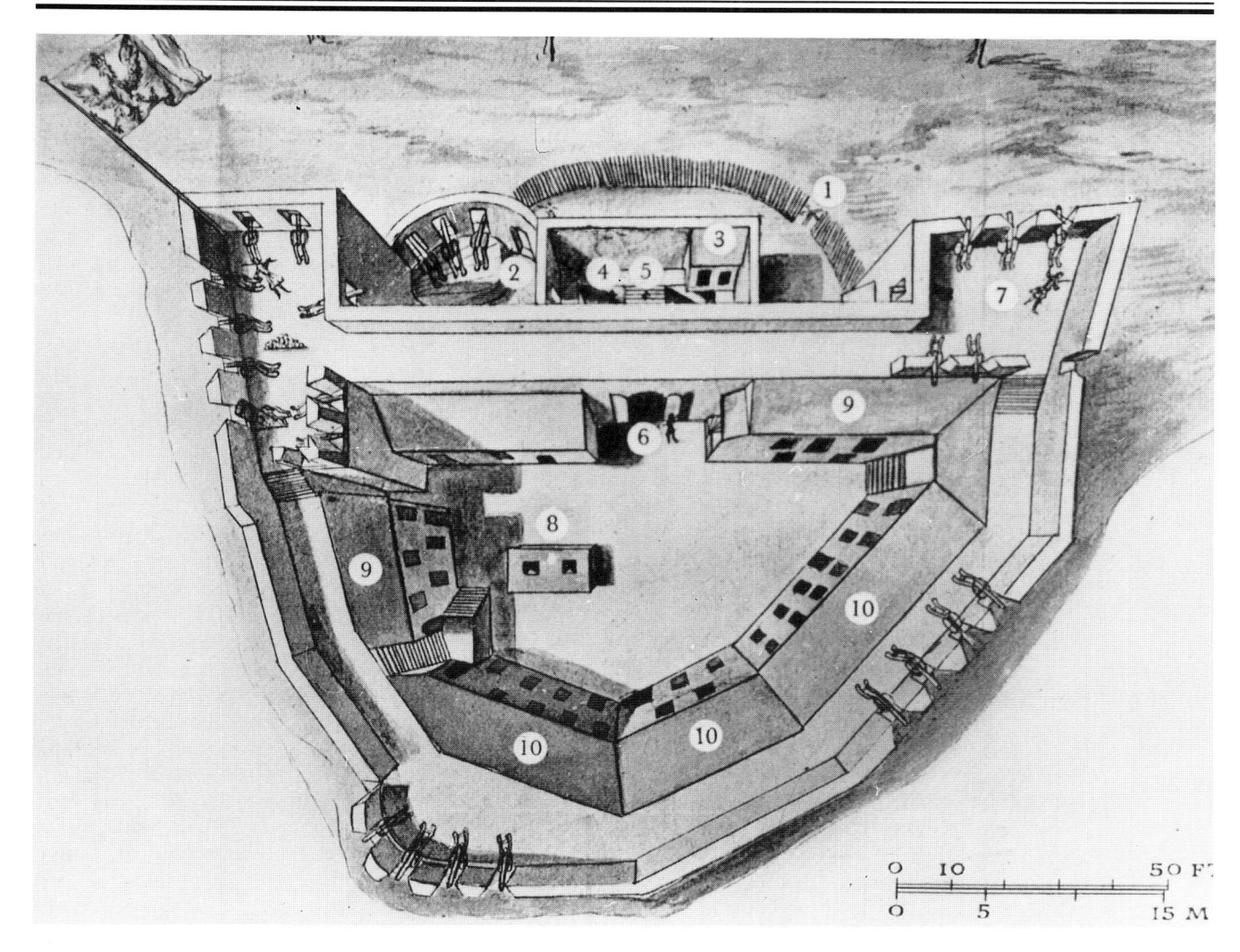

Fort Arguin, 1709
1 + 2 Zugänge zum Fort
3 Wachraum
4 Wasserstelle
5 Brücke
6 Tür
7 Nord-Bastion
8 Wasserbehälter
9 Wohnhaus des Kommandanten
10 Wohnräume

gatte und einem kleineren Schiff, unter dem Befehl des Kapitäns de Montortier in nicht-friedlicher Absicht vor der Insel Arguin. Die Inselbewohner wurden darüber nicht lange im unklaren gelassen. Nachdem de Montortier ohne Erfolg den Brandenburgern zunächst ein Ultimatum zum Verlassen der Festung gestellt hatte, ließ er die noch nicht ganz vollendete Befestigungsanlage angreifen. Jedoch fehlte dem französischen Kommandeur die dafür ausreichende Mannschaft, um die gut verschanzten Verteidiger aus der Festung zu jagen. So mußte der die Angreifer befehligende Kapitän schon nach kurzem Gefecht den Rückzug antreten.

Nach diesem vergeblichen Versuch der französischen Kolonialmacht, ihr verlorengegangenes Gebiet zurückzuerobern, konnten die Brandenburger die Festung Arguin in relativer Ruhe und Gelassenheit fertigstellen. Die Beziehungen zu den auf den Inseln lebenden Einheimischen sowie zu den nomadisierenden Mauren im Küstenbereich gestaltete sich friedlich, wenn nicht sogar freundlich. Dazu mag folgender Vorgang eine bedeutende Rolle gespielt haben: Als im Jahre 1678 der französische Generalleutnant Ducasse die Insel von den Holländern übernommen hatte, gab er die Verpflichtung ab, die Bevölkerung, die weißhäutigen Mauren (beidanes) als freie Menschen zu betrachten. Als die Festung jedoch kurz vor Ankunft der Brandenburger zerstört wurde und die Franzosen die Insel verließen, ließ Ducasse die Mauren gefangennehmen und verkaufte sie an einen Sklavenhändler. Dieser schaffte sie auf ein Schiff, das nach Westindien fuhr. Die stolzen Mauren waren jedoch nicht mit ihrem Sklavendasein einverstanden, befreiten sich auf dem Schiff und töteten einen Teil der Besatzung. Der Preis der Freiheit war ein großer. Alle «Meuterer» kamen ums Leben. Später erfuhren die Daheimgebliebenen von Besatzungsmitgliedern vom Schicksal ihrer Gefährten. Diese Bluttat scheint dem Vertrauensverhältnis zwischen Mauren und Brandenburgern förderlich gewesen zu sein.

Die Herrschaft in der Festung und auf der gesamten Insel übten die Brandenburgisch-Afrikanische Kompanie bzw. ihre Beauftragten aus. Als erster

Einwohner von Guinea. Anfang 16. Jahrhundert. Nach einem Holzschnitt

Kommandeur von Arguin, der gleichzeitig auch der oberste Beamte der Handelsgesellschaft war, wurde der holländische Kapitän Cornelius Reers eingesetzt. Seine Nachfolge trat 1693 dessen Sohn an.

Wenngleich die Besitzung Arguin zu keiner Zeit die Bedeutung wie die auf dem Festlande liegenden größeren Teile der Kolonie Großfriedrichsburg besaß und die Insel in späteren Geschichtsdarstellungen auch niemals diese Aufmerksamkeit fand, war sie doch zumindest zeitweise ein beliebter Handelsstützpunkt. Einige Jahre lang entwickelte sich hier ein lebhafter Handelsverkehr. Geraume Zeit hindurch war Arguin der größte Stapelplatz für den Gummihandel, so daß die Brandenburgisch-Afrikanische Kompanie zeitweilig eine Art Weltmonopol für den Gummihandel innehatte.

In den ersten Jahren des 18. Jahrhunderts setzte wie in Großfriedrichsburg auch auf Arguin die wirtschaftliche Stagnation ein, da vor allem das notwendige Interesse und Kapital sowie die unumgängliche Unterstützung aus der europäischen Metropole fehlten. Mehrere Jahre lang erreichte kein brandenburgisches bzw. preußisches Schiff Arguin. Erst zu Beginn des Jahres 1709 brachte das preußische Schiff «Gerechtigkeit», das außer den Matrosen sieben Marinesoldaten an Bord hatte, Verstärkung und Entsatz. Sie brachten «Lebensmittel für zwey Jahre» mit. Außerdem konnte dringend benötigtes Brennmaterial übergeben werden. Kommandeur Johannes Reers ließ dem preußischen König die Nachricht übermitteln, daß nach «6jähriger Trübniß» alles wieder gut ginge und «kein Mensch noch Teufel» würden jetzt imstande sein, das Kastell zu nehmen.

Der auf Arguin betriebene Handel hatte sich zu jener Zeit erweitert. Nunmehr war die Insel auch zu einem wichtigen Umschlagplatz für Häute und Felle sowie grauen Ambra geworden. Jährlich wurden bis zu 36 Kisten Straußenfedern hier umgeschlagen. Allerdings gab es nur wenig direkte Kontakte nach Brandenburg.

Der Sklavenhandel spielte hingegen in Arguin – im Gegensatz zur Festlandkolonie – keine Rolle. Das Leben der europäischen Besatzung war nicht einfach; vor allem in Zeiten des Abbruchs der Verbindungen in die Heimat. So erreichte zwischen 1702 und 1708 infolge des Spanischen Erbfolgekrieges (1701–1713) kein preußisches Schiff die Reede von Arguin. Die Wasserversorgung war durch einen unterirdischen Brunnen, den sogenannten oglat, gesichert. Im Jahre 1939 wurde dieser von dem französischen Professor Monod bei Ausgrabungsarbeiten entdeckt. Gräber von Brandenburgern oder ihren maurischen Verbündeten wurden hierbei allerdings nicht gefunden. Handel mit den Mauren, Besuche von Schiffen anderer Nationalität und der Fischreichtum sorgten für die Ernährung.

Die Jahre des vergeblichen Wartens auf Ablösung, Verstärkung und Nachschub nutzte Reers, um das Kastell weiter ausbauen zu lassen. Als nach der ersten Schiffsladung der begehrten Güter und der notwendigen Verstärkung noch weiteres Baumaterial, Tauschwaren sowie neun Kanonen aus Preußen eintrafen, verfügte die inzwischen gut ausgebaute Festung nach einer «Geschützliste» aus dem Jahre 1708 über 30 Geschütze, drei Mörser und neun Drehbassen (drehbar gelagerte Schiffsgeschütze mit Hinterladersystemen – d. V.) mit insgesamt 1 565 Kugeln, 560 Kartätschkugeln, 572 Handgranaten, 180 Zünder, 25 Pfund Zündersatz, 20 Granaten an Bändern, 1 445 Pfund Kanonenpulver, 1 000 Pfund Gewehrpulver und 115 Pfund Lunten.

Der Handel mit den Mauren, aber auch mit Angehörigen anderer europäischer Staaten verlief mehr oder minder erfolgreich; brachte zumindest soviel Gewinn, daß die Festung samt Besatzung und allem was dazu gehörte von der Brandenburgisch-Afrikanischen Kompanie nicht aufgegeben werden mußte. Hingegen war Arguin nicht der Handelsplatz, der das in die Krise geratene koloniale Abenteuer der brandenburgischen Staatshäupter insgesamt in ein profitables Geschäft umwandeln konnte.

Der Nachfolger von Johannes Reers, Nicolaus de Both, ebenfalls ein Holländer, nutzte sein im Juli 1712 angetretenes Amt als Kommandant von Arguin, um sich auf eigene Faust zu bereichern. Er zog Gewinne aus dem Schmuggelhandel mit Freibeutern, den Bukaniers, und auch aus unerlaubtem Handel mit Schiffen anderer Länder, denen das Anlaufen des Hafens auf Arguin vom König verboten worden war. Darüber hinaus betrog er auf unverschämte Weise die Mauren und versuchte von ihnen Abgaben zu erpressen. Diese waren darüber sehr erbittert und nahmen den korrupten und betrügerischen Beamten in preußischen Diensten am 26. November 1716 während eines Ausflugs auf dem Festland gefangen.

Zum Glück für die Festungsbesatzung erschien das Schiff «König von Preußen» gerade zur rechten Zeit. Dessen Kapitän Jan Wynen übernahm, nachdem er sich ziemlich rasch einen Überblick über die Situation verschafft hatte, das Kommando über die heruntergekommene Garnison und die Festung.

In der Zwischenzeit war es Nicolaus de Both gelungen, sich aus der Gefangenschaft der Afrikaner zu befreien und sich zu einer französischen Ansiedlung in Senegal, Saint-Louis, durchzuschlagen. Er bekam es anscheinend mit der Angst zu tun. Wohl nicht zu Unrecht befürchtete er, von Preußen zur Rechenschaft gezogen zu werden. Also suchte er sich dadurch zu retten, daß er die Fronten wechselte. De Both nahm Kontakt zur französischen Konkurrenz auf und bot seine intime Kenntnis der Verhältnisse auf der preußisch besetzten Insel an, um zu helfen, diese in die Hände der französischen Senegalgesellschaft zu übereignen. Die Franzosen nahmen dieses Angebot selbstverständlich an. In einem Brief an seinen früheren Untergebenen, den Sergeanten Daniel Billon, forderte Nicolaus de Both die preußische Besatzung auf, die Tore der Festung zu öffnen. Dieser jedoch informierte den neuen Kommandanten, der daraufhin die Wachen verstärken und die Festung in den Verteidigungszustand versetzen ließ. Um einen Angriff erfolgreich abwehren zu können, ergänzte Kapitän Jan Wynen die Besatzung, die nur noch aus neun Europäern und 40 Mauren bestand. Er ließ diese in dem Gebrauch von Handfeuerwaffen und in der Bedienung der Geschütze unterweisen. Wenn bislang auch auf der Insel lebende Mauren für Wach- und andere militärische Dienste herangezogen worden waren, so war deren Unterweisung in den Gebrauch der Feuerwaffen bislang vermieden worden. Man fürchtete wohl, daß eines Tages die Gewehre und Kanonen gegen die europäische Besatzung gerichtet werden könnten, was die Brandenburger bzw. Preußen des Vorteils der militärischen Überlegenheit beraubt hätte. Die nunmehr an den Feuerwaffen ausgebildeten maurischen Soldaten versetzten den Kommandanten in die Lage, der einige Jahre nach dem Verrat von Nicolaus de Both tatsächlich stattfindenden Belagerung des Kastells, während der nur noch drei dienstfähige preußische Soldaten am Leben waren, erfolgreich Widerstand entgegenzusetzen. Aber auch diese koloniale «Heldentat» konnte nicht verhindern, daß das ehemals heftig verteidigte Eiland aus preußischer Hand in französischen Besitz überwechselte.

Auf Grundlage eines im Jahre 1718 abgeschlossenen Vertrages zwischen dem preußischen König und der Niederländisch-Westindischen Kompanie wurde nämlich Arguin Eigentum der einflußreichen konkurrierenden Handelsgesellschaft. Der Kommandant Jan Wynen, obgleich selbst Holländer, entschloß sich jedoch, das Kastell solange zu verteidigen, bis seine Abberufungsurkunde aus Preußen eingetroffen wäre. Mündlichen Berichten von ihn aufsuchenden Seeleuten traute er nicht. Schließlich waren es nicht die Holländer, die dem preußischen Stützpunkt an der mauretanischen Küste ein Ende bereiteten, sondern die Franzosen.

In der Zwischenzeit hatte Frankreich nämlich wieder seine Ansprüche auf die Insel erneuert. Es hatte in Portendick 1717 ein Fort errichten lassen, das am Rande des Sahel nunmehr den Gummihandel überwiegend an sich zog. Wenn sich die französische Regierung auch lange Zeit zu keiner offenen Feindseligkeit entschloß, so glaubte doch die einflußreiche französische Senegalgesellschaft zu Beginn des Jahres 1721 den günstigen Augenblick für gekommen, um sich Arguins in einem Handstreich zu bemächtigen. Am 23. Februar 1721 erschienen dann auch vier französische Schiffe sowie eine Anzahl kleinerer Fahrzeuge vor der Insel, und es landeten zwischen 500 und 700 Mann mit schweren Geschützen. Befehlshaber Jan Wynen lehnte die Übergabe der Festung ab; woraufhin deren Belagerung begann. Nachdem einige der auf den Wällen stationierten Geschütze und ihre Bedienungen zerschmettert waren und sogar die Brustwehr heruntergeschossen und eine Bresche in die Südfront der Befestigungsmauer gesprengt worden war, verließ Wynen in der Nacht vom 9. zum 10. März mit dem ihm verbliebenen Rest der Besatzung, da auch die Munition ausgegangen war, das Kastell durch das dem Lande zugekehrte Tor. «Ich hatte während des Angriffs 1 Todten und 5 Verwundete, es war indessen zum Verbinden nichts da, auch waren keine Medikamente mehr vorhanden. Wir waren zuletzt noch drei Christen und 30 fechtende Mohren ...», schrieb Wynen später in seinem Bericht.[44] Ihm und seinen Leuten war es gelungen, mit vorsorglich bereitgestellten Booten die kleine Insel Ner zu erreichen, wohin bereits die Frauen und Kinder der maurischen Verbündeten in Sicherheit gebracht worden waren. Die Europäer gerieten später auf der Flucht doch noch in französische Kriegsgefangenschaft.

Mit der Einnahme des Kastell Arguin ging auch dieser Teil der Kolonie Großfriedrichsburg an der Westküste von Afrika nach einer abenteuerlichen Geschichte den Preußen verloren.

Heute erinnert nur wenig mehr als Legenden an dieses Kapitel brandenburgisch-preußischer Kolonialgeschichte in Mauretanien. Die baumlose und heute unbewohnte Insel liegt inmitten eines zu den weltgrößten Küstenökosystemen gehörenden Wattenmeeres, das von der Islamischen Republik Mauretanien in den 70er Jahren des 20. Jahrhunderts zum Naturschutzgebiet erklärt wurde. Der «Bank d'Arguin Nationalpark» liegt etwa sechs Autostunden von der mauretanischen Hauptstadt Nouakchott entfernt. Das Gebiet, wo noch etwa 500 Fischer der Im-

Erklärung der Besatzung Arguins über den Abzug aus der Festung.

Wir unterzeichnete Officiere in Diensten Sr. Kön. Majestät von Preußen auf dem Castell Arguin in Afrika erklären hierdurch, daß am 26. Februar 1721 des Morgens die Franzosen mit drei Schiffen, einer Barke und sechs kleinen Fahrzeugen hierhergekommen sind. Sie landeten (ihrer Angabe nach) 700 Mann stark und besetzten unseren neu angelegten Brunnen; am Morgen des 27. forderten sie im Namen Sr. Französischen Majestät das Castell zur Übergabe auf, was unsern Kommandeur zu der Antwort veranlaßte, daß er verpflichtet sei, dasselbe für Se. Preußische Majestät bis aufs Aeußerste zu vertheidigen, worauf sie (die Franzosen) erwiderten, daß sie Niemand am Leben lassen würden. Sie brachten 9 Kanonen an's Land und hielten mit den Fahrzeugen das Wasser besetzt. Das Süd-Bollwerk war bis zum 8. März von aller Vertheidigung entblößt, die Brustwehr weggeschossen, und der Rest so zugerichtet, daß er innerhalb 2–3 Stunden einzustürzen drohte. Wir hatten nicht mehr als 25 Pfd. Pulver im Castell, und ungefähr 10 Schüsse für jeden Schnapphahn. Da wir nur 40 Mohren und 3 Christen stark waren, sahen wir uns außer Stande, uns länger zu vertheidigen. Weil aber der Kommandeur von keiner Übergabe hören wollte, so beschlossen wir insgesammt, wegen Mangels an Munition mit einem Boot, welches wir noch besaßen, zu Wasser durchzubrechen, indem es durch die Bresche oder auf dem großen Platze nicht hätte glücken können, uns durchzufechten. Der Kommandeur stimmte endlich bei, da er sah, daß wir uns ohne Munition nicht länger halten konnten, und so sind wir alle hinten aus dem Kastell in das Boot und durch die Franzosen, ohne verfolgt zu werden, geflüchtet und haben uns auf das südlichere Eiland (gemeint ist die Insel Ner, etwa 18 Stunden Bootsfahrt südlich von Arguin gelegen – d. V.) zurückgezogen, wohin der Kommandeur die anderen Boote mit Frauen und Kindern zu Anfang hatte bringen lassen. Wir erklären auch, daß unser Kommandeur sich über die Maßen brav gehalten und keinen Vergleich hat annehmen wollen, obschon die Franzosen einen solchen mehrere Male sogar unter dem Versprechen von Belohnungen anboten.

Wir bezeugen, daß dies alles wahr ist, und sind bereit, es eidlich zu bekräftigen.

Also geschehen auf dem Eiland Ner in Afrika zwischen Cap Blanco und Rio de St. Jan, den 3. April 1721.

(gez.) Zimmermann Jettieages.
Chirurg Jan Wijne Samuelse.

raguen in traditioneller Weise ihrem Handwerk nachgehen, zählt zu den wertvollsten Lebensräumen für Wattvögel und brütende Seevögel. In den verschiedenen Brutkolonien leben Kormoran- und Reiherarten, der Rosapelikan, Flamingo sowie verschiedene Möwen- und Seeschwalbenarten. Außerdem überwintern hier jährlich ca. 2 Millionen Zugvögel, wie etwa Regenpfeifer, Löffler, Strandläufer, Brachvogel, Pfuhlschnepfe, Austernfischer und Steinwälzer, die in Nordeuropa – von Sibirien bis Irland und Grönland – brüten. Der Ozean ist hier sehr fischreich, was schon damals die Preußen zu rühmen wußten. Von den Meeräschen und Delphinen gibt es hier noch sehr viele.

Der Große Kurfürst als Sklavenhändler

Schon in den 80er Jahren des 17. Jahrhunderts begann die Brandenburgisch-Afrikanische Kompanie in das Geschäft des transatlantischen Sklavenhandels einzusteigen, so wie es auch die anderen europäischen Kolonialmächte taten.

Einen ersten, recht vielversprechenden Beginn hatte die kurfürstliche Handelsgesellschaft schon gleich nach Gründung von Großfriedrichsburg verzeichnen können, als der «Churprinz» noch im Jahre 1683 von der «Guineaküste» aus mit einer Ladung Sklaven nach Westindien segelte, dort die «schwarze Fracht» günstig verkaufte und erst danach, mit amerikanischen Waren beladen, in die Heimat zurückkehrte. Über den brandenburgischen Sklavenhandel wurde in historischen Werken über die Geschichte Brandenburg-Preußens in der Mehrzahl verschämt hinweggegangen, oder er wurde nur am Rande erwähnt.

Erst viele Jahrzehnte später, als die Sklaverei verboten worden war und nach Beendigung des Kolonialzeitalters in Afrika, wurden die Archive geöffnet, und die Historiker gewannen einen Einblick in das Ausmaß des Sklavenhandels. Viele furchtbare Einzelheiten kamen ans Tageslicht. In etwa zwei Jahrhunderten, so besagen Schätzungen, wurden etwa 15 Millionen Menschen aus ihrer afrikanischen Heimat über den Atlantik als Sklaven verschleppt. Der afrikanische Historiker Joseph Ki-Zerbo schätzt sogar, daß Afrika sogar mindestens 50, vermutlich aber um 100 Millionen Menschen durch den Sklavenhandel verloren hat. Denn auf jeden Sklaven, der das amerikanische Festland oder die westindischen Inseln erreichte, kamen vier Tote. Wenn die Brandenburger Kaufleute und Seemänner prozentual gesehen hieran nur geringen Anteil hatten, so bleibt doch die Tatsache, daß sie sich am unendlichen Leid der schwarzen Menschen ebenfalls beteiligten bzw. bereicherten.

Lagernde Sklavenkarawane

Zuweilen wird der Beginn des brandenburgischen Sklavenhandels darin gesehen, daß man auf diese Weise hoffte, den Geldmangel der Brandenburgisch-Afrikanischen Kompanie schnell beheben zu können. Es sollte sich endlich der bislang ausgebliebene, aber ständig von neuem erhoffte großartige finanzielle Gewinn des Kolonialgeschäftes einstellen. Diesen Plänen kam die gesteigerte Nachfrage in Europa nach Zucker entgegen. Dieses süße Produkt konnte man günstig von den westindischen Inseln importieren, wo zuvor in Afrika geraubte Sklaven günstig verkauft worden waren. Immerhin konnte ein Sklave, der in Westafrika 45 Gulden kostete, in Amerika dann für 210 Gulden verkauft werden.[45] Moralische Skrupel hatten die europäischen und afrikanischen Händler in diesem Geschäft mit dem «schwarzen Elfenbein» nicht.

Der Afrika-Historiker Heinrich Loth über den Sklavenhandel in Westafrika:

Der Sklavenhandel bewirkte einen grundlegenden Wandel im Leben der afrikanischen Völker. Ein jahrhundertelanger Kleinkrieg begann, in dem es in erster Linie darum ging, soviel wie möglich Gefangene zu machen, um die Nachfrage der weißen Sklavenhändler nach der Ware Mensch zu befriedigen. Die Sklavenjagd wurde zur gewinnintensivsten Betätigung, versprach den Häuptlingsfamilien und ihren Vasallen schnellen Reichtum, wurde letztlich attraktiver als die Ausbeutung produktiver Arbeit. Der Sklavenhandel versetzte die betroffenen Gebiete in einen permanenten Kriegszustand ... Jedes an der Küste auftauchende Sklavenschiff löste eine Kette kriegerischer Auseinandersetzungen aus. Die Sklavenjägertrupps durchzogen die benachbarten Dörfer, machten nieder, was sich ihnen widersetzte oder für das Sklavengeschäft als unergiebig erwies, und brannten die Hütten nieder ... Ein Sklavenraubzug endete nicht selten mit der Vernichtung eines ganzen Stammes, und die Todesopfer betrugen das Vielfache der Gefangenen ... Die Beute dieser Raubzüge, Männer, Frauen und Kinder, wurde zur Küste getrieben. Diese Elendsmärsche forderten abermals hohe Verluste durch Hunger, Durst und Erschöpfung. Um beim Eintreffen der Schiffe in den Faktoreien genügend «Ware» vorrätig zu haben, wurden die Sklaven auf engstem Raum zusammengepfercht und unter unvorstellbaren Bedingungen gehalten.

Der ehemals in dänischen Diensten stehende Oberarzt Paul Erdmann Isert urteilt aus eigener Anschauung über den transatlantischen Sklavenhandel:
Die Erfahrung lehrte, daß die Neger von Natur weit robuster und also zur Arbeit weit geschickter waren, wie die weichlichern Indianer, rechnete deshalb nicht auf die Kosten, den Transport, die Menge so auf einer so langen Reise starben, mit mehreren, sondern fand selbst in Ueberbringung dieser Unglücklichen, die ihnen im Anfange nur wenig oder nichts kosteten, einen sehr erträglichen Handelszweig. So entstand der Negerhandel, der diese ... Epoche zur Schande der Menschheit gemacht hat.

Zu jener Zeit beteiligten sich alle europäischen Staaten, die Überseehandel betrieben, an dem lukrativen Sklavenhandel. Und andere Möglichkeiten Brandenburgs, das Finanzdefizit zu verringern, wie durch den Grönlandhandel oder Walfang von Emden aus, blieben erfolglos. Ebenso wie der Versuch zur Ausdehnung der Handelsfahrten bis hin nach Indien oder die Bemühungen zum Kauf der französischen Insel, Sankt Vincent, in Westindien.[46]

So wurde Kurfürst Friedrich Wilhelm nicht von Skrupeln geplagt, als er seiner Kompanie den Handel mit Sklaven gestattete. «Ein jeder weiß», schrieb Benjamin Raule am 26. Oktober 1685 an den Kurfürsten, «daß der Sklavenhandel die Source (Quelle – d. V.) des Reichtums ist, den die Spanier aus ihrem Indien (gemeint ist Amerika – d. V.) holen und daß derselbe mit ihnen den Reichthum theilet, der die Sklaven anzuschaffen weiß. Wer weiß, wieviel Millionen baar Geld die niederländische westindische Kompagnie aus dieser Sklavenlieferung an sich gebracht!»[47] Die Bedingungen hierfür waren ja nicht ungünstig. Brandenburg verfügte durch die Festung

Einschiffung von Sklaven

Großfriedrichsburg über einen sicheren «Umschlagplatz» für die menschliche Ware. Außerdem war die brandenburgische Marine in Anzahl, Größe und Erfahrung so weit entwickelt, daß sie sich an den transatlantischen Sklaventransporten als eigenständiger Faktor beteiligen konnte. Sollten diese Kapazitäten nicht ausreichen, konnte man aus der großen Zahl von «Anbietern» aus der Gilde der Freibeuter noch zusätzlich Schiffe chartern. Außerdem verfügten kurfürstliche Untertanen oder in brandenburgischen Diensten stehende holländische Seeleute schon längst über einschlägige Erfahrungen. Nachdem Friedrich Wilhelm I. seine Zustimmung zum offiziellen Einstieg in den transatlantischen Sklavenhandel gegeben hatte, setzten sich brandenburgische Beamte auch alsbald mit den zuständigen Spaniern in Westindien in Verbindung. Die Brandenburger wünschten einen entsprechenden Vertrag mit Spanien abzuschließen, der es ihren Schiffen erlauben sollte, jährlich zwei bis drei Tausend Sklaven von Afrika in die Karibik zu transportieren. In Amerika war man allerdings auf die Erfahrungen und wohl auch den Schutz oder zumindest auf das Wohlwollen der hier stärksten Kolonialmacht, Spanien, angewiesen. Das Angebot als Juniorpartner wurde hingegen nicht mit großer Begeisterung aufgenommen. Allerdings brauchten die Spanier Helfer oder Verbündete, die kontinuierlich für den menschlichen Nachschub sorgen mußten. Das mußten jedoch nicht immer Europäer sein.

Aus dem vor allem von den Portugiesen initiierten und bald auch von Spanien, England, Frankreich und den Niederlanden praktizierten transatlantischen Sklavenhandel traten als Partner der Europäer in Westafrika einige Oberhäupter in den afrikanischen Küstenzonen hervor. Sie verdienten am Verkauf ihrer Gefangenen ebenso wie an dem ihrer eigenen Stammesgenossen. Sie wurden dadurch reich, mußten jedoch den Gewinn in unproduktive Sphären, wie den Herrschaftsapparat, investieren und legten somit zugleich auch die Grundlagen für ihren Untergang, denn sie wurden vollständig vom Sklavenhandel abhängig. Der Sklavenhandel zersetzte auch im Landesinneren gelegene Reiche und Stammesverbände, so daß ständig neue afrikanische Reiche entstanden und auch wieder vergingen. So eroberte Dahomy in der Küstenregion das alte Sklavenhandelszentrum Widah und zerschlug das Königreich Ajuda. Im heutigen Zentrum von Ghana entstand um 1700 das Königreich der Ashanti. Die weittragenden Handfeuerwaffen, bunte Perlen, Metallgegenstände für den täglichen Gebrauch und auch Alkohol waren Dinge, die von den afrikanischen Häuptlingen, wie von den einfachen Stammesangehörigen, bald so begehrt waren, daß man dafür gern Kriegsgefangene hergab. Das Königreich Ashanti wurde durch Raub und Verkauf seiner Nachbarn und selbst seiner Untertanen wohlhabend. Es ist jedoch auch zu beachten, daß die durch den Sklavenhandel in den Besitz der Afrikaner gelangten europäischen Feuerwaffen ihnen die politische Unabhängigkeit über vier Jahrhunderte im wesentlichen sicherte.

Die europäischen Besitzer riesiger Zuckerrohr-,

Sklavenschiff

Der Schweizer Historiker Urs Bitterli über die afrikanischen Sklaven in der Neuen Welt:

Die afrikanischen Sklaven waren ... dazu bestimmt, die Indianer zu ersetzen, welche der Zwangsarbeit physisch und psychisch nicht gewachsen waren ... Gleich nach ihrer Ankunft auf einer westindischen Zuckerplantage wurden die Neulinge auf die Wohnstätten der älteren, erfahrenen Sklaven verteilt, wobei man, um die Möglichkeit künftiger Konspiration zu verringern, darauf achtete, Familien- und Stammesangehörige möglichst zu trennen. Durch dieses Verfahren wurde der Afrikaner seiner Sprache und den Traditionen seines Stammes schnell entfremdet, fand allerdings unter seinen Leidensgenossen bald neue Vertraute und, soweit die Umstände es zuließen, freundschaftlichen Umgang. Ebenfalls kurz nach seiner Ankunft wurden dem Sklaven die Arbeiten zugewiesen, die er verrichten sollte: die Kinder wurden dazu eingesetzt, Unkraut zu jäten; Jugendliche und Erwachsene von kleiner Statur hatten mühsamere Arbeit bei der Urbarmachung des Bodens und der Anpflanzung von Zuckerrohr zu übernehmen; robuste Männer steckte man in die gefürchteten Kochhäuser, wo bei höllischer Hitze der Rohsaft verdickt wurde; handwerklich geschickte oder besonders schöne Neger schließlich hatten das Glück, zum Dienst in Werkstätten und im herrschaftlichen Haus ausersehen zu werden ... Die Art der dem Sklaven zugewiesenen Arbeit war genauso monoton wie der mit öder Regelmäßigkeit sich wiederholende Tagesablauf.

Baumwoll- und Tabakplantagen in Amerika verlangten nach einer immer größeren Zahl von Arbeitskräften. Der Bedarf wuchs im selben Maße, wie Europa nach den in Amerika produzierten Gütern verlangte. Der Sklavenhandel bekam so eine interkontinentale Dimension. Hafenstädte wie Liverpool oder Nantes erreichten dadurch ihre Blüte.

So war es nicht verwunderlich, daß Friedrich Wilhelm vehement und ungeduldig auf den Abschluß der notwendigen Übereinkünfte mit etablierten Kolonialmächten drängte. Der Vertrag mit Spanien kam nicht zustande. Deshalb unterzeichnete im Auftrag von Kurfürst Friedrich Wilhelm am 24. November 1685 Benjamin Raule mit der Dänisch-Westindischen-Guinesischen Kompanie einen Vertrag über die Vermietung eines Teils der zu den Antillen gehörenden dänischen Insel Sankt Thomas. Sie war mit 82 Quadratkilometern ein bedeutender Bestandteil der Jungferninseln.

Das neben St. Croix zweitgrößte Eiland der Inselkette hatte Christoph Kolumbus auf seiner zweiten Amerikareise entdeckt. Seit 1674 war St. Thomas dänischer Kolonialbesitz. Sowohl die ebenfalls an der westafrikanischen Küste existierenden kolonialen Besitzungen mit der Festung Christiansborg als auch die Antilleninseln St. Thomas und St. John wurden als Nachahmung diesbezüglicher Bestrebungen des «merkantilistischen Fürsten» Jakob von Kurland, die allerdings schon um 1660 scheiterten, nicht zu Unrecht angesehen.[48]

Später, als Brandenburg-Preußen seinen Kolonialbesitz in Afrika längst aufgegeben hatte und die Be-

Afrikanische Siedlung an der Goldküste. Aus Otto Friedrich von der Groebens «Guineische Reisebeschreibung», 1694

teiligung des Hohenzollernfürsten an dem Sklavenhandel langsam in Vergessenheit geriet, kam es zu einem weiteren beachtenswerten Kontakt zwischen der Insel St. Thomas und Deutschen, nämlich als 1732 Missionare der Herrnhuter Brüdergemeinde dort eine Missionsstation errichteten. Ihre Arbeit unter den Sklaven auf der dänischen Insel stand allerdings unter einem entgegengesetzten Vorzeichen als die Tätigkeit der Brandenburger vor etwa einem halben Jahrhundert. Erst 1917 wurde die östlich von Puerto Rico gelegene Inselgruppe von Dänemark an die USA verkauft.

Mit der Anmietung eines Teils der Insel war für die Brandenburger zunächst eine Möglichkeit geschaffen worden, die durch die lange und qualvolle Überfahrt geschwächten Sklaven aufzupeppeln und dann weiterzuverkaufen. Außerdem war hier ein Stützpunkt notwendig geworden, weil die direkte Sklaveneinfuhr aus Afrika nach den amerikanischen Besitzungen Spaniens, Portugals und Frankreichs zunächst sehr erschwert und schließlich ganz verboten worden war. Wenn Dänemark auch nicht der erhoffte Partner war, hatten die Brandenburger sich schließlich bereit erklären müssen, die Insel quasi mit den Dänen zu teilen, weil alle Bemühungen des Großen Kurfürsten, eine in der Nähe von St. Thomas gelegene andere Insel zu erwerben, die gleichzeitig ein Flottenstützpunkt gegen den spanischen Handel in Westindien hätte sein können, gescheitert waren.

Die schriftliche Vereinbarung zwischen den Dänen und Brandenburgern im Jahre 1685, die erst ein Jahr später in Kraft trat, betonte zwar die Souveränität des dänischen Königs über die Insel, bot finanzkräftigen brandenburgischen Untertanen, den «Privilegierten», wie es im Vertrag heißt, indes Grund und Boden zur Nutzung an.[49] Für die Brandenburgisch-Afrikanische Kompanie bzw. den Kurfürsten war jedoch die Plantagenwirtschaft von geringerer Bedeutung als der zunächst auf 30 Jahre befristete Freihandel, denn die meistgefragte Ware waren eben Sklaven aus Afrika. St. Thomas besaß für den Menschenhandel ausgezeichnete klimatische und geographische Voraussetzungen. Die Insel verfügte über einen günstig angelegten Hafen, in dem über 1 000 Schiffsankünfte im Jahr verzeichnet wurden. Mehr als 1 000 europäische Einwohner lebten hier.

Der Handel mit Sklaven von der brandenburgischen Kolonie Großfriedrichsburg nach Westindien

Afrikanische Siedlung mit Brücke

wurde zur Haupteinnahmequelle der Brandenburg-Afrikanischen Kompanie, denn Westindien und das amerikanische Festland waren ein nie erschöpfender Markt für schwarze Arbeitskräfte. Da die Handelsgesellschaft dem Kurfürsten Friedrich Wilhelm gehörte, kann man ihn also getrost als Sklavenhändler bezeichnen. Auch noch sein Nachfolger, Friedrich III., machte mit dem Sklavenhandel zunächst recht guten Gewinn. In den historischen Quellen wird davon berichtet, daß in den Jahren 1692/93 die Geschäfte der Brandenburgisch-Afrikanischen Kompanie einen erfolgreichen Aufschwung nahmen, so daß im Jahre 1693 eine große Anzahl von Schiffen von Afrika nach Amerika unterwegs war. Jedoch war der Menschenhandel für dessen Profiteure auch mit Ärgernissen und Problemen behaftet, die zwar keinen Vergleich mit dem Schicksal der Betroffenen standhielten, jedoch in den Quellen ungleich ausführlichere Erwähnung fanden. So sah die Abmachung mit den Dänen vor, daß der Preis für einen «frischen gesunden Sklaven nicht über 60 Thaler»[50] betragen durfte. Sollten die brandenburgischen Sklavenhändler einmal ihre «Ware» nicht loswerden, würde die dänische Handelskompanie pro Jahr etwa einhundert der Verschleppten zu einem Preis von 80 Talern kaufen. Die Dänen erhielten außerdem das Recht, für jeden von brandenburgischen Schiffen stammenden Sklaven bei Ankunft auf der Insel ein Prozent des Kaufpreises und bei Ausfuhr eines solchen Sklaven zwei Prozent des Kaufpreises zu verlangen. Des weiteren wurde vertraglich vereinbart, «wenn dänische und brandenburgische Schiffe an der Sklavenküste gleichzeitig erscheinen, so sollen sie sich nicht den Einkauf verderben, sondern wechselseitig fördern.»[51]

Auszug aus einem Bericht des Kapitäns Hayes:

Das Schiff hatte eine starke Ladung von Negern der Goldküste. Der Schiffer, menschlicher als die meisten seinesgleichen, ließ einige der Gefesselten aufs Deck bringen. Augenblicklich sprangen sie über Bord, ertranken paarweise ... Sie wußten wohl, daß sie wieder unter Deck mußten, wo der heiße Schweiß rinnt, alles im eigenen Unrat liegt, Weiber sich in Wehen krümmen neben sterbenden Männern, und alle gepeinigt von brennendem Durste, da ihnen selten mehr als eine Pinte Wasser des Tages gegeben wird.

Französische Barke um 1690. In der brandenburgischen Marine waren solche Fahrzeuge überwiegend in Westindien in Dienst. Seit 1685 versahen die Barken den Küstenhandel und übernahmen Zubringerdienste für die brandenburgischen Kompanieschiffe auf der Insel St. Thomas

Der Vertrag war auf 30 Jahre abgeschlossen. Die Dänen erhofften sich davon offensichtlich eine Belebung ihres Überseehandels. Die Brandenburger durften auf der Insel fischen, jagen und Handel treiben. Vor allem genossen die Gäste auf der Insel den Schutz des dänischen Königs. Im Falle eines dänisch-brandenburgischen Konflikts sollte St. Thomas neutral bleiben; die dänische Souveränität blieb von alledem unberührt. So wurde also die Verschleppung von Männern, Frauen und Kindern nicht in Konkurrenz, sondern im Gegenteil, in Kooperation forciert. Da sich die Brandenburger und später die Preußen nicht unmittelbar an den Sklavenjagden beteiligten, sondern «lediglich» die Beute den Menschenfängern abkauften, transportierten und weiterverkauften, sahen selbst Freigeister an diesem Geschäft nichts Ehrenrühriges.

Des öfteren wird noch heute zur Verteidigung bzw. Rechtfertigung des europäischen Sklavenhandels das Argument ins Feld geführt, daß, als die Portugiesen im 15. Jahrhundert an der Guineaküste ihre Faktoreien eröffneten, die dortigen Afrikaner die Sklaverei und den Sklavenhandel bereits seit langem kannten, er mithin also keine Erfindung der Europäer sei. Das letztere stimmt in der Tat – wie in der Geschichte vieler Völker der Welt. Die in der vorkolonialen Zeit während der häufigen Fehden gemachten Kriegsgefangenen blieben oft Eigentum des Siegers. Mitunter verkaufte dieser seine menschliche Beute an begüterte Stammesmitglieder, jedoch bleibt unmißverständlich festzustellen, daß in der Regel sich das Leben des Sklaven nicht wesentlich von demjenigen seines Herrn unterschied. Es sei schwierig, berichtete ein englischer zeitgenössischer Reisender, die Sklaven und deren Herren zu unterscheiden, da sich erstere nicht selten auffallender als ihre Eigentümer kleideten und zum Teil kostbareren und reicheren Schmuck trügen. Ein anderer zeitgenössischer Beobachter teilte mit, daß alle Arbeiten von Herren und Sklaven gemeinsam ausgeführt wurden.[52]

Deshalb scheint die Frage berechtigt, ob es sich denn hierbei überhaupt um Sklaverei oder um Formen abhängiger Arbeit gehandelt habe. Oftmals wurden die Kriegsgefangenen Haussklaven. Es muß auf jeden Fall festgehalten werden, daß es nicht nur einen quantitativen, sondern auch einen qualitativen Unterschied zwischen der europäischen und der afrikanischen Form der Sklaverei gegeben hat. Es ist ein zeitgenössischer Bericht erhalten geblieben, der zeigt, wie menschenverachtend die europäischen Sklavenhändler ihrem Geschäft nachgingen. So heißt es dort von St. Thomas: «Gleich bey unser Ankunft sturben von den Sclaven, deren wir by 200 an Manns- und Weibs-Persohnen, auch jungen Mägdlenen, auf dem Schiff hatten, zween alte, und ein halbjähriges Sclaven-kind. Wie nun die todten ins Meer geworffen wurden, sind die alten von unterschiedlichen Hayen von stund an, zerstucket, und gefressen worden. Das halbjährige Kind aber, welches durch einen Sclaven bey einem Beinlein hinauß geworfen worden, wurde in einem Augenblick, in angesicht unser also ganz verschlucket.»[53]

Von der afrikanischen Art Sklaverei unterschied sich, wie eben exemplarisch angedeutet, die von Europäern in Amerika praktizierte, auch die kurbrandenburgische, ganz erheblich. Nicht nur, was die Grausamkeit der Besitzer und die unmenschliche Behandlung der Sklaven betrifft, sondern auch die Art und Weise des Sklavenfanges, -verkaufs und -handels. Und vor allem in der Quantität. Selbst wenn die Brandenburger insgesamt gesehen im Sklavengeschäft zu den am wenigsten profitierenden Europäern gehörten, hatten doch auch sie einen nicht zu unterschätzenden Anteil an dem Menschenhandel. Allein eine brandenburgische Schiffsladung Sklaven war in der Regel größer als die Anzahl von Kriegsgefangenen in einer innerafrikanischen Auseinandersetzung. Ein Beispiel aus erhalten gebliebenen Akten[54] soll den Umfang des brandenburgischen Sklavenhandels an einigen Zahlen verdeutlichen:
Am 23. Mai 1693 lief die Fregatte «Friedrich Wilhelm zu Pferde» mit etwa 700 Sklaven an Bord von der Insel São Tomé im Golf von Guinea aus in den Atlantischen Ozean.
Am 15. Juli 1693 traf das Schiff auf St. Thomas mit noch 661 lebenden Sklaven ein.
Schon am 21. Juli wurden nach St. Croix verkauft:
32 Männer und Frauen, 24 Jungen und Mädchen; zusammen 56 Negersklaven.
Am 24. Juli ebenfalls dorthin:
5 Männer, 2 Frauen, 3 Jungen, 1 Mädchen; zusammen 11 Negersklaven.
Am 10. August für drei französische Schiffe:
222 Männer, 101 Frauen, 7 Jungen; zusammen 330 Negersklaven.
Vom 11. bis 21. August nach St. Croix verkauft:
3 Männer, 1 Frau, 1 Junge; zusammen 5 Negersklaven.
Am 12. August auf die Bark «La Salamandre» verkauft:
19 Männer, 7 Frauen, 1 Junge; zusammen 27 Negersklaven.
Am 6. September nach St. Christopher verkauft:
11 Negersklaven.
Am 13. September auf eine Bark verkauft:
1 Mann, 2 Frauen; zusammen 3 Negersklaven.
Am 10. Oktober nach St. Croix verkauft:
7 Männer, 6 Frauen, 1 Junge; zusammen 14 Negersklaven.
Am 16. Oktober verkauft an Kapitän Gillighen:
60 Männer, 40 Frauen, 11 Jungen oder Mädchen; zusammen 111 Negersklaven.
Am 16. Oktober verkauft an einen Mann in einem Kanu:
2 Negersklaven.
Am 23. Oktober verkauft nach St. Croix:
2 Männer, 2 Frauen; zusammen 4 Negersklaven.

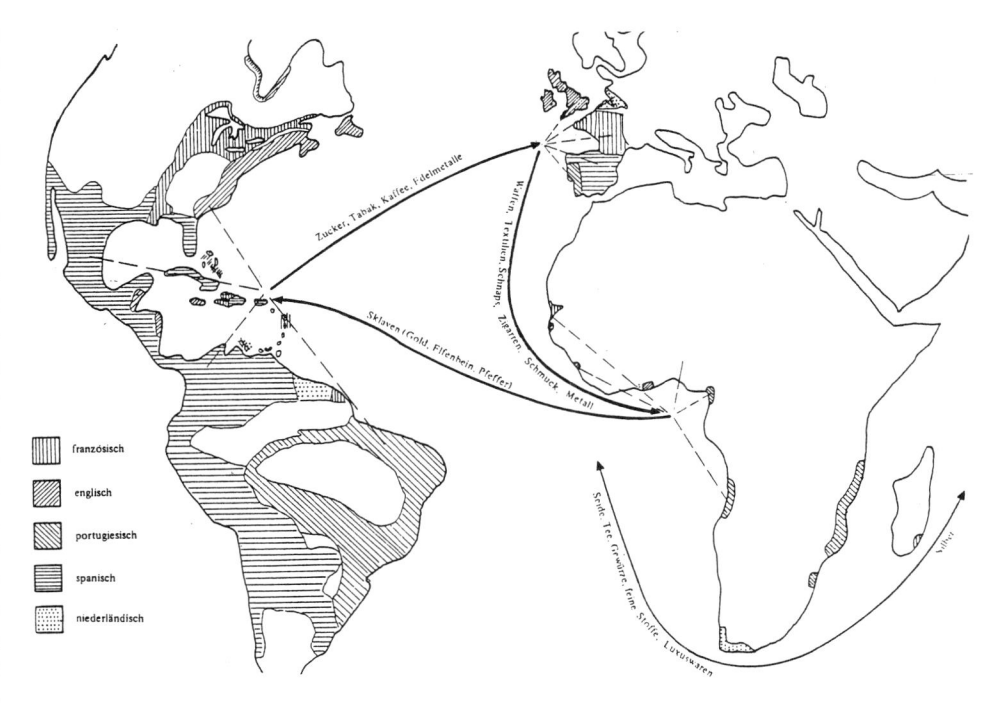

Selbst dieser kleine Einblick in die Praxis des kurbrandenburgischen Sklavenhandels zeigt, daß er sich im karibischen Raum in den 90er Jahren des 17. Jahrhunderts recht lebhaft entfaltete. Sklaven, die von Afrika herangeschafft worden waren, wurden nach verschiedenen westindischen Inseln, vornehmlich nach Spanish Town, Jamaika, St. Croix, Tortola geliefert. Dafür wurden von diesen Inseln wieder Landesprodukte wie Zucker, Baumwolle, Kakao, Ochsenhäute bezogen, die auf der brandenburgischen Besitzung auf St. Thomas umgeschlagen wurden und von dort aus über Emden auf den europäischen Markt gelangten.

Aus der Schiffsladung der Fleute «Sieben Provincen», die im September 1693 von St. Thomas kommend in Emden vor Anker ging:
600 Faß   Zucker
125 Ballen   Baumwolle
45 Faß   Sirup
5 Faß   Kakao
2 Fäßchen   Indigo
einige Rückenpanzer von Schildkröten

So stach auch die Fregatte «Friedrich Wilhelm zu Pferde», nachdem ihre Sklavenfracht an Land gebracht worden war und die Matrosen die Laderäume

Großer Dreieckshandel im 17. und 18. Jh.

gesäubert hatten, voll beladen mit Kakao am 29. 8. 1693 wieder in See. In Cadix wurde der Kakao gelöscht und dafür spanischer Wein an Bord genommen. Diesen verkaufte Kapitain Jean Le Sage zum Teil in anderen europäischen Häfen. Für einen Teil des Erlöses wurden billige Waren eingekauft, die dann in Afrika, wo die Fregatte Anfang November wieder eintraf, gegen Sklaven getauscht wurden. Insgesamt dürfte dieser Dreieckshandel einen 300- bis 400prozentigen Gewinn gebracht haben.

Das hier genannte Beispiel ist aus Quellen zusammengetragen worden, von denen heute nur noch sehr wenige existieren. Über den Verlauf der Seereisen der mit Sklaven vollbeladenen brandenburgischen Schiffe ist nur sehr wenig bekannt, denn die Schiffstagebücher sind alle verlorengegangen. Es existieren lediglich einige Handschriftenverzeichnisse. Bekannt ist aber, daß St. Thomas für die Brandenburger bzw. Preußen nicht nur als Sklavenumschlagplatz von Bedeutung war, sondern die Insel hatte auch im «normalen» Überseehandel eine gewisse Bedeutung. Direkt von Emden nach St. Thomas wurden Eisen- und Textilwaren, Schiffsausrüstungen, Wein und andere Genußmittel sowie Lebensmittel, Schießpulver und eiserne Gerätschaften verschifft. Die Rückfracht bestand oft aus Baumwolle, Zucker, Indigo, Kakao und weiteren in der Karibik gewonnenen Produkten.

Über den Umfang dieses «zivilen» wie auch über den Sklavenhandel gibt es keine verläßlichen Angaben mehr. Überliefert ist nur, daß 1692 neun, 1693 sechs und 1698 acht brandenburgische Schiffe auf St. Thomas registriert wurden.

Wenn auch in älteren Geschichtswerken zuweilen die Behauptung aufgestellt wird, daß der Sklavenhandel der Brandenburgisch-Afrikanischen Kompanie ja gar nicht so bedeutend und deshalb eigentlich kaum der Erwähnung wert sei – und in der Tat sind die Brandenburger z. B. im Vergleich mit den Portugiesen, Spaniern oder Engländern nur relativ unbedeutende Sklavenhändler gewesen – so muß unbedingt in Betracht gezogen werden, daß sich allein hinter jeder hier aufgeführten Zahl über den Verkauf von Sklaven ein menschliches Schicksal verbirgt. Unbeschreiblich ist die Tragik und die Verzweiflung derjenigen Menschen, die brutal aus ihrer Heimat verschleppt, erniedrigt, gedemütigt wurden. Ans Herz gehende Szenen spielten sich ab, wenn Familien auseinandergerissen wurden. Es wurden nicht nur Eheleute getrennt, sondern auch Kleinkinder an andere Besitzer als ihre Mütter verkauft.

Und der brandenburgische Sklavenhandel war – trotz gegenteiliger Behauptungen – immerhin so bedeutend, daß in einem Schreiben der Brandenburgisch-Afrikanischen Kompanie eingestanden wurde, daß er das «Fundament der Kompagnie» sei. Eigentlich war er ja sogar der ausschlaggebende Grund für die Gründung der Kompanie, wenn nicht sogar für das ganze maritime und Kolonialunternehmen überhaupt. Schon die «zweite Afrikaexpedition» 1682 hatte bekanntlich die kurfürstliche Order, in Afrika einige Hundert Sklaven zu erhandeln, und zwar «gute, gesunde, 15 bis 36 Jahre alt, nicht blind, lahm oder mit gestümmelten Gliedern, daß sie zur Arbeit untüchtig wären». Der Kapitän der Expedition war schon damals angewiesen worden, «damit die Sklaven allzeit frisch blieben», das Schiff immer sauber und rein zu halten.[55]

Wenn man in Betracht zieht, daß zwischen 1688 bis 1700 die Brandenburgisch-Afrikanische Kompanie bzw. ihre Nachfolgerin, die Brandenburgische Afrikanische-Amerikanische Kompanie, auf der Dreiecks-Route zwischen Afrika–Amerika–Europa 36 Segler einsetzte, von denen 21 allerdings verlorengingen, d. h. sanken, strandeten oder verschollen, so kann man in etwa erahnen, wieviel schwarze Menschen an Eisen gekettet unter Deck keine Chance hatten, sich bei so einem Unglück zu retten, und wieviele von ihnen die Fahrt nicht überlebten. Es gibt nur wenige zuverlässige Untersuchungen über das Ausmaß des brandenburgischen Sklavenhandels.[56] Schätzungen gehen davon aus, daß zwischen 1681 und 1698 in mehr als dreißig brandenburgischen Schiffstransporten rund 30 000 Sklaven aus Afrika auf karibischen Märkten verkauft wurden.[57]

Nicht nur von den brandenburgischen Schiffen erreichten viele niemals ihr Ziel. Neuere Untersuchungen gehen davon aus, daß ein Großteil der französischen, englischen, niederländischen, portugiesischen und spanischen Schiffe Amerika ebenfalls nicht erreichten. Darüber, wieviel Interloper ihr Ziel nicht erreichten, gibt es noch viel weniger zuverlässige Informationen. Ladelisten der Schiffe und Preislisten der Händler beweisen indes, daß während der Fahrt bis zu 40 Prozent der mitgeführten Sklaven den Transport nicht überlebten. Dazu wurden noch nicht einmal die Afrikaner gezählt, die mit ihren schwimmenden Gefängnissen untergingen.

Zumeist für Seide, Leinwand, Vorderlader und Pulver, Glasperlen von schwarzen Sklavenjägern aus dem Landesinneren gekauft oder geraubt und zu küstennahen Orten deportiert, wo die weißen Sklavenaufkäufer warteten, begann ein noch qualvolleres Leben der ohnehin schon durch den Raub verängstigten und gedemütigten afrikanischen Menschen. Wenn auch kaum noch offizielle Dokumente über den brandenburgischen Sklavenhandel für die heutige Forschung Zeugnis ablegen können, so existiert doch ein glaubhafter Bericht eines schwäbischen Arztes, der im Dienste der Brandenburgisch-Afrikanischen Kompanie im Jahre 1693 ein Sklavenschiff von Großfriedrichsburg nach Westindien begleitete. Es handelt sich um den Barbier-Chirurgen Johann Peter Oettinger (1666–1746), der über seine Erlebnisse auf einer Reise von Europa nach Westafrika und von dort aus nach Westindien tagebuchartige Aufzeichnungen hinterließ, die in einer bearbeiteten Fassung überliefert sind.[58] Da es in der Tat eines der wenigen Originalzeugnisse ist, das uns heute Auskunft über das Leben auf einem Sklavenschiff geben kann und auch zeigt, wie ein brandenburgischer Sklaventransport vonstatten ging, soll hier der genannte Autor ausführlicher zu Wort kommen.

DAS SKLAVENSCHIFF

Der Superkargo Mynheer van Koek
Sitzt rechnend in seiner Kajüte;
Es kalkuliert der Ladung Betrag
Und die probabeln Profite.

«Der Gummi ist gut, der Pfeffer ist gut,
Dreihundert Säcke und Fässer;
Ich habe Goldstaub und Elfenbein –
Die schwarze Ware ist besser.

Sechshundert Neger tauschte ich ein
Spottwohlfeil am Senegalflusse.
Das Fleisch ist hart, die Sehnen sind stramm,
Wie Eisen vom besten Gusse.

Ich hab zum Tausche Branntewein,
Glasperlen und Stahlzeug gegeben;
Gewinne daran achthundert Prozent,
Bleibt mir die Hälfte am Leben.

Bleiben mir Neger dreihundert nur
Im Hafen von Rio-Janeiro,
Zahlt dort mir hundert Dukaten per Stück
Das Haus Gonzales Perreiro.»

Da plötzlich wird Mynheer van Koek
Aus seinen Gedanken gerissen;
Der Schiffschirurgius tritt herein,
Der Doktor van der Smissen.

Das ist eine klapperdürre Figur,
Die Nase voll roter Warzen –
Nun Wasserfeldscherer, ruft van Koek,
Wie geht's meinen lieben Schwarzen?

Der Doktor dank der Nachfrage und spricht:
«Ich bin zu melden gekommen,
Daß heute Nacht die Sterblichkeit
Bedeutend zugenommen.

Im Durchschnitt starben täglich zwei,
doch heute starben sieben,
Vier Männer, drei Frauen – Ich hab den Verlust
Sogleich in die Kladde geschrieben.

Ich inspizierte die Leichen genau;
Denn diese Schelme stellen
Sich manchmal tot, damit man sie
Hinabwirft in die Wellen.

Ich nahm den Toten die Eisen ab;
Und wie ich gewöhnlich tue,
Ich ließ die Leichen werfen ins Meer
Des Morgens in der Frühe.

Es schossen alsbald hervor aus der Flut
Haifische, ganze Heere,
Sie lieben so sehr das Negerfleisch;
Das sind meine Pensionäre.

Sie folgen unseres Schiffes Spur,
Seit wir verlassen die Küste;
Die Bestien wittern den Leichengeruch
Mit schnupperndem Fraßgelüste.

Es ist possierlich anzusehen,
Wie sie nach den Toten schnappen!
Die faßt den Kopf, die faßt das Bein,
Die andern schlucken die Lappen.

Ist alles verschlungen, dann tummeln sie sich
Vergnügt um des Schiffes Planken
Und glotzen mich an, als wollten sie
Sich für das Frühstück bedanken.»

Doch seufzend fällt ihm in die Red
Van Koek: Wie kann ich lindern
Das Übel? wie kann ich die Progression
Der Sterblichkeit verhindern?

Der Doktor erwidert: «Durch eigne Schuld
Sind viele Schwarze gestorben;
Ihr schlechter Odem hat die Luft
Im Schiffsraum so sehr verdorben.

Auch starben viele durch Melancholie,
Dieweil sie sich tödlich langweilen;
Durch etwas Luft, Musik und Tanz
Läßt sich die Krankheit heilen.»

Da ruft van Koek: «Ein guter Rat!
Mein teurer Wasserfeldscherer
Ist klug wie Aristoteles,
Des Alexanders Lehrer.

Der Präsident der Sozietät
Der Tulpenveredlung im Delfte
Ist sehr gescheit, doch hat er nicht
Von Eurem Verstande die Hälfte.

Musik! Musik! Die Schwarzen solln
Hier auf dem Verdecke tanzen.
Und wer sich beim Hopsen nicht amüsiert,
Den soll die Peitsche kuranzen.»

II
Hoch aus dem blauen Himmelszelt
Viel tausend Sterne schauen,
Sehnsüchtig glänzend, groß und klug,
Wie Augen von schönen Frauen.

Sie blicken hinunter in das Meer,
Das weithin überzogen
Mit phosphorstrahlendem Purpurduft;
Wollüstig girren die Wogen.

Kein Segel flattert am Sklavenschiff,
Es liegt wie abgetakelt;
Doch schimmern Laternen auf dem Verdeck,
Wo Tanzmusik spektakelt.

Die Fiedel streicht der Steuermann,
Der Koch, der spielt die Flöte,
Ein Schiffsjung schlägt die Trommel dazu,
Der Doktor bläst die Trompete.

Wohl hundert Neger, Männer und Fraun,
Sie jauchzen und hopsen und kreisen
Wie toll herum; bei jedem Sprung
Taktmäßig klirren die Eisen.

Sie stampfen den Boden mit tobender Lust,
Und manche schwarze Schöne
Umschlingt wollüstig den nackten Genoß –
Dazwischen ächzende Töne.

Der Büttel ist maitre des plaisirs,
Und hat mit Peitschenhieben
Die lässigen Tänzer stimuliert,
Zum Frohsinn angetrieben.

Und Dideldumdei und Schnedderedeng!
Der Lärm lockt aus den Tiefen
Die Ungetüme der Wasserwelt,
Die dort blödsinnig schliefen.

Schlaftrunken kommen geschwommen heran
Haifische, viele hundert;
Sie glotzen nach dem Schiff hinauf,
Sie sind verdutzt, verwundert.

Sie merken, daß die Frühstückstund
Noch nicht gekommen, und gähnen,
Aufsperrend den Rachen; die Kiefer sind
Bepflanzt mit Sägezähnen.

Und Dideldumdei und Schnedderedeng –
Es nehmen kein Ende die Tänze.
Die Haifische beißen vor Ungeduld
Sich selber in die Schwänze.

Ich glaube, sie lieben nicht die Musik,
Wie viele von ihrem Gelichter.
Trau keiner Bestie, die nicht liebt
Musik! sagt Albions großer Dichter.

Und Schnedderede und Dideldumdei –
Die Tänze nehmen kein Ende.
Am Fockmast steht Mynheer von Koek
Und faltet betend die Hände:

«Um Christi willen verschone, o Herr,
Das Leben der schwarzen Sünder!
Erzürnten sie dich, so weißt du ja,
Sie sind so dumm wie die Rinder.

Verschone ihr Leben um Christi willn,
Der für uns alle gestorben!
Denn bleiben mir nicht dreihundert Stück,
So ist mein Geschäft verdorben.»

Heinrich Heine

Ein Sklaventreiber bringt sein Opfer zum Verkauf

Zunächst erfährt der Leser, wie sich das Schiff auf die Übernahme von 700 bis 800 Sklaven vorbereitete: «Am Oberdeck wurden große Kochkessel angebracht, ebenso Wasserfässer und auch Brennholz und Lebensmittel. Über den Ballast in der Tiefe des Schiffsrumpfes wurde noch eine Art Deck gelegt, um die schwarze Ladung in mehreren Etagen unterzubringen.» Weiter heißt es: «Einige Tage nach meiner Ankunft trafen schon die ersten Sklaventransporte aus dem Inneren des Landes ein, während gleichzeitig die für den Tauschhandel bestimmten Waren vom Schiffe hergeschafft wurden.

Sobald eine genügende Anzahl der unglücklichen Opfer beisammen war, wurden sie von mir untersucht, die Gesunden und Kräftigen gekauft, dagegen solche, denen Finger oder Zähne fehlten, oder die mit Gebrechen behaftet waren ... zurückgewiesen. Die angekauften Sklaven mußten dann zu 20 und 30 niederknien. Die rechte Schulter derselben wurde mit Palmöl bestrichen und mittelst eines Stempels, der die Initialien C AB C (Churfürstlich Afrikanisch-Brandenburgische Compagnie) trug, gebrannt; hierauf wurden die also gezeichneten in den für sie bestimmten Unterkunftsräumen streng bewacht. Waren etwa 50 oder 100 Sklaven beisammen, so wurden sie zu zweien und dreien zusammengekoppelt und unter Eskorte an die Küste getrieben. Die Ueberwachung des Transports war mir übertragen und wurde ich zu dem Zwecke in einer Hängematte hinterhergetragen, so daß ich die Kolonne übersehen konnte. Einige dieser Unglücklichen folgten willen- und widerstandslos ihren Führern, selbst wenn sie durch die Peitsche zur Eile angetrieben wurden; andere dagegen heulten und tanzten; doch gab es auch viele, namentlich Weiber, welche die Luft mit herzzerreißendem Geschrei erfüllten, das kaum durch die Trommel oder andere lärmende Instrumente übertönt werden konnte und mir oft in das Herz schnitt. Doch lag es nicht in meiner Gewalt, das Schicksal dieser Unglücklichen zu ändern. An der Küste angelangt, landeten auf ein verabredetes Signal die Schiffsboote, um die schwarze Ladung an Bord zu nehmen ... Am 4. April war endlich das Schiff mit 738 Sklaven beiderlei Geschlechts beladen. Wie bei unserer Ankunft wurden wir in Sänften bis zum Strande zurückgetragen, beschenkten darauf unsre Träger und Begleiter mit Branntwein und bestiegen alsdann das Boot ... Doch welch ein Schauer überkam mich beim Betreten der Räume, in denen die unglücklichen Opfer untergebracht, beim Einatmen der schrecklichen Atmosphäre, in der dieselben zu leben gezwungen waren. Paarweise an den Füßen zusammengeschlossen, lagen oder saßen sie reihenweise nebeneinander, und krampfhaft zog sich das Herz zusammen, als ich welche, dem Äußern nach menschlich gebaute Wesen, wie das Vieh behandelt sehen mußte. Ein andres entsetzliches Schauspiel bot sich meinen Augen am nächsten Morgen dar, als von den auf das Oberdeck getriebenen Sklaven einer über Bord fiel und seinen angeketteten Leidensgefährten mit fortriß. Beide umschlangen sich mit Geheul und versuchten durch Schwimmen über Wasser zu bleiben, bis ihnen vom Schiffe Rettung kam. Doch nach wenigen Augenblicken schon schossen unter dem Schiffsboden gierige Haie hervor, rissen ihren Opfern die Beine ab und zogen sie in die Tiefe hinunter, so daß das Meer von ihrem Blute gefärbt wurde ... Der Gesundheitszustand der Sklaven war kein günstiger, das Zusammenpferchen derselben, Mangel an Bewegung, veränderte Nahrung u. dergl. erzeugten Krankheiten aller Art unter ihnen. Schon während meines Landaufenthaltes (auf einer Insel in der Bucht von Guinea zur Aufnahme von Wasser und Lebensmitteln – d. V.) waren zehn der Unglücklichen gestorben und während der nächsten Tagen erlag eine ebenso große Zahl der Brechruhr ...»[59]

Die Schilderung des Chirurgen J. P. Oettinger stammt nur von einer Seereise! Wieviel ähnliche Transporte unglücklicher Afrikaner, die von den Brandenburgern organisiert worden waren, mag es gegeben haben?

Die zusammengepferchten Afrikaner ergaben sich nicht immer widerstandslos ihrem Schicksal. Oftmals gab es verzweifelte Ausbruchsversuche, die – auch wenn sie zunächst Erfolg hatten – nicht gleichbedeutend mit Freiheit und Rückkehr in die Heimat waren. Nach einem gelungenen Aufstand, in dem die Schiffsbesatzung überwältigt worden war, mußte das Schiff ja beherrscht und gesteuert werden. Aber dazu waren die Afrikaner, die zumeist aus dem Landesinneren kamen, nicht in der Lage. So kenterte und zerschellte eine heute nicht mehr genau festzustellende Anzahl Sklavenschiffe, auf denen sich die erniedrigten und geschundenen Kreaturen ihrer Peiniger entledigt hatten. Was auf diesen Schiffen ablief, kann man nur erahnen und versuchen, mit Hilfe spärlicher Dokumente zu rekonstruieren. Daß es solche Aufstände auch auf brandenburgischen Schiffen gegeben haben muß, davon zeugt die recht große Anzahl Schiffe, die nicht ihr Ziel in Westindien erreicht haben, sowie einige zeitgenössische Berichte von gescheiterten Widerstandsaktionen. Allerdings sind diese sehr spärlich. Um so wichtiger erscheint es, dem schon zitierten J. P. Oettinger noch einmal das Wort zu erteilen, denn er schildert so einen Versuch: Da die Schiffsbesatzungen mit ihren alltäglichen Arbeiten voll ausgelastet waren und sie auch wohl wenig Lust zeigten, Kerkermeisterfunktionen zu übernehmen, suchten sich die Sklavenhändler auf den brandenburgischen Schiffen zehn bis zwölf kräftige, «handfeste, zuverlässige» männliche Sklaven aus, wiesen ihnen die besten Plätze unter Deck zu, verpflegten sie besser und gewährten ihnen auch sonst eine Reihe von Sonderrechten. Sie nannten diese Afrikaner nach deutschem Vorbild, wo es Regimentsscharfrichter und -stockmeister mit gleicher Bezeichnung gab, Profosse. Sie hatten die Aufgabe, geplante Widerstandsaktionen zu verraten bzw. zu verhindern, für die Durchsetzung der Anweisung der Sklavenhändler und der Schiffsbesatzung zu sorgen, Streitigkeiten der Aneinandergeketteten unter Deck zu schlichten, für die Verteilung der Lebensmittel Sorge zu tragen, Kranke dem Arzt zuzuführen und unter Strafe gestellte Sklaven zu züchtigen.

Für diesen Zweck suchte man sich auf dem Schiff, das von dem Schiffs-Chirurgen Oettinger begleitet wurde, einen muskulösen Afrikaner aus, der dem Arzt bereits in Großfriedrichsburg aufgefallen war. Diesem wurden die Fesseln gelockert und all die Vergünstigungen gewährt, die auch die anderen Profosse in Anspruch nehmen konnten. Aber die weißen Herrn hatten sich in diesem Manne geirrt. Sein Freiheits- und Gerechtigkeitsdrang war größer als die Aussicht nach befristeten Vorteilen. Er wollte seine Leidensgefährten zum Aufstand bewegen, der hier Meuterei genannt wurde. Er beabsichtigte, in einem für günstig erachteten Moment die Gefangenen von den Fesseln zu befreien, die Besatzung zu überfallen und zu töten, dann mit dem Schiff zur afrikanischen Küste zurückzukehren, um dort Freiheit und die Heimat wiedererlangen zu können.

Schon hatte dieser Sklave, dessen Name nicht überliefert ist, Gleichgesinnte unter den sich auf dem Schiff relativ frei bewegenden Profossen und einigen anderen gefunden und auch schon den Termin des Aufstandes festgelegt, als einige schwatzhafte Hilfskräfte, die dem Koch in der Kombüse zur Hand gehen mußten, den Plan verrieten. Der Kapitän ließ daraufhin sogleich an seine Mannschaft und an die die Fahrt begleitenden Soldaten Feuerwaffen und die nötige Anzahl Munition ausgeben und alle wichtigen Stellen auf dem Schiff besetzen. In die Enge getrieben, ergaben sich die «Meuterer» und legten – wie weit unter Folter, ist nicht bekannt – ein Geständnis ab. Sie hätten die Absicht gehabt, am folgenden Morgen die Besatzung während des Gottesdienstes mit den auf Deck liegenden Kanonenkugeln zu erschlagen, berichtete der Anführer. Ein «Kriegsgericht» verurteilte diesen zum Tode durch Erschießen, seine Mitverschworenen zum Kielholen und zur Prügelstrafe.

Zur Vollstreckung des Urteils wurde am Großtop des Schiffes «Friedrich Wilhelm zu Pferde» eine rote Flagge gehißt. Sie kündigte an, daß ein «hochnotpeinliches Gericht» hier abgehalten werden sollte. Doch lassen wir nun wieder den Augenzeugen selbst berichten: «Zur Vollstreckung des Urtheils wurde die ganze Besatzung auf das Oberdeck befohlen und so viel Sklaven, als daselbst Platz hatten, heraufgeholt. Die Soldaten hatten die Musketen scharf geladen und waren so vertheilt, daß sie die Sklaven im Auge behielten; die Offiziere erschienen in voller Uniform und gleichfalls bewaffnet. Der Profoss (der Soldaten und Matrosen, ein Weißer – d. V.) mit seinen Gehilfen brachte die Delinquenten auf das Oberdeck. Auch jetzt stand der Hauptträdelsführer mit hoch erhobenem Haupte und musterte mit frechen Blicken die Vorbereitungen zu seiner Bestrafung, die keinerlei Eindruck auf ihn zu machen schienen. Seine Mitverschworenen dagegen hielten die Köpfe gesenkt.»

Oettinger beschreibt dann den Ablauf der Bestrafung ausführlich: Der Rädelsführer wurde mittels eines Taues in die Höhe eines Mastes hochgezogen, ein Exekutionskommando schoß mit Musketen – zunächst ohne zu treffen – auf den «Meuterer», der nun hoffen mochte, «alles sei nur geschehen, um ihn zu ängstigen». Nun schaute die Mannschaft aber «... erwartungsvoll zu ihrem Führer auf; eine eigenthümliche Erregung bemächtigte sich aller Anwesenden, selbst die rohesten Gesellen überkam ein gewisser Ernst und auch an den Sklaven schien dies entsetzliche Schauspiel nicht wirkungslos vorüber zu gehen. Es war eine hochpeinliche Scene, die so Manchem der Umstehenden das Blut in den Adern erstarren machte. Auf ein gegebenes Kommando vom Kapitän traten andere sechs Soldaten heran ...» Nach wenigen Augenblicken war das Opfer zu Tode getroffen, der Leichnam wurde abgeschnitten und über Bord geworfen. Sodann folgte das Kielholen eines Mitverschworenen. Mit Bleigewichten an den Füßen beschwert, wurde der Unglückliche zunächst am Mast hochgezogen, dann fallengelassen, unter dem Kiel zur anderen Schiffsseite durchgeholt, und wieder an Deck gezogen, wo er, durch den Muschelbe-

Im Innern eines Sklavenschiffes

satz der Bordwand arg zerschunden, «einen traurigen Anblick» bot. Trotzdem folgte noch das Auspeitschen des entblößten Rückens mit einem fingerdicken Tau, bis er «von dicken Schwielen bedeckt war und das Blut herabtriefte». Die Bestraften wurden schließlich in Eisen gelegt und unter Bewachung gestellt. Derjenige, der die drohende Meuterei angezeigt hatte, wurde auf der Stelle mit der Funktion eines Aufsehers belohnt, denn der entsprechende Artikel sah eine Beförderung «... zum ersten Amt, dazu er tüchtig sein wird» vor.

Das Kielholen dauerte ungefähr eine Minute. Oettinger läßt nicht erkennen, ob das Opfer viel Wasser verschluckt hatte. Er schreibt auch nicht, ob er sich nach der Bestrafung um die Betroffenen habe kümmern können.

Das Schiff setzte seine Reise nach diesem Zwischenspiel bei flauem Winde fort. Es war heiß, die «... Zunge klebt am Gaumen, die Augen schmerzen, die Brust ist beengt, die Haut schrumpft zusammen und wird wund durch den ausbrechenden Schweiß». Oettinger gedenkt besonders der Sklaven, die «... Ihr bei schlechter Kost in einer Luft leben müßt, die jeder Beschreibung spottet». Ende April wurde die Verpflegung knapp, die Sklaven bekamen nur noch eine Mahlzeit täglich, der Besatzung wurde das Frühstück gestrichen. Nachdem das Schiff noch einmal angelegt, frisches Wasser, Nahrungsmittel und Brennholz an Bord genommen hatte, wurden auch die Unterkünfte der Sklaven gründlich gereinigt, und die Seitenwände wurden frisch gekalkt. Daraufhin stach das Schiff in See. Wieder unternahmen einige Sklaven einen Befreiungsversuch, der jedoch auch entdeckt wurde. Die Anführer wurden daraufhin «... auf das Furchtbarste gepeitscht und dann an Händen und Füßen in einem der untersten Schiffsräume angeschlossen.»[60]

Die Urteile wurden auf diesem Schiff mit genau solcher Brutalität und Präzision vollstreckt wie auf den berüchtigten englischen Kriegsschiffen, was später Proteste auslöste, und, allerdings erst Jahrzehnte später, zur Abschaffung der körperlichen Züchtigung auf See führte. Was sich auf den kurbrandenburgischen Schiffen abspielte, drang indes niemals

Getreide mahlende Frau in Ashanti

in dieser Ausführlichkeit ins öffentliche Bewußtsein. So wurde erstmals 1723 das bereits 1682 erlassene «Kurbrandenburgische Seekriegsrecht» veröffentlicht. Für den Sklaventransport über den Ozean wurden die brandenburgischen Schiffe extra präpariert. Hierfür kamen hauptsächlich diejenigen mit großem Rumpf in Frage, die viel menschliche Fracht fassen konnten. Am häufigsten wurde hierfür in den letzten Jahren die große Fregatte «Friedrich III.» eingesetzt. Bereits im Jahr ihrer Indienststellung im Jahre 1693 beförderte sie von Afrika nach Amerika etwa 800 Sklaven.

Die Afrikaner und Großfriedrichsburg

Eine der größten Unbekannten bei der Rekonstruktion des überseeischen Kulturkontaktes, wie die koloniale Besitzergreifung und letztlich Ausbeutung auch genannt wird, ist die Erforschung der nicht-europäischen Komponente. Denn die schriftlichen Quellen aus jener Zeit stammen fast ausschließlich aus der Feder von Europäern. Aber was dachten die Afrikaner, als sie die Weißen sahen? Wie begegneten sie ihnen? Welche innerethnischen Kämpfe wurden durchgeführt, bis die Afrikaner den Europäern gegenübertraten, wie diese es in Berichten und Dokumenten festhielten? Wie und warum arrangierten sie sich mit den Neuankömmlingen? Warum verhielten sich die Afrikaner gegenüber den verschiedenen europäischen Handelsgesellschaften bzw. den Angehörigen unterschiedlicher Nationen differenziert?

Diese und andere interessante Fragestellungen können noch nicht ausreichend beantwortet werden. Erst zukünftige vergleichende Studien können hierauf Antwort geben.

Paul Rohrbach, deutscher Kolonialpropagandist mit ausgezeichneten Kenntnissen der afrikanischen Verhältnisse über die europäischen Küstensiedlungen an Afrikas Westküste:

Auch Brandenburg unter dem Großen Kurfürsten und sogar der kleine polnische Lehnstaat Kurland unter seinem Herzog Jakob traten im 17. Jahrhundert in die Reihe der Mächte, die befestigte Stationen in Westafrika besaßen, und für alle europäischen Stationen waren die Sklavenprivilegien selbstverständlich. Was für eine Art von Eingeborenenpolitik sich bei dieser kolonialwirtschaftlichen Methode in Afrika ergab, kann man sich leicht denken. Das ganze Interesse an jenen Stützpunkten des Handels beschränkte sich darauf, Sklaven und einige andere kostbare Produkte, wie Gold, Federn und dergleichen zu erhalten. Zu dem Zweck wurden meist Verträge mit den größeren einheimischen Häuptlingen geschlossen. Diese erhielten Waffen und Munition, um bei den Stämmen im Innern die erforderlichen Sklaven gewaltsam einzufangen. Unter Umständen wurde den Häuptlingen, die das Sklavenmaterial besorgten, von der Faktorei sogar ein Tribut in Form regelmäßiger Geschenke gezahlt. Über die Wälle der Forts und die unmittelbare nächste Nachbarschaft erstreckte sich das direkte Interesse der Stationskommandanten und Faktoreileiter überhaupt nicht. An selbständige Gewinnung von Landesprodukten zum Zweck der Ausfuhr dachte selten ein Mensch. Die mörderischen Einwirkungen des Klimas, das dem Weißen nicht nur eigene körperliche Tätigkeit, sondern schon den längeren Aufenthalt im Lande so gut wie sicher tötlich machte, ließen vollends den Gedanken an die Gründung von Plantagenbetrieben nach dem Muster Westindiens oder Südamerikas im Lande der Neger selbst, auch abgesehen von der Schwierigkeit, sie militärisch gegen die mächtigen schwarzen Häuptlinge und gegen die Gewaltsamkeiten der weißen Wettbewerber fremder Nationalität zu schützen, an der westafrikanischen Küste nicht aufkommen.

Spinnende und webende Ashanti

Aber auch andere Fragen sind nicht nur für den ersten Kontakt zwischen Brandenburgern und Afrikanern weitgehend unbekannt geblieben, sondern betreffen ebenso andere Regionen der Welt, wo europäische Eroberer den Boden der heutigen sogenannten Dritten Welt betraten.

Es ist jedoch wohl davon auszugehen, daß die Mehrzahl der Afrikaner in der uns interessierenden Region die Konkurrenz zwischen den verschiedenen europäischen Kolonialmächten mehr oder weniger geschickt auszunutzen verstand. Bei genauer Betrachtung der Vorgänge liegt sogar die Vermutung nahe, daß die Afrikaner das Konkurrenzgebaren der europäischen Kolonialherren beobachteten und für sich verwerteten. Sie nutzten häufig die nicht gewaltfreien Streitigkeiten zwischen den Rivalen für ihre Interessen. Oft schenkten sie denjenigen ihre Gunst und Unterstützung und boten vor allem dem die begehrten Handelsprodukte, insbesondere Salz, Getreide, Gummi, Elfenbein, Gold und Sklaven an, der ihnen die günstigsten Angebote in Form gefragter europäischer Waren unterbreiten konnte. Das hatten wiederum die Europäer schon bald erkannt und versuchten sich gegenseitig in der Gunst der Afrikaner auszustechen. Die zeitgenössischen Berichte der Europäer klagen häufig darüber, daß immer höhere Kaufsummen nötig seien, um den Rivalen auszustechen. Ein relativ objektiver Beobachter berichtete: «Die Neger sind difficile Kaufleute: es kostet viel, mit ihnen wegen Handels einig zu werden.»[61] Das Konkurrenzgebaren unter den Vertretern verschiedener Handelskompanien erkannten gerissene afrikanische Zwischenhändler und Häuptlinge wohl am ehesten. Die vom Handel mit den Europäern profitierenden Afrikaner trugen somit zur sozialen Differenzierung innerhalb der westafrikanischen Gesellschaft bei. Insgesamt gesehen, kann wohl eingeschätzt werden, daß sich die Afrikaner – im Gegensatz zur zweihundert Jahre später einsetzenden imperialistischen Kolonialmacht – durchaus als Partner und nicht, wie in späteren Berichten häufig behauptet, als Untertanen der Europäer fühlten und es auch verstanden, diese partnerschaftliche Beziehung, trotz den entgegenstehenden Versuchen, aufrechtzuerhalten.

Für die in den Siedlungen lebenden Afrikaner, die sich in der Nähe des kolonialen Besitzes Branden-

Afrikanische Siedlung in der Nähe der brandenburgischen Besitzung

burgs bzw. Preußens befanden, bildete das Fort Großfriedrichsburg einen beliebten Handelsplatz; waren die in brandenburgischen Diensten stehenden Kaufleute doch gezwungen, insbesondere die in unmittelbarer Nachbarschaft präsente Niederländisch-Westindische Kompanie in ihren Aufkaufpreisen zu überbieten. Wie die weitere Entwicklung zeigen wird, ließen sich das die Holländer nicht ohne weiteres gefallen, zumal zunehmend ausländische, zum großen Teil holländische Schiffe Großfriedrichsburg nunmehr anliefen. Sie fanden hier weitaus günstigere Handelsbedingungen vor. Die finanzielle Misere der Brandenburgisch-Afrikanischen Kompanie ließ sich hierdurch freilich langfristig nicht beseitigen.

Zunächst jedoch wußten die afrikanischen Händler, wie sie sich den Gepflogenheiten europäisch-kolonialen Treibens unterzuordnen hatten und wie sie daraus Vorteile für sich ziehen konnten. Wie überliefert ist, kamen sie aus der näheren und ferneren Umgebung mit ihren Erzeugnissen in und vor die Burg. Von den Befestigungswerken und den dort üblichen Gepflogenheiten möglicherweise beeindruckt, erschienen mehr und minder bedeutende Häuptlinge mit großem Gefolge, reich geschmückt, vor den Mauern von Großfriedrichsburg, über denen der rote Adler wehte. Hier tauschten sie vor allem Stoffe, Zinnkannen, Eisengeräte, Branntwein, kleine Spiegel sowie Glasperlen, die auf der Pfaueninsel in Berlin gefertigt wurden, ein. Wenngleich in nicht wenigen zeitgenössischen Darstellungen und späteren Geschichtswerken ein im großen und ganzen harmonisches Bild über das Verhältnis der Brandenburger zu den Afrikanern gezeichnet wurde, muß die Realität doch differenzierter betrachtet werden. Wie ausnahmslos alle Kolonialisten, fühlte sich auch der in der Heimat oftmals arme und unterdrückte Europäer in Afrika den Schwarzen überlegen. Und dieses Verhalten wird immer wieder deutlich, obgleich die in den Dienst der Brandenburgisch-Afrikanischen Kompanie getretenen Soldaten und Matrosen an materiellem Besitz kaum mehr besaßen, als die Afrikaner vergleichbaren sozialen Standes. So zählte zum Beispiel zur Ausrüstung eines gemeinen Soldaten, wie eine exakte Aufzeichnung belegt, sechs Hemden, zwei Paar Schuhe und Strümpfe, zwei Mützen, einen Leinenanzug, drei Halstücher und statt eines Mantels ein Schutzumhang für Regenwetter. Dem damaligen Zeitgeist entsprechend, eigneten sich die meisten schon nach kurzer Zeit rassistisches Gedankengut an und setzten dies auch in ihrem Handeln gegenüber den Afrikanern um. Ausnahmen bestätigen auch hier die Regel. Es ist zum Beispiel überliefert, daß «das ungebundene Leben im Fort für die Weißen auch seine Schattenseiten» hatte. Als Grund wird angeführt: «Fern der Heimat, reizte sie ihre überragende Stellung den Schwarzen gegenüber zu nicht immer einwandfreiem Verhalten. Wir hören von liederlichem Lebenswandel, von Orgien und Veruntreuungen.»[62] Letzteres Vergehen wurde übrigens auch dem Festungsbaumeister Carl Constantin von Schnitter vorgeworfen, woraufhin er von seinem Posten abberufen wurde. Fakt ist, daß die brandenburgischen Besatzungen weder das Fort errichten noch hätten unterhalten können ohne Unterstützung der afrikanischen Bevölkerung. Von Anfang an verhielten sich die Küstenbewohner gegenüber den Neuankömmlingen freundlich. Sie brachten Früchte der Felder und des Waldes sowie häufig Hühner im Austausch für Branntwein und andere Gegenstände. Sie brachten den Europäern den Feldbau in der Nähe der Festung bei, denn, so heißt es in einer älteren Darstellung, die Brandenburger «traten in das Verhältnis von Ackerbau treibenden Kolonialsoldaten».[63] Das war nicht verwunderlich, denn zum einen mußte die Besatzung wenigstens bis zu einem gewissen Grade von der Versorgung der anliegenden Siedlungen – gerade in Krisensituationen – unabhängig bleiben, und zum anderen war mit einer kontinuierlichen Versorgung aus Europa nicht zu rechnen. Außerdem handelte es sich um fruchtbaren Boden in unmittelbarer Nähe der Festungen.

Das Verhältnis zwischen Schwarzen und Weißen war in der Geschichte der Kolonie Großfriedrichsburg sicherlich sehr unterschiedlich. War es in der ersten Zeit distanziert, lernte man sich zum Ende, als über Jahre hinweg kein Kontakt zur Heimat bestand, besser kennen; vor allem waren die Brandenburger bzw. Preußen auf das Wohlwollen der afrikanischen Bevölkerung angewiesen. So gibt es Hinweise darauf, daß sich Besatzungsmitglieder afrikanische Frauen nahmen oder gar ins Landesinnere zogen, wo sie bis zum Tode bei Verwandten der Frau lebten. Nur einmal – gegen Mitte der 80er Jahre – begab sich eine Abordnung der Afrikaner nach Potsdam und Berlin. Führer war ein Häuptling, dessen Name als Janke überliefert ist. Wie es heißt, unternahmen sie die Reise, um dem Kurfürsten zu huldigen und ihm die Unterwerfungs-Urkunde zu überreichen. Mit allen Feierlichkeiten wurde die Gesandtschaft empfangen und auch wieder verabschiedet. Allerdings existieren hierüber nur sehr wenige Quellen, so daß wir heute nicht wissen, wie die «Fremden» von den Brandenburgern aufgenommen wurden.

Gefahren und Schwierigkeiten für die Brandenburger in Afrika

Die neuen Kolonialherren aus Brandenburg hatten von Beginn an mannigfache Schwierigkeiten zu bewältigen. Erinnert sei nur an das ungewohnte tropische Klima, die fremden Kulturen und vor allem die unbekannten Sprachen, die Ernährungsprobleme und vieles andere mehr. Aber zum gefährlichsten Gegner des Reifens der kolonialen Blütenträume des Großen Kurfürsten wurde die Niederländisch-Westindische Kompanie, die mit Besorgnis das Heranwachsen und anfängliche Gedeihen der brandenburgischen Kolonie sah. Ihre Beamten versuchten mit verschiedenen Mitteln, den Aufbau von Großfriedrichsburg zu behindern.

Mehrfach versuchten sie, afrikanische Krieger gegen die Brandenburger aufzuwiegeln. Durch Bestechungen und Versprechungen, durch Drohungen und durch Inaussichtstellung reicher Beute sollten die Afrikaner den unliebsamen Konkurrenten vertreiben. Es sind indes nur relativ wenige Beispiele bekannt, wo sich die Afrikaner direkt vor den Karren der Niederländer spannen ließen. Jedoch gab es diese Fälle, wie die folgende Darstellung zeigen wird, auch. Es erwies sich mehrfach, daß die Niederländer auf Grund ihrer längeren kolonialen Erfahrungen und wegen ihrer fortgeschritteneren frühkapitalistischen Gesellschaft im Konkurrenzkampf den immer noch mit feudalen Fesseln behafteten Brandenburgern weit überlegen waren. Die Vertreter des frühkapitalistischen Monopolunternehmens waren zu jedem Schritt, der zur Ausschaltung und zur Beeinträchtigung des Konkurrenten führen konnte, bereit. Ihnen war dazu jedes Mittel recht. Es kam zu einigen ernsten Zwischenfällen. So überfiel schon im Herbst 1685 der holländische Gouverneur der Festung Elmina in der Nähe von Taccarary das mit Mauersteinen und Geschützen beladene brandenburgische Schiff «Wasserhund». Wenngleich das Schiff samt seiner Ladung schon nach einigen Tagen auf Grund des energischen Protestes des höchsten Beamten der Brandenburgisch-Afrikanischen Kompanie in der Kolonie wieder freigegeben werden mußte, gab die niederländische Handelskompanie doch nicht so leicht auf und suchte nun nach neuen Methoden, um den Konkurrenten zur Aufgabe seiner Pläne zu bewegen. In einer vom preußischen Großen Generalstabe zweihundert Jahre nach den geschilderten Ereignissen publizierten Untersuchung heißt es dazu: «Es erschien eben jener Gesellschaft jedes Mittel recht, um einer lästigen Konkurrenz zu begegnen, wobei sie sich auch durch politische Rücksichten weiter nicht gebunden glaubte, weil bei den niederländischen Verfassungsverhältnissen die ausübende Staatsgewalt keineswegs unabhängig war gegenüber dem Einflusse einer mächtigen Handelsgesellschaft.»[64] Und diese Einschätzung war durchaus berechtigt. Jedoch wußten die Brandenburger, mit wem sie es zu tun hatten, standen in ihren Diensten doch viele Holländer und Seeleute anderer Nationen, die das Gebaren der Handelsgesellschaften kannten.

Obzwar es dem Marinedirektor Benjamin Raule und dem Kurfürstlichen Rat Friedrich Wilhelm von Diest nach zähen Verhandlungen mit der niederländischen Regierung im Herbst 1686 gelungen war, daß die kolonialen Besitzungen des Kurfürsten an der Guineaküste anerkannt wurden, konnte der diplomatische Erfolg nicht verhindern, daß bereits am 7. Oktober 1687 ein Überfall auf die brandenburgischen Festungen von den Niederländern unternommen wurde. Der Generaldirektor von Elmina, der holländische General Nikolas de Sweers, erschien mit einem Schiff auf der Reede von Accada. Unter einem Vorwand lockte er den kommandierenden Beamten auf sein Schiff, um ihn hier gefangenzunehmen. Zwei weitere Brandenburger wurden auf die gleiche Weise übertölpelt. Die in den noch im Bau befindlichen Verschanzungen verbliebenen fünf Soldaten wurden danach mit Hilfe von in holländischen Diensten stehenden Afrikanern überwältigt. Mit seiner Schiffsbesatzung sowie den ihm folgenden 300 Afrikanern marschierte General de Sweers am folgenden Tag bis vor die ebenfalls noch nicht ganz fertiggestellte Festung Großfriedrichsburg. Die Aufforderung zur Übergabe lehnte der Kommandant der Feste ab.

Um Großfriedrichsburg erfolgreich belagern und dann stürmen zu können, mußten die Brandenburger von ihrer Versorgungsbasis abgeschnitten werden. Diese wurde hauptsächlich von den in der Nähe wohnenden Afrikanern sichergestellt. Also setzten die Belagerer hier ihre Bemühungen an, um die schwarzen Verbündeten zum Abfall zu bewegen. Indes ließen sich weder die Afrikaner aus der unmittelbaren Nähe, noch diejenigen von Taccrama, denen Nikolas de Sweers mit einem schrecklichen Blutbad gedroht hatte, falls sie sich ihm nicht anschlössen, von den Drohungen beeindrucken. Allerdings gelang es den Angreifern, nach der Einnahme von Accada auch die noch nicht vollendeten Befestigungsanlagen von Taccarary in der Nacht vom 12. zum 13. Oktober 1687 zu überwinden und die kleine Besatzung gefangenzunehmen.

Als ein nächtlicher Angriffsversuch auf Großfriedrichsburg an einem der folgenden Tage fehlschlug, beschränkte sich der General schließlich auf eine Blockade von der Seeseite her. Dabei gelang es den Holländern, Mitte Dezember 1688 das Großfriedrichsburg anlaufende Schiff «Berlin» zu kapern. Der faktische Kriegszustand in der dortigen Region hielt bis Anfang des Jahres 1690 an. In jener Zeit gab es noch einige weitere mehr oder minder heftige Versuche, mit Gewalt die Konkurrenz zu vertreiben. Offensichtlich kam es aber nicht mehr zu solch spektakulärem Zwischenfall. Die Berichte aus der damaligen Zeit zeugen jedoch keinesfalls von friedlichem Nebeneinanderleben beider Kolonialmächte.

Die Anfänge des bewaffneten Zwischenfalls und des sich daraus ergebenden langjährigen Kampfes zwischen Holländern und Brandenburgern hatte der Kurfürst Friedrich Wilhelm noch miterlebt. Er «war davon auf das Schmerzlichste berührt».[65] Als Friedrich Wilhelm I., der Große Kurfürst, im Mai 1688 verstarb, soll – so zumindest die Legende – bis zu seinem letzten Atemzuge sein Denken und Trachten der Kolonialpolitik gegolten haben. Sein Sohn und Nachfolger, Friedrich III., ließ die diplomatischen Verhandlungen mit der Niederländisch-Westindischen Kompanie zunächst auch ganz im Sinne seines Vaters zur Klärung des «Kolonialkrieges» aktivieren. Zwar wurde bereits am 22. Dezember 1688 eine Einigung erzielt, aber erst Ende des Jahres 1690 gelangte Brandenburg wieder in den Besitz von Accada, nachdem einige Monate zuvor die Seeblockade von Großfriedrichsburg aufgehoben worden war. Die Streitigkeiten um Taccarary dauerten jedoch noch weitere vier Jahre an. Inzwischen hatten die Niederländer die dort errichtete Schanze gesprengt. Somit hatte Taccarary seine Bedeutung verloren. Bei der Abwehr der Feinde beim Auf- und Ausbau der Befestigungsanlagen wie auch bei den alltäglichen Arbeiten – soweit sie nicht von den in der Nähe wohnenden Afrikanern verrichtet wurden – benutzte man Sklaven aus dem Landesinnern. Entweder befanden sich diese hier, um auf ein Sklavenschiff zu warten, oder sie wurden extra für diese Dienste hier gehalten. Allerdings gibt es hierüber sehr wenige zuverlässige Zeugnisse. Nur ab und an wird u. a. berichtet, daß für das Sammeln von Austern und Muscheln, die nicht nur eine Delikatesse für die Mahlzeiten darstellten, Sklaven herangezogen wurden. Man benötigte vor allem die Schalen der Tiere in großen Mengen, um daraus Kalk zu brennen, der dann als Baumaterial Verwendung fand.

Die Festigung der Macht in Afrika – der Anfang vom Ende

Je stärker und militanter der Konkurrenzkampf gerade mit den Niederländern ausgeführt wurde, um so notwendiger erschien es, auf die Fertigstellung der Befestigungsanlagen der Forts zu dringen. Ende 1692 trafen die letzten Geschütze für Großfriedrichsburg und die Dorotheenschanze ein. Mitte des folgenden Jahres konnten beide Festungen als vollkommen fertiggestellt bezeichnet werden. Ein ehemals in niederländischen Diensten stehender zeitgenössischer Besucher beschreibt die Festung Großfriedrichsburg so: «Sie ist sehr ansehnlich und ziemlich

Kurbrandenburgische Truppenfahne

groß, mit 4. starcken Batterien versehen, welche 46. Stücken bepflanz sind, wieviel sie, die Wahrheit zu sagen, sehr gering und von kleiner Mündung seyn. Die Pforte an dieser Vestung ist überaus schön, dergleichen hie herum wenig zu finden, gleichwol in Ansehung der Vestung viel zu groß, so daß sich hier wol schickte, was man dorten den Bürgern zu Minden riethe, sie möchten ihre Pforten geschlossen halten, damit die Vestung nicht heraus und davon laufen möge. Nach Morgen hat diese Vestung ein überaus schönes und bequemes Aussenwerk, doch so, daß die Vestung in weit bessern Defensions Stande (Verteidigungszustand – d. V.), wenn solches nicht dabey angehe, denn es kan dazu dienen, die Stadt mit Sturm einzunehmen, das größte Versehen ist, daß sie die Brustwehr sehr klein und kaum ein Knie hoch gemacht haben, dahero man vor dem groben Geschütz alzusehr in Gefahr stehet, welches denn übel zu statten kommen dürfte, wenn sie auch mit blossen Mohren zu thun hätten, indem man füglich mit einem Feuer-Rohr die Bollwerke oder zwischen dieselbe die Courtine (Wehrgang – d. A.) abreichen kan, jedoch muß dieses nicht verstanden werden von der Land Seite, alwo die Brustwehr in gehörige Höhe sich sehen lassen. Innerhalb der Vestung finden sich viele schöne Häuser, davon ich ... keine Abzeichnung senden will.»[66]

Ein anderer Augenzeugenbericht weiß ähnliche Einzelheiten, vor allem die negativen, zu beschreiben: «Gegen Morgen hat es ein schönes Außenwerk, welches der Festung einen großen Teil ihrer Stärke benimmt, die von dieser Seite leichtlich zu bezwingen wäre. Der größte Fehler bei diesem Fort aber ist, daß die Brustwehren nicht höher als eines Mannes Knie sind, wodurch die Soldaten dem Schusse von außen bloß gestellt stehen. Dieses ist in den Kriegen mit den Schwarzen keine kleine Unbequemlichkeit. Denn es kann niemand auf die Batterien kommen, ohne daß ihn die Neger mit leichter Mühe mit einem Musketenschuß erreichen. Uebrigens ist an den Gebäuden nichts zu tadeln. Die Mauern sind dick, stark und hoch, und innerhalb ihrer gibt es viele schöne Niederlagen und Wohnhäuser für die Officiere und Soldaten.» Der holländische Reisende de Marrée, der dann 1817 wieder eine Beschreibung der Festung liefert, weiß ebenfalls ein recht plastisches Bild von Großfriedrichsburg zu zeichnen: «Das Fort war groß und nach einem sehr guten Plan gebaut. Ein regelmäßiges Viereck, mit 4 großen Bollwerken ... Die Brustwehr war stärker als bei den meisten holländischen Forts und die Kurtine (Wehrgang, der zwei Bastionen verbindet – d. V.) so breit, daß eine Kutsche darauf um das ganze Fort herumfahren konnte. Innen hatte es an der Süd-, Ost- und Westseite schöne Wohngebäude und Packhäuser für die Kompagnie-Angestellten. Die 4 Bollwerke waren gewölbt und auf der Nordseite sah man einen halbrunden Turm, in dem das Hauptkantor sich befand. Inwendig besaß das Fort einen großen Flächenraum; es muß überhaupt seinerzeit eine der schönsten und stärksten Festungen auf der ganzen Küste gewesen sein ...»[67]

Und auf den Festungsbau waren die Brandenburger nicht ohne Grund stolz. Der Bau stellte für die damalige Zeit eine gewaltige technische Leistung dar. Immerhin waren schon um die Mitte der 90er Jahre die militärischen Befestigungen in der brandenburgischen Kolonie Großfriedrichsburg, bis auf das von den Holländern zerstörte Taccarary, vollständig ausgebaut und armiert. An Artillerie wurde auf der Festung Großfriedrichsburg insgesamt 42 Geschütze, statt der im Reisebericht genannten 46 Stück, gezählt. Es waren dies zwei Achtzehnpfünder, zwei Zwölfpfünder, zwei Achtpfünder, zwölf Sechspfünder, sechs Vierpfünder, neun Dreipfünder und zwei Zweipfünder. Auf der Dorotheenschanze befanden sich, nachdem sie fertig ausgebaut worden war, insgesamt 14 Geschütze und 12 Drehbassen (drehbar gelagerte Schiffsgeschütze mit Hinterladersystem – d. V.). Unter den Geschützen befanden sich zwei Sechspfünder, vier Dreipfünder, fünf Zweipfünder und drei Einpfünder. Das Fort bei Taccrama verfügte über ein vierpfündiges, drei zweipfündige und zwei einpfündige Geschütze.

Nach einem Aufschwung der Handelstätigkeit, vor allem des Sklavenhandels und gedeihlicher Geschäfte der Brandenburgisch-Afrikanischen Kompa-

Brandenburgische «Guinea-Medaille» mit dem Bildnis Friedrich Wilhelms

nie in der ersten Hälfte der 90er Jahre des 17. Jahrhunderts, machten sich etwa vom Jahre 1697 an zunehmend, bis heute von den Wissenschaftlern viel diskutierte Schwierigkeiten und damit verbunden finanzielle Einbußen bemerkbar. Die Historiker führen dafür verschiedene Ursachen an, von denen «unredliches Gebaren verschiedener Beamten»[68] in früheren Jahren am häufigsten genannt wurde. Sicherlich haben auch andere Gründe dabei eine entscheidende Rolle gespielt, auf die noch einzugehen sein wird. Einer der ebenfalls häufig genannten Gründe, nämlich daß die Schwierigkeiten hauptsächlich auf die kriegerische Haltung der Afrikaner zurückzuführen seien, trifft in Wahrheit nicht zu. Abgesehen von den Fällen, wo sich Afrikaner – und dann bleibt noch die Frage, um welche Ethnie es sich handelte – von den Niederländern für Gewalttätigkeiten gegen die Brandenburger anheuern ließen, ist zu konstatieren, daß ihr Verhältnis eigentlich ein recht gutes war. Es besteht auch die Annahme, daß sich die Afrikaner der unterlegeneren Rolle der Brandenburger innerhalb der europäischen Kolonialmächte durchaus bewußt waren und diese quasi als Gegengewicht zur allmächtigeren niederländischen Westindischen Kompanie bewußt unterstützten.

Da Geldmangel einer der Geburtsfehler der Brandenburgisch-Afrikanischen Kompanie war und finanzielle Sorgen die ganze Zeit der Kolonialpolitik Friedrich Wilhelm I. begleiteten, wurde neben dem hohen Profit versprechenden Sklavenhandel auch zu anderen Mitteln gegriffen, um aus den Schwierigkeiten herauszukommen. So wurde unter anderem versucht, durch die Entsendung von Bergleuten nach der sogenannten Guineaküste auf eigene Faust Gold zu suchen. Jedoch auch diese Bemühungen zeitigten letztlich keinen Erfolg.[69] Zwar tauschten die Brandenburger – wie die anderen Europäer schon seit 1470 – an der Westküste Afrikas das begehrte Edelmetall von den dortigen Bewohnern in gewissen Mengen ein, es war allerdings nicht so viel, daß es lohnenswerten Gewinn gebracht hätte. Kurfürst Friedrich Wilhelm soll einmal gesagt haben, «daß jeder goldne Dukat ihn selbst deren zweie koste».[70] Der Aufwand zur Erlangung nur einiger Unzen Gold war in der Tat sehr hoch. Es war zum Beispiel keinem Vertreter irgendeiner Kolonialmacht gelungen, die Goldminen, oder Goldvorkommen, die nur den Afrikanern bekannt waren, in jener Region ausfindig zu machen, geschweige denn auszubeuten. Die eigentlichen Herren des Landes hüteten ihr Geheimnis im wahrsten Sinne des Wortes wie einen Schatz. Nur die Mengen, welche die Afrikaner bestimmten, boten sie auch zum Tausch an. Da halfen weder Drohungen und Folter, noch List und Betrug. Wie einer der frühesten europäischen Reisenden in Westafrika, W. Bosman, nachweist, wurden die in gebirgigem Hinterland vorhandenen Goldminen wie eine Art Heiligtum vor den Blicken Unbefugter behütet. Das in den Bergen und Flüssen gefundene Gold kam in zwei Formen, als feiner Goldstaub und in Klümpchen, zu den europäischen Händlern oder direkt auf die auf Reede liegenden Schiffe. Die Afrikaner verstanden es meisterhaft, Gold mit anderen Metallen zu verschmelzen oder gar täuschend ähnlich nachzumachen. Sie vergoldeten auch Glasperlen, die in Bächen gefundenen Körnern zum Verwechseln ähnlich sahen, und stellten aus zu Pulver zerriebenem Kupfer ein mehlartiges Staubgold her. Hiermit schlugen sie oft genug die Europäer übers Ohr. Um dies zu verhindern, wurde das zum Tausch angebotene Gold sorgfältig von den Aufkäufern geprüft. So blieben den Europäern die Goldlagerstätten trotz intensiven Bemühens auch in den späteren Jahrzehnten noch lange verborgen. Verhinderten Kriege oder andere Ereignisse den Transport des von den Afrikanern gewonnenen Goldes an die Küste zu den europäischen Händlern, hatten diese keinen Einfluß auf die Produzenten. Der fehlende Zugriff zu den damals wertvollsten Bodenschätzen Afrikas macht deutlich, daß sich die koloniale Herrschaft – im Gegensatz zur späteren imperialistischen Kolonialherrschaft – lediglich auf die Küstenregionen erstreckte und Einfluß ins Landesinnere nur über Zwischenhändler – die Makler –, Sklavenjäger oder andere «Mittler» ausgeübt werden konnte. Völlig zu Recht schreibt der ehemalige bundesdeutsche Botschafter in Ghana, H. G. Steltzer, der sich ausführlich mit der Geschichte Großfriedrichsburgs beschäftigte, daß die Souveränität der europäischen Küstenforts nicht über den Festungsbereich und die Reichweite der Geschütze hinausreichte.[71] So war es auch bei den Brandenburgern, deren Macht sich auf die unmittel-

Gewichtseinheiten für Gold in Westafrika im 17. Jahrhundert

1 Pfund = 2 Mark = 8 Bende = 16 Unzen = 256 Engels.
256 Engels = 393,486 Gramm

bare Küstenregion beschränkte. Somit war es den Brandenburgern – aber auch den anderen Europäern – nicht möglich, für einen kontinuierlichen Profit zu sorgen. Ein im Dienste der niederländischen Handelskompanie stehender Beamter berichtete einmal über seinen Besuch in Großfriedrichsburg: «Als ich im Jahre 1694 die Brandenburger besuchte, klagten sie darüber, daß sie mitunter monatlich keine zwei Mark Goldes einnahmen. In unseren Niederlassungen war es damals ebenso, der Handel war an allen Plätzen gleich Null.»[72] So erwies sich auch dieses Unternehmen als Reinfall und war also wenig geeignet, den neuen Herrscher in Brandenburg, Friedrich Wilhelm III., für die Kolonial- und Überseepolitik seines Vaters übermäßig zu interessieren. Dabei hatte er noch gleich nach Beginn seiner Herrschaft daran gedacht, das brandenburgische Kolonialgebiet zu erweitern. Nachdem 1688 seine jüngere Schwester Elisabeth Sophie den Nachfolger des kurländischen Fürsten Jakob, den verschlagenen Friedrich Casimir, geheiratet hatte, liefen Verhandlungen zum Ankauf der kurländischen Kolonie Tobago durch Brandenburg. Benjamin Raule, der Inspirator des Geschäfts, wollte einen günstigen, von Dänemark unabhängigen Umschlagplatz in der Karibik. So versuchte er in den schönsten Farben seinem neuen Herrn den Kauf schmackhaft zu machen: «... Tobago ist itzundt die beste von allen Caribischen Insuln, da Indigo, Cacau, Coffÿ, Zucker, Cassijä, Ingber, Toback und alle anderen westindische Früchte in großer Abdundanz wachsen. Und sie ist sowohl zum Sclawenhandel gelegen, daß man dazu keine bessere Situation wünschen könte. Wenn Ew. CHF Dl. die Insel an sich brächten, wollten sich dort holländische Kaufleute aus Curacao ansiedeln ...» Wenngleich die Verhandlungen ziemlich weit voranschritten, stellte sich bald heraus, daß die Kurländer die Brandenburger übervorteilen wollten. Von «Betrug» und «Schwindel» war dann die Rede. Ehe sich hieraus ein Streit entwickeln konnte, erklärte die englische Regierung Tobago kurzerhand zu ihrem Besitz und sprach Kurland die Rechtstitel ab. «Mit Bedauern» trat Friedrich III. vom Vertrag mit Kurland zurück. Die bereits ratifizierten Urkunden wurden wieder umgetauscht.

Dieses geplatzte Geschäft trug nicht gerade dazu bei, den brandenburgischen Herrscher und vor allem seinen späteren Nachfolger von den Vorteilen überseeischer Bemühungen zu überzeugen. Hinzu

Rückseite der brandenburgischen «Guinea-Medaille»

kommt, daß die Seewege sowohl von Afrika nach Amerika als auch von Amerika nach Europa und von dort nach Afrika nicht ungefährlich waren. Es lauerten nicht nur Gefahren durch unberechenbare Naturgewalten und die häufig ausbrechenden Seuchen an Bord, sondern auch durch diejenigen Kriegsschiffe, die durch die politischen Ereignisse auf dem europäischen Kontinent zuweilen sehr unvermittelt zum Feinde geworden waren, oder durch Piratenschiffe. Verhängnisvoll für die brandenburgische Seeschiffahrt hatte sich ausgewirkt, daß Friedrich III. am 22. Oktober 1688 einem Bündnis gegen Frankreich beigetreten war. Beide Seiten standen sich bis 1697 im sogenannten Pfälzischen Krieg gegenüber. In dieser Zeit brachten Franzosen, Niederländer und Engländer insgesamt neun brandenburgische Schiffe auf. Das waren 28 Prozent des Bestandes der brandenburgischen Marine.[73] Auch die Begegnungen mit Piraten müssen für die Brandenburger nicht immer Grund zur Freude und zum Jubel gewesen sein, denn sonst wären die «rühmlichen Gefechte gegen Seeräuber» am 26. und 28. November 1698 vor der Westküste Afrikas später vom preußischen Generalstab nicht ausdrücklich gewürdigt worden.[74]

Die kolonialen Blütenträume verwelken

Bis zum Jahre 1696 hatten die finanziellen Verhältnisse der brandenburgischen Handelsgesellschaft eigentlich keinen Anlaß zum Jubeln gegeben, andererseits waren sie aber auch nicht besorgniserregend.[75] Der gesamte Überseehandel, vornehmlich natürlich der mit Sklaven, hatte bis zu jener Zeit

Infanterie des Großen Kurfürsten um 1685, von Richard Knötel

Kurbrandenburgische Artilleristen, um 1690, von Herbert Knötel

Kurbrandenburgische Flotte. Gemälde von Lieve Verschuir, 1684. Dieses Gemälde zeigt die fiktive Darstellung der brandenburgischen Flotte. Verschuir hat die Flotte so nie gesehen und fertigte dieses Gemälde als Auftragswerk für den Großen Kurfürsten an. Nach den Heckverzierungen zu urteilen, wurden hier u. a. folgende Schiffe dargestellt: Ganz links im Hintergrund die Fregatte GOLDENER LÖWE (1678–1695), davor Raules Jacht BRACKE (1673–1708). Links im Vordergrund der Zweidecker FRIEDRICH WILHELM ZU PFERDE (1680–1693), rechts dahinter die Fregatte DOROTHEA (1678–1692). In der Mitte im Hintergrund die Fregatte ROTER LÖWE (1678–1690), im Vordergrund die GROSSE JACHT (1678–1721), rechts daneben die MARKGRAF VON BRANDENBURG, ehemals CAROLUS SECUNDUS, (1681–1687). Rechts außen im Hintergrund die Fregatte CHURPRINZ (1674–1685). Die Zahl der im Hintergrund dargestellten Fleuten ist stark übertrieben, zudem befanden sich die einzelnen, hier dargestellten Schiffe zu dieser Zeit an verschiedenen Orten oder waren gar nicht in Dienst

Trabantengarde,
1. Kompanie, Kurbrandenburg, um 1690, von
Richard Knötel

Geschützkugel und Backstein aus dem Fort Großfriedrichsburg. Beide Stücke befinden sich im Deutschen Historischen Museum – Berliner Zeughaus

Matrose und Maat der Kurbrandenburgischen Marine, 1675. Farbige Wiedergabe von Erna Keubke, Potsdam, nach einer Abbildung von früheren Figuren des Museums für Meereskunde in Berlin

Mohr als Janitscharenbeckenschläger der Artillerie, Preußen, um 1735/40. Farbige Wiedergabe von Doris Garscha-Friedrich, Dresden

Kurhut auf einem Stein, der sich ursprünglich über einem Eingangsportal der Festung Großfriedrichsburg befand

Propaganda-Postkarte der Provinzialgruppe Berlin-Mark Brandenburg des Deutschen Flottenvereins, um die Jahrhundertwende

Mohrin und Mohr. 2. Hälfte des 17. Jahrhunderts. Beide Marmorbüsten gehören der Stiftung Schlösser und Gärten, Potsdam-Sanssouci

Zeitgenössische Darstellung des dörflichen Lebens in einem Ort an der sogen. Goldküste

Ansichten der Havelberger Werft aus dem Diorama im Museum für Verkehr und Technik – Schiffahrtsabteilung in Berlin

Goldgewinnung aus einem Fluß bei Axim. Nach einem Kupferstich von 1670

Modell der von Schiffsbaumeister G. C. Peckelhering auf der Werft in Pillau erbauten FRIEDRICH WILHELM ZU PFERDE. Es steht im Museum für Verkehr und Technik in Berlin

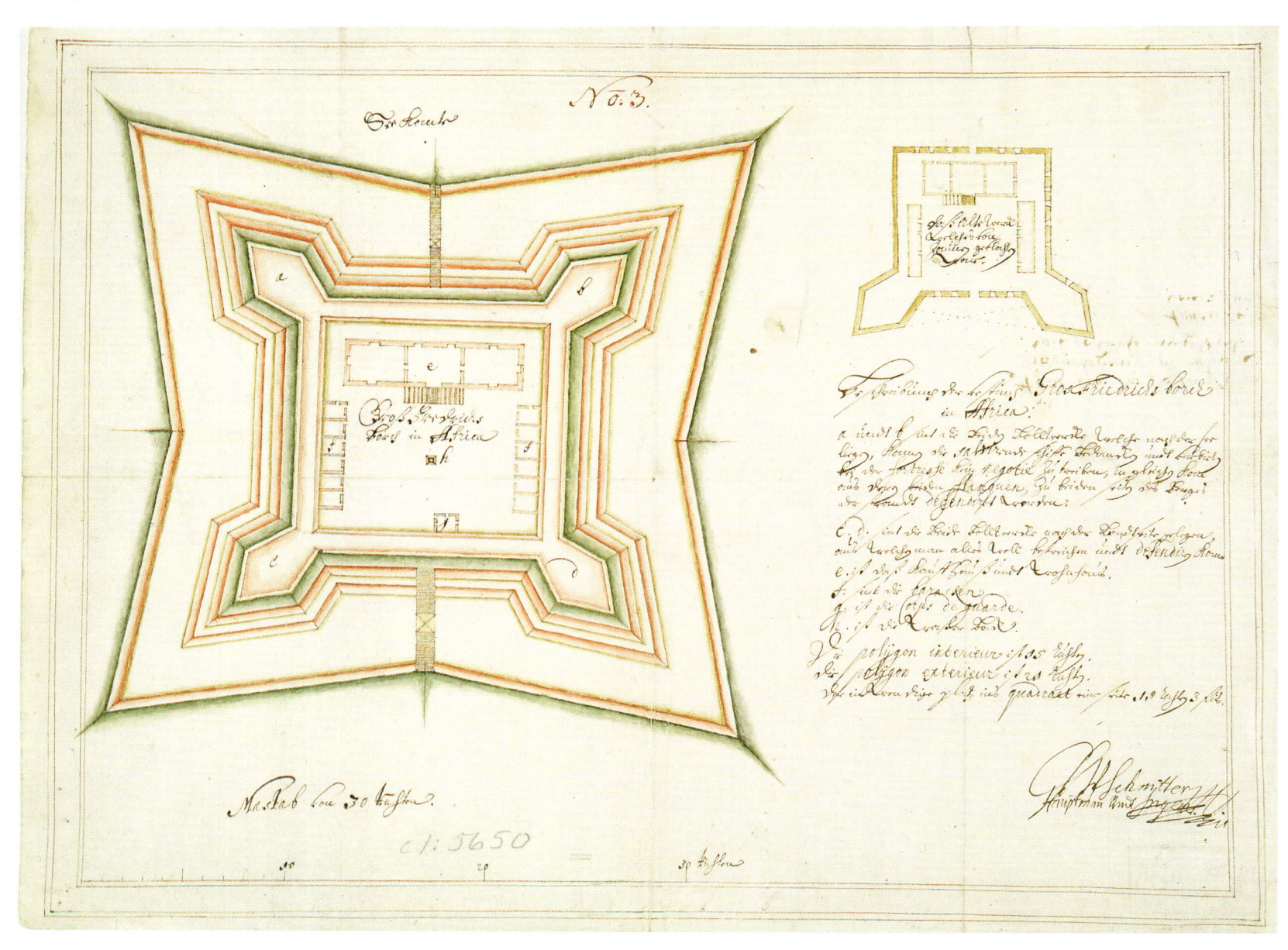

Die Festung Großfriedrichsburg. Nach einem von C. C. Schnitter gezeichneten Plan. Staatsbibliothek zu Berlin – Preußischer Kulturbesitz

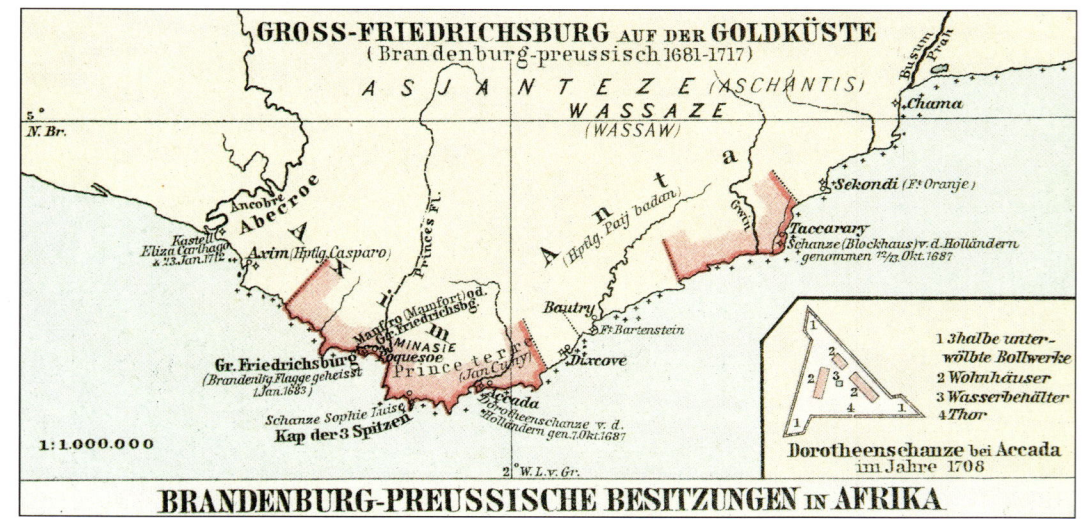

Brandenburgisch-preußische Besitzungen in Afrika. Staatsbibliothek zu Berlin – Preußischer Kulturbesitz

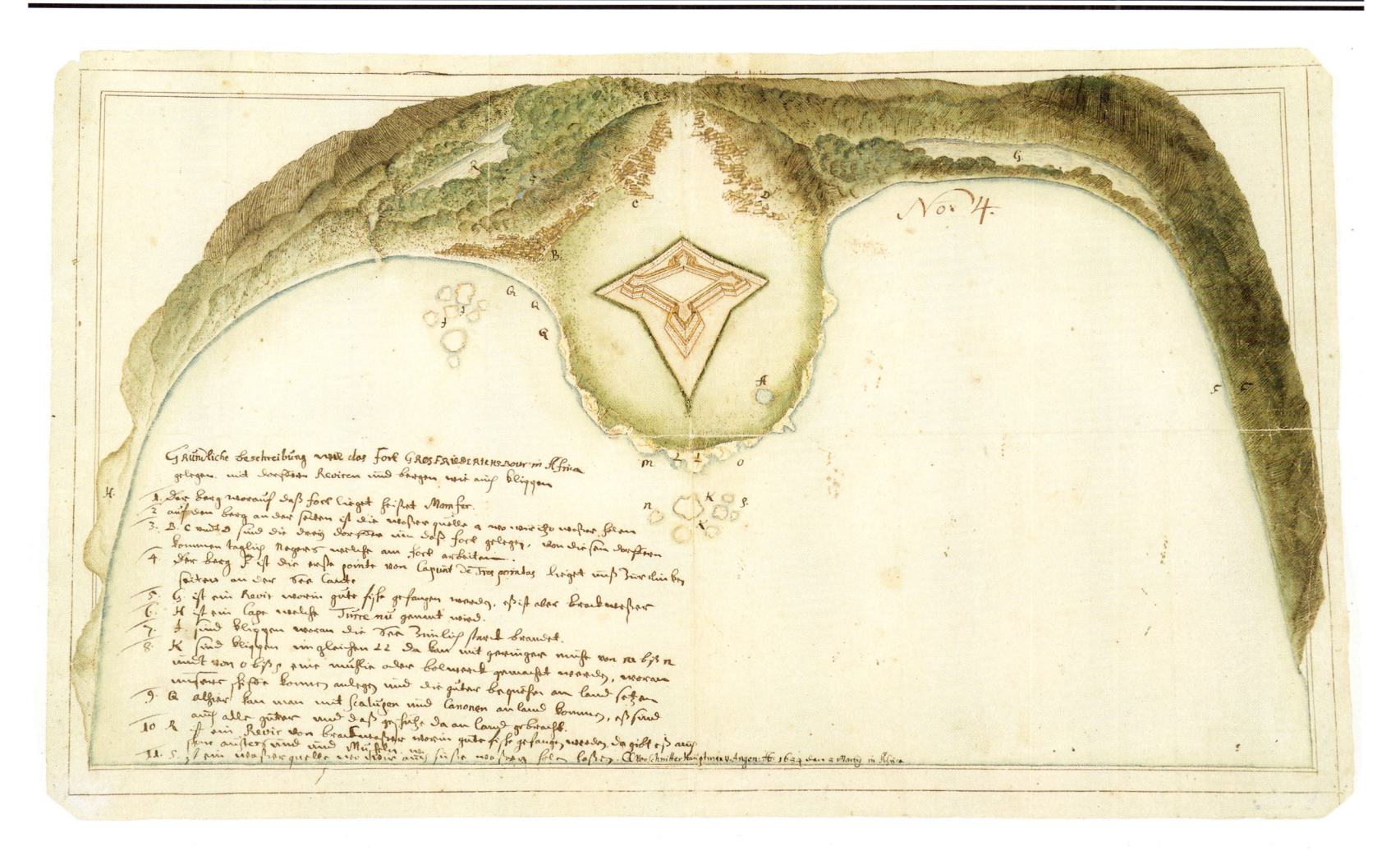

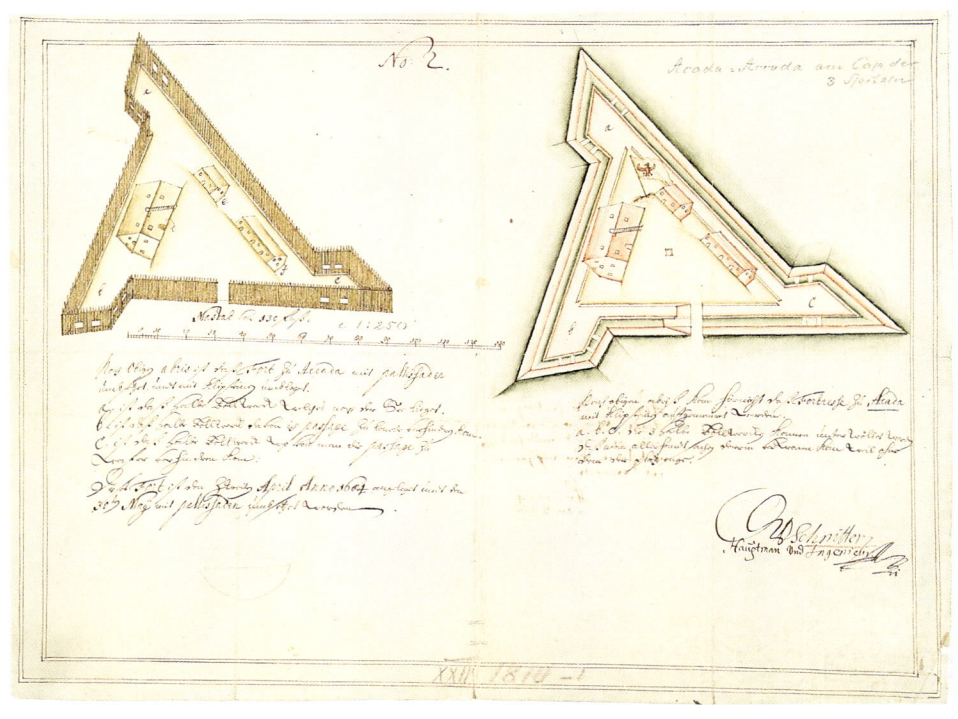

Dorotheenschanze bei Accada, 1684. Nach einem von C. C. Schnitter gezeichneten Plan. Staatsbibliothek zu Berlin – Preußischer Kulturbesitz

Großfriedrichsburg und Umgebung. Nach einem von C. C. Schnitter gezeichneten Plan. Staatsbibliothek zu Berlin – Preußischer Kulturbesitz

Großfriedrichsburg heute

oben:

Blick nach Nordwesten
(Princes Town)

unten:

Wehrgang auf der Seeseite,
Blick nach Südosten

oben links:
Modell des heutigen Zustandes der Festung von Katrin Fritsche, Blick von Norden. Die dunkelbraunen Einbauten sind Vorschläge für eine Schule, orientieren sich an historischen Grundrissen.

oben rechts:
Innenhof von Nordosten

unten links:
ehemaliges Lagerhaus

unten rechts:
Blick vom Strand auf die Festung, Richtung Nordosten

immerhin jährlich etwa 152 Prozent Gewinn erbracht.[76] Der Schiffsbau in Brandenburg blühte. Im Jahre 1694 liefen allein in Havelberg die Schiffe «Friedrich III.», «Schloß Oranienburg», «Charlotte Luise», «Fliegender Drache» und einige kleinere Schiffe vom Stapel. Das änderte sich hingegen einige Jahre später. Im Jahre 1698 wurde das letzte Schiff, ein großes Heckboot von fast 37 Metern Länge, von Havelberg nach Hamburg geschafft, womit die Werft in der Prignitz offenbar ihr Ende gefunden hat. 1702 wurde die Werft an das Domkapitel von Havelberg verkauft.

Um die vielfältigen finanziellen Schwierigkeiten im Unterhalt der Marine und der kolonialen Besitzungen zu beheben, suchte man in der Admiralität und in der Brandenburgisch-Afrikanischen Kompanie nach den Ursachen. Die allzu großen Schiffsverluste wurden als das entscheidende Übel ausgemacht. Um die Verluste zu minimieren – die gröbsten Lücken versuchte Benjamin Raule durch Leihschiffe zu vermindern – wurden Konvoifahrten durchgeführt. Bekannt ist, daß im Sommer 1692 ein Konvoi auslief, dem angehörten: die Fregatte «Friedrich Wilhelm», die Schaluppe «Salamander», die Fregatte «Churprinz», das vermutlich Raule selbst gehörende Schiff «Africaan» und die auf der Havelberger Werft auf Kiel gelegte Brigantine «Gross Friedrichsburg». Ziel der Reise war die westafrikanische Küste. Ein anderes Schiff, «Nordseelöwe», fuhr nach St. Thomas. Schon im September 1692 gelang es, einen zweiten Konvoi auszurüsten. Diesem gehörten an: die beiden in Havelberg gebauten Fregatten «Friedrich III.» und «Fliegender Drache» sowie die «Sieben Provinzen» und «St. Jacob».[77] Diese und weitere Beispiele belegen, wie man sich krampfhaft überlegte, ein bereits dahinsiechendes Unternehmen mit allen Mitteln am Leben zu erhalten. Benjamin Raule, der die Gefahren für die Handelsgesellschaft und somit für die Kolonie Großfriedrichsburg und ihren quasi Außenstützpunkt in der Karibik erkannte, regte an, die Handelsgesellschaft neu zu gründen. Mit der Aussendung des zweiten Konvois fiel dann auch die Bewilligung des Kurfürsten Friedrich III. vom 14. September 1692 zusammen, eine neue Kompanie ins Leben zu rufen. Sie erhielt die Bezeichnung Brandenburgisch-Africanische-Americanische Compagnie (BAAC). Aber viel konnte diese Umwandlung auch nicht mehr bewirken. In der Realität handelte es sich um eine Fusion mit den am Amerika-Handel interessierten Geldgebern, die in ihrer überwiegenden Zahl aus den Niederlanden kamen, bei der die alten Aktien der Brandenburgisch-Afrikanischen Kompanie um 50 Prozent abgewertet wurden. Den neuen Teilhabern, niederländischen Kaufleuten, war es nach den einheimischen Gesetzen allerdings verboten, mit ausländischen Mächten Verträge für den Überseehandel abzuschließen. Dieses

---

Aus der Gedichtschronik

des

Landmanns Andreas Genrich

geb. 1750 zu Warnau a. d. Havel.

Von dem Seeschiffsbau zu Havelberg,
besonders deren Abbringung der beiden ersten,
Anno 1780 den 17. April.

Waß neues will ein jeder hören,
Nach neues forschet jedermann,
Drum will ich jetzo was anführen,
Daß man was neues nennen kann,
Bei Havelberg die kleine Stadt
Man Seeschiffe gebauet hat.

Was rühmst du denn, wird mancher sagen,
Ich hab sowas wohl eher gesehn,
Allein ich werde dir wohl fragen
Obs hier zu Land wohl ist's geschehn,
Daß man Seeschiffe im guten Stand
Baut mitten hier in Preußenland.

Wer ist der Stifter dieser Werke?
Es ist der weise Friederich,
Denn seiner Weisheit Macht und Stärke
Gar weit und breit erstrecket sich,
Auch dieses gereichet ihm zu Ehren
Und muß auch seinen Ruhm vermehren.

Ein Wunder ist's zu unsern Zeiten,
Weil's niemals allhier ist geschehn,
Drum auch Leute hier von weiten
Dies neues hiermit anzusehn
Wie die Seeschiffe im guten Stand
Gebracht sind worden von dem Land.

Bei Musik und Kanonieren
Durch Kunst und Geschicklichkeit
Tuth man die Schiffe herunterführen
Auf eine Diele dazu bereit,
Bracht man die Schiffe von ihrem Stand
Mit leichter Mühe von dem Land.

Wo hat man das wohl gehöret,
Daß der Elb- und Havelfluß
Auf sich große Seeschiffe führet,
Und dieselben tragen muß
Nach Hamburg, die große Stadt
Dahin man sie geführet hat.

Dieses Werk, daß ward getrieben
Als man nach der Christenzahl
Siebenzehnhundert Jahr geschrieben
Und dazu noch achtzig Jahr
Im April siebenzehnter Tag
Man die Schiffe vom Lande bracht.

Nun so lebe weiser König
Und dein Ruhm ersterbe nicht
Geld und Müh acht's du gar wenig
Drum, daß dies allhier geschicht
Denn zu Wasser und zu Land
Bauet unseres Königs Hand.

Ich hab in meinem Bauerstande
Dieses schlichte Lied erdacht
Als die Schiffe man von Lande
In die Havel runterbracht
Da wohl einige tausend Mann
Dieses mit gesehen an.

Abdruck aus dem „Havelberger Tageblatt", Nr. 67, Jahrgang 1912.

Verbot konnte allerdings, wie im folgenden geschildert, umgangen werden: Zunächst wurde das von den Niederländern gezeichnete Kapital auf den Namen eines brandenburgischen Marinerates eingetragen, sodann auf Grund einer entsprechenden Abtretungserklärung für die Niederländer in Aktien umgewandelt.[78]

Hinzu kam, daß der von den Höflingen von Anfang an mit Neid und Mißgunst betrachtete Benjamin Raule mit dem Tode des Großen Kurfürsten seinen Gönner verloren hatte. Immer heftiger wurde ihm vorgeworfen, er hätte seine Doppelfunktion als privater Geschäftsmann und besoldeter Beamter zu seinem eigenen Vorteil ausgenutzt. So soll er Holz und andere Materialien für den Bau seiner eigenen Schiffe von den staatlichen Stapelplätzen genommen sowie Bilanzen manipuliert haben. Zu Lebzeiten Friedrich Wilhelms vor den Angriffen Mißgünstiger geschützt, stand er nun ohne Protegé da. Die alten Anwürfe wurden erneut hervorgeholt. Besonders schwer wogen die Urteile von denjenigen, die Benjamin Raule ursprünglich gefördert hatten. So hatten einst die brandenburgischen Vertreter in Haag, Reichsfreiherr W. W. Blaspeil und P. Romswinckel, die Raule dem Kurfürsten selbst empfahlen und protegierten, zu bedenken gegeben, daß er «in seiner Finanz sehr listig und in allerlei Anschlägen zu machen so glücklich als in deren Ausführung unglücklich» sei. Sie hatten ihren Landesherren gebeten, ihnen weitere Verhandlungen mit ihm zu erlassen, damit sie mit ihm nichts weiter zu schaffen hätten. W. W. Blaspeil schrieb u. a. über ihn: «Er fängt vieles an, ohne vorher zu überlegen, ob er es ausführen ... kann» und «er geht gar zu weit ins Feld hinein und greift nicht allein zu tief in Euer Kurfürstliche Durchlaucht Beutel ...»[79]

Im August 1694 warf die Generalversammlung der Handelskompanie Raule offen «Mißwirtschaft» vor. Sie beschloß Maßnahmen, die seine Bewegungs- und Handlungsfreiheiten erheblich einschränkten. Solcherart Anfeindungen konnte Raule nicht mehr widerstehen, zumal die überseeischen Geschäfte immer schlechter liefen und man ihn dafür verantwortlich machte. Am 12. Dezember 1698 wurde Benjamin Raule auf Geheiß des Kurfürsten verhaftet und sein Vermögen von über 200 000 Talern eingezogen. In der Festung Spandau wurde er zunächst eingekerkert, erhielt jedoch nie einen Prozeß. Schuldhaftes Verhalten konnte ihm auch nicht nachgewiesen werden. Mit Raule wurden auch das Kollegium der Kompanie samt deren Präsident Johann von Danckelmann inhaftiert. Die Hofschranzen um Friedrich III. nutzten die Gelegenheit, um sich unliebsame Konkurrenten um die Gunst des Herrschers vom Hals zu schaffen. Alle Verhafteten verloren ihre Ämter.

Einige Monate später wurden Benjamin Raule und die meisten anderen zwar wieder auf freien Fuß

Brandenburgische Guinea-Münzen

Aus afrikanischem Gold geprägte sogenannte Schiffsdukaten mit dem Bildnis des Großen Kurfürsten und Friedrich III. In der Mitte Gedenkmünze an die erste kurbrandenburgische Expedition an die westafrikanische Küste

Das Zeughaus in Berlin, um 1735

gesetzt, indes blieb ihr Vermögen eingezogen. Nachdem Friedrich III. König von Preußen geworden war, zeigte er sich generös. Raule wurde begnadigt und in seine frühere Funktion wieder eingesetzt. Er konnte im Mai 1702 nach Emden reisen, um an einer Beratung der Handelskompanie teilzunehmen. Aber auch er konnte die Misere der BAAC nicht ändern und den rasanten Niedergang der Gesellschaft nicht aufhalten. Der weitere Verfall der Marine und damit der kolonialen Besitzungen war nicht mehr aufzuhalten.

Benjamin Raule verließ Emden in den nächsten Jahren nicht mehr. Er hauste fortan auf einem vor sich hin faulenden Schiff, einer alten Hulk, in dürftigen Verhältnissen. 1705 stellte er einen Antrag auf Übersiedlung nach Hamburg, dem auch stattgegeben wurde. Nach schwerer Krankheit starb er vereinsamt am 17. Mai 1707. Wo sich seine letzte Ruhestätte befindet, ist nicht bekannt. Um diese Zeit war die Handelskompanie vollständig bankrott und auseinandergefallen, worauf der König 1711 ihre Aktion und Ansprüche für erloschen und «ihren Besitzstand für hingefallen» erklärte.

Das Begnadigungsschreiben für Benjamin Raule vom 23. April 1700 hat folgenden Wortlaut:

Ob nun zwar dasjenige, so gedachter Raule offeriret, den von ihm auf vielerlei Weise Uns verursachten Schaden bei weitem nicht ersetzet, noch dasjenige, so Wir sonsten von ihm zu fordern haben, gut machet, so haben Wir jedennoch, da er das Recht flehentlich depreciret und auf Unsere Gnade submittiret, Gnade für Recht gehen lassen und das, was er unterthänigst offeriret, vor itzo gnädigst acceptiret und angenommen, mit dem ausdrücklichen Bedinge daß dafern hiernechst solte kund werden, daß er noch einige mehrere Mittel, Güter und Baarschaften haben möchte, dieselbe Uns vor Unsere an ihn habende rechtmäßige Anforderungen und zu Ersetzung des Uns von ihm zugefügten Schadens und Nachtheils, Uns gänzlich heimgefallen sein sollen.
Was im übrigen die vom mehrgedachten Raule gebotene Relaxation des Arrestes und Confination an einen gewissen Ort betrifft, deshalb wollen Wir Uns hiernechst fernerweit erklären, welches Ihr dann demselben von Unsertwegen anzudeuten und ihn darnach zu bescheiden habt. Seind Euch mit Gnaden gewogen. Geben zu Cölln an der Spree, den 23. April 1700.
(gez.) Friederich.
(ggez.) Graf von Wartenberg.

Der rote Adler zieht sich in seinen Horst zurück

Zu den maritimen Schwierigkeiten, die zweifellos vorhanden waren, aber kaum die einzigen Ursachen des Verblassens des kolonialen Traums gewesen sein dürften, kamen die viel gewichtigeren Ereignisse auf dem europäischen Festland, die zu Beginn des 18. Jahrhunderts alle diplomatische, militärische und finanzielle Aufmerksamkeit des kurbrandenburgischen Fürsten verlangten.

Am 18. Januar 1701 krönte er sich in Königsberg zum König von Preußen. Zu jener Zeit waren brandenburgisch-preußische Truppen sowohl im Spanischen Erbfolgekrieg (bis 1714) als auch im Nordischen Krieg (bis 1721) verwickelt. Der Auf- und Ausbau des Heeres verschlang Unsummen Geldes, das nunmehr nicht zur Finanzierung der Handelsgesellschaft zur Verfügung stand. Mehr als 70 Prozent der beträchtlich erhöhten Steuern wurden für das Militär verwendet.

Die Brandenburgisch-Africanische-Americanische Compagnie konnte somit keine eigenen Schiffe mehr ausrüsten und auf große Fahrt schicken. Offen muß die Beantwortung der Frage bleiben, warum der Preußen-König Friedrich I., der vormalige Kurfürst Friedrich III. von Brandenburg, sich nicht dafür verwendete, daß die Besatzungen in den überseeischen Besitzungen Entsatz bekamen. Immerhin wurden in den Jahren zwischen 1705 und 1708 wiederholt Schiffe für die Fahrt nach Afrika ausgerüstet. Allerdings erhielt keiner der Kapitäne jemals Order, den Hafen zu verlassen. Erklärungen hierfür wurden gesucht und wieder verworfen. Das Argument, die Schiffe wären schon zu veraltet und morsch gewesen, scheint – selbst wenn es am häufigsten als Entschuldigung herangezogen wird – nicht sehr überzeugend zu sein, denn noch im Jahre 1703 lagen fünf große einsatzbereite Kriegsschiffe mit zusammen 200 Kanonen untätig in den Häfen von Emden und Hamburg. So blieben die Besatzungen in Afrika und der Karibik von der Heimat isoliert. Die Besatzung Großfriedrichsburgs und des dazugehörigen Landbezirkes bestand am 1. Januar 1700 nur noch aus einem Leutnant, zwei Chirurgen, drei Unteroffizieren, vier Gefreiten, einem Tambour und 30 Marinesoldaten. Bis zum Jahre 1708 blieben die Europäer im heißen Afrika ohne Verstärkung oder Ablösung. Es gab nicht einmal eine über Schiffe anderer Länder herzustellende sichere Verbindung in die Heimat. Erst im Jahre 1708 traf mit dem preußischen Schiff «Prinz Eugen» Verstärkung ein. Die 16 jetzt in Afrika verbleibenden Marinesoldaten fanden nur noch sieben dienstfähige Soldaten vor. Um den Dienst in der Kolonie in den langen Jahren der Isolierung überhaupt aufrecht erhalten zu können, hatte der Kommandant entgegen den ausdrücklichen Instruktionen seiner

Aus dem Bericht des im April 1709 eingesetzten Generaldirektors von Großfriedrichsburg, Frans de Lange, an den preußischen König:

... Ich bin am 7. Januar 1709 von Seeland abgereist und nach elfwöchiger Seereise am 25. März glücklich in Groß-Friedrichsburg angelangt. Ich finde diese Festung sehr wohl angelegt und besser als ich irgend eine auf dieser Küste gesehen, auch als ich erwartet hatte. Mit allem Respekt bin ich empfangen, eingeholt, vorgestellt und von der Garnison angenommen worden und habe Schlüssel und Kommando übernommen. Auch in Accada bin ich gewesen ..., nachdem ich zwei Tage zuvor meine Neger oder Diener mit einem indischen Stabe der Landessitte gemäß an den König von Anthé, sowie an verschiedene Häuptlinge sowohl unter holländischem, als englischem Gebiete geschickt hatte. Sie alle waren zu rechter Zeit erschienen, was vordem nicht geschehen ist. Ich habe einige Kontrakte erneuert und erweitert, auch gute Allianz mit ihnen geschlossen, die unterzeichnet und beiderseits beschworen ist, wovon eine Abschrift beiliegt. Nicht wenig war ich erstaunt, daß der König, die Häuptlinge und Neger mit solch' einer Suite und Gefolge kamen, mit ihren geputzten Frauen, goldbehangenen Waffenträgern, Tambours und Trompetern, die auf Elephantenzähnen und anderen Instrumenten Musik machten, viele hundert Mann, alle mit gutem Gewehr versehen ... Darauf bin ich auch zum Fort Taccerma gekommen, habe da gleichfalls den Kontrakt erneuert und ihn zeichnen und beschwören lassen. An Stelle des bisherigen Befehlshabers, über den sie klagten, habe ich ihnen zu ihrer Zufriedenheit einen anderen gegeben. Nun erübrigt es noch auf der Hauptfestung den Eid mit den Häuptlingen aufs Neue auszutauschen und ihnen nach altem Gebrauch ein Geschenk zu geben; bis jetzt habe ich es dazu nicht bringen können, weil wegen der bevorstehenden Abreise Lamys (Vorgänger von de Lange als Generaldirektor – d. V.) sehr viel anderes zu thun ist. Ich übersende anliegend eine Kopie vom Inventar ... Die überzähligen und ungeeigneten Personen habe ich abgedankt, vollkommen bezahlt und mit Geld zur Heimreise, wie hier üblich, versehen, die anderen auf die verschiedenen Plätze angemessen vertheilt. Was den Zustand der Festung anlangt, so ist freilich manches reparaturbedürftig; ich hoffe sie aber mit der jetzigen Mannschaft in Stand zu bringen ... Ich will zwei bis drei Kanonen aus der Festung am Strande aufstellen lassen, weil man damit die herannahenden Schiffe besser beschießen kann. Solange die Kompagnie uns nicht genügend mit Waaren versieht, müssen wir solche von den «Enterloopern» einhandeln, um sie weiter an die Neger zu veräußern ... Ich finde, daß es hier Brauch ist, Schiffe mit englischer, dänischer, portugiesischer oder holländischer Flagge, die unter unsere Festung kommen und die königliche

Flagge auf derselben begrüßen, stets mit zwei Schüssen weniger bedankt werden. Desgleichen werden die Generale der englischen, dänischen oder holländischen Festungen, die uns als Freunde besuchen, bei der Ankunft und bei der Abreise mit verschiedenen Kanonenschüssen salutiert, und selbst bei befreundeten Kaufleuten geschieht das Gleiche. So bin ich von einem Kaufmann Namens des englischen Generals bewillkommnet worden. Die Herren kommen mit einem Trupp von 50 bis 60 Häuptlingen und Negern. Wir müssen es ebenso halten, um nicht blamiert zu sein, denn die Holländer und andere haben den Negern weis zu machen gesucht, daß unsere Kompagnie arm ist und verkauft werden soll; das giebt den schwarzen Königen eine schlimme Meinung ... An Eß- und Trinkwaren finde ich hier alles dreimal so theuer und noch mehr, als in Emden.

Kompanie Afrikaner bewaffnen lassen. Vor allem zum Wachdienst wurden sie herangezogen. Die Besatzung der «Prinz Eugen» mußte auch feststellen, daß sich am Mauerwerk der Festung die ersten Verfallserscheinungen bemerkbar machten, denn es fehlte an den notwendigen Baumaterialien. So war der Bericht, den der Kapitän der «Prinz Eugen» lieferte, alles andere als ermutigend.

Als dann der preußische König Friedrich Wilhelm I. im Jahre 1713 die Regierungsgeschäfte nach dem Tode seines Vaters übernahm, hatte er keinerlei Interesse an der Aufrechterhaltung des kolonialen Geschäftes. Preußens zweiter König sah «das afrikanische Kommerzienwesen als eine Chimäre», das heißt als ein Hirngespinst, an.

Friedrich Wilhelm wird das Für und Wider der Fortsetzung der überseeischen Politik sehr genau abgewogen haben. Die merkantile See- und Kolonialpolitik seines Vaters und Großvaters hatte immerhin etwa zwei Millionen Taler verschlungen; verglichen damit war der Gewinn in der Tat gering.

Und wie war der Zustand in den kolonialen Besitzungen selbst? In Afrika mußten sich die schrumpfenden Besatzungen der niederländischen Konkurrenz immer noch erwehren und konnten sich wirtschaftlich nur durch «Schleichhandel», das heißt durch Geschäfte mit den Interlopern, am Leben erhalten. Die Flotte hatte große Verluste hinnehmen müssen. Es waren nicht nur die Schiffsverluste selbst, die ihn zur Aufgabe der kolonialen Unternehmungen veranlaßten, sondern wie es in einer marinegeschichtlichen Untersuchung heißt, auch «die verächtliche Behandlung, welche seinen Seepässen zuteil wurde». So soll ein 1716 von einem niederländischen Wachschiff kontrollierter preußischer Segler mit der Bemerkung weggeschickt worden sein: «Der Paß ist gut, aber übel respektieret.»[80] Und die Niederlassung auf St. Thomas war durch die immer heftiger vorgetragenen Ansprüche Dänemarks ebenfalls gefährdet. In Emden erinnerten nur noch ein baufälliges Haus, einige Schiffsutensilien und zwei im Hafen vor sich hin modernde Schiffsrümpfe an vergangene Zeiten, als der rote Adler noch stolz über die Weltmeere und vor allem an Afrikas Westküste flatterte. Die Handelskompanie hatte im Jahre 1712 nur noch 25 Mann beschäftigt. Gläubiger ebenso wie die Witwen und Waisen der auf See oder in der Kolonie umgekommenen Soldaten, Matrosen und Beamten forderten finanzielle Entschädigung. Auch fand der neue Herrscher keinen zweiten Raule, der sich dem Überseehandel so verschrieben hatte wie einst der Middelburger Schiffsreeder. So kann es nicht verwundern, daß Friedrich Wilhelms erste Order mit der Kolonialpolitik seiner Väter brach. «Aus wichtigen, wohlüberlegten Ursachen» hatte er sich entschlossen, die sämtlichen Besitzungen in Afrika und die Niederlassungen in St. Thomas und Emden mit allem Zubehör unter günstigen Bedingungen zu verkaufen. Diese Ursachen waren nach seinen eigenen Worten: «Die Erwägung des schlechten Vortheils oder besser zu sagen des großen Schadens und Verlusts vieler Tonnen Goldes», sowie der Verdruß über die durch den überseeischen Handel mit anderen Mächten entstandenen Kollisionen, «bevorab da man sich auch in Ansehung der gegenwärtigen Conjuncturen keines langwierigen beständigen Friedens zu vermuthen hat, und in Kriegszeiten wegen ermangelnder Escorten mit diesem Werk gar nicht forzukommen ist.»[81]

Nach einigem Hin und Her auf der Suche nach willigen Käufern verkaufte der in die Geschichte als «Soldatenkönig» eingegangene Friedrich Wilhelm I. die afrikanischen Besitzungen im Jahre 1717. Durch einen am 18. Dezember jenen Jahres abgeschlossenen Vertrag wurde der gesamte Kolonialbesitz Brandenburg-Preußens für den Preis von 6 000 Dukaten an die Niederländisch-Westindische Kompanie veräußert. Nachträglich mußte die Handelsgesellschaft dann noch einmal 1 200 Dukaten draufzahlen. Im Jahre 1721 stellte Friedrich Wilhelm I. der niederländischen Westindienkompanie schließlich eine Quittung über den letztlich gezahlten Kaufpreis aus. Deshalb wird in der Fachliteratur auch oft 1721 als das Jahr des Endes des brandenburgisch-preußischen Kolonialabenteuers angesehen.

Als Friedrich der Große um eine Beteiligung an einem überseeischen Unternehmen gebeten wurde, schrieb er am 28.11.1772:

Da ich keine Marine habe, könnte ich keinen Nutzen daraus ziehen, und ich erinnere mich bei dieser Gelegenheit der Festung Großfriedrichsburg an der Guineaküste zur Zeit meines Großvaters, des Großen Kurfürsten.

Huldigung des «Negerhäuptlings» vor dem Großen Kurfürsten. Gemälde von H. Clementz

Der preußische Herrscher war froh, daß das koloniale Abenteuer seiner Vorfahren hiermit abgeschlossen war. Den König störte dabei nicht, daß Preußens Anteile an der westindischen Insel St. Thomas einschließlich der sich darauf befindenden Faktorei von den Dänen nach Vertragsschließung beschlagnahmt wurden.

Eine Klausel des Verkaufsvertrages verdient hervorgehoben zu werden. Und zwar verpflichtete sich die niederländische Kompanie außer zur Zahlung der Kaufsumme auch, dem preußischen König «12 Negerknaben zu stellen, von denen sechs mit goldenen Ketten geschmückt sein sollten». Über das konkrete Schicksal der zwölf mit Sicherheit gelieferten jungen Afrikaner ist nichts bekannt. Hingegen wissen wir, daß Friedrich Wilhelm I., der «Soldatenkönig», seiner weit über Preußens Grenzen hinaus bekannten Riesengarde afrikanische Spielleute beiordnete, deren Zierlichkeit das Martialische seiner «Langen Kerls» zusätzlich unterstrich. In anderen deutschen Territorialstaaten waren ebenfalls schwarze Militärmusiker, zumeist als Pfeiffer oder Pauker, tätig. Auch auf anderen Wegen müssen Afrikaner in die preußische Armee gelangt sein, denn bei der Potsdamer Garde sollen um die betreffende Zeit etwa 30 Afrikaner gedient haben. Sie wurden in einer besonderen Hoboistenschule an verschiedenen Instrumenten ausgebildet. Noch bis zu Beginn des ersten Weltkrieges kamen Afrikaner, oft mit der für sie untypischen Turban-Kopfbedeckung, in den «feinen» Regimentern vor. Hierüber ist in der Militärgeschichte indes wenig gearbeitet worden und bietet somit noch ein interessantes Forschungsfeld.

Die durch den Verkauf von Großfriedrichsburg nach Preußen gelangten Männer aus Westafrika sollen neben dem Turban statt einer Halsbinde einen allerdings aufklappbaren Halsring aus Silber getragen haben.

Es hatte mit dem oben erwähnten Vertrag nunmehr ein Unternehmen sein wenig rühmliches Ende gefunden, das mehr als 150 Jahre später den deutschen Kaiser Wilhelm I. nach der ersten deutschen Flaggenhissung zur Inanspruchnahme von Kolonien in Afrika zu folgenden Worten veranlaßt haben soll: «Jetzt erst kann ich wieder dem Standbild des Großen Kurfürsten gerade ins Gesicht gucken.»

Mit Ausnahme von kolonialen Schwärmereien und zur Ausnutzung der kolonialen Traditionspflege hatte das Abenteuer des Großen Kurfürsten in der Tat wenig greifbare Erfolge hinterlassen. Das ganze Unternehmen litt an der Verkennung der für eine dauerhafte Kolonisation notwendigen Voraussetzungen. Weder die wirtschaftliche noch die militärische Macht Brandenburg-Preußens reichten aus, um mit den anderen europäischen Kolonialrivalen konkurrieren zu können. In dem vorwiegend agrarisch be-

Kesselpauker der brandenburgischen Reiterei zur Zeit des Großen Kurfürsten

Einige Urteile von Historikern über die kolonialen Unternehmungen des Großen Kurfürsten:

Karl Dragefförde:
«... so legt sie (Großfriedrichsburg – d.V.) doch ein rühmliches Zeugnis von den umfassenden, hochfliegenden Plänen des Kurfürsten ab.»

Hermann von Petersdorff:
«Indes, all diese Unternehmungen tragen doch den Keim des Zerfalls in sich ... So sehr Friedrich Wilhelm selbst auch Realpolitiker gewesen ist, hier verlor er sich ins Phantastische und Uferlose.»

Ernst Opgenoorth:
«Man wird rückblickend Friedrich Wilhelms überseeische Unternehmungen als ein Paradebeispiel unrealistischer barocker Projektemacherei einordnen müssen.»

Klaus Vetter:
«Ein deutscher Territorialfürst Kolonialherr – dieses Kuriosum der Geschichte findet seine Erklärung in der Wirtschaftspolitik des Kurfürsten Friedrich Wilhelm. Sie war ganz dem Zwecke untergeordnet, seine im Dreißigjährigen Krieg ruinierten Länder zu sanieren und die gewonnene Wirtschaftskraft dann zum Aufbau eines absolutistischen Staatswesens zu nutzen.»

Eberhard Schmitt:
«Die brandenburgischen Überseehandelsunternehmungen sind nur zu verstehen, wenn man sie einordnet in die gesamte brandenburgische Machtpolitik in der zweiten Hälfte des XVII. Jahrhunderts ... Der Überseehandel ... war mithin bei weitem eher Ausdruck kameralistischen Autarkiedenkens und fürstlichen Geltungswillens als das Resultat kaufmännischen Wagemuts und handelserfahrenen Sachverstandes.»

stimmten Brandenburg-Preußen gab es kein genügend ausgeprägtes Handels- und Gewerbebürgertum, das als Träger des kolonialen Unternehmens hätte auftreten können. Es fehlte ein weltoffenes Bürgertum, das risikofreudig Kapital in gewinnversprechende Unternehmen, wie den Überseehandel, investiert hätte. Unberücksichtigt kann auch nicht bleiben, daß sich das koloniale Abenteuer durch die Unfähigkeit der meisten zuständigen Beamten und andere subjektive Fehler «totwirtschaftete». An erster Stelle wäre da ein nicht unbedeutendes Maß an Korruption und an organisatorischer Unfähigkeit zu nennen. Diese Einschätzung trifft nicht nur für die Beamten daheim zu, sondern auch für die in den Besitzungen stationierten und für einen Großteil Kapitäne der brandenburgischen Marine. So brachten die Schiffsführer auf der Rückfahrt von Westindien nach Europa statt nach Emden Fracht nach Holland und somit in den Zugriffsbereich der holländischen Gläubiger. Statt mit der für diesen Fall vorgesehenen

Anordnung einer Untersuchung gegen ungetreue Kompagniebeamte. Vom 24. Juli 1686.

Friderich Wilhelm p.
Wir haben mit besonderm Misfallen vernommen, was gestalt die seit einiger Zeit zu Administrirung Unserer Africanischen Compagnie nacher Gros-Friderichsburg geschickte Leute, namentlich Carl Constantin Schnitter, Daniel Gerhard Reinermann, Anthony Brow und Peter Philip Blonc derer ihnen sambt und sonders aufgetragenen Verrichtungen nicht allein mit behoriger Treue und Fleis nicht abgewartet, sondern auch durch ihre Negligenz, Bosheit und liederliches ruchloses Leben gedachte Unsere Compagnie in sehr großen Schaden und Verlust gesetzet haben sollen, allermaßen Dir solches der Genüge wißend ist.
Wann Wir aber allerdings nöthig befinden, daß wann anderst jetzt ermelte Compagnie beibehalten und durch dergleichen üble Haushaltung nicht gar ruiniret und in Grund gerichtet werden soll, daß alsdann ein so frevelhaftes, treuloses Beginnen mit behöriger Schärfe abgestrafet und andere dadurch abgehalten werden diesem pernicieusen Exempel noch weiter zu folgen.

Als ergehet hiemit an Dich Unser gnädigster und ernster Befehl die von Dir wieder obgedachte Leute bei dem Collegio der Bewindhaber aldort diesfals albereit introducirte Inquisition mit allem Ernst und Eifer ferner fortzusetzen und wann die Beklagte mit ihrer Verantwortung eingekommen und Du hergegen behörigen Beweis geführt und also die Sache bis zu Abfassung der Sentenz völlig instruiret haben wirst, alsdann mit allen diesfals ergangenen Actis, so Du observatis observandis inrotuliren und mit des Collegij Insiegel versiegeln zu laßen Dich nach Unserer Hofstat, an was Ort Wir Uns alsdann befinden werden, zu verfügen, indeßen auch dahin zu sehen, daß gedachte Inquisiti und in specie der Ingenieur Schnitter in guter genauer Verwahr gehalten werde, damit er nicht vor der Zeit eschappire und sich aus dem Staube mache. Wider den Commissarium Brow aber hastu über die angegebene Articuln die Zeugen auch abzuhören, deren Aussagen Uns fodersamst einzusenden, jedoch denselben mit keinen Arrest zu belegen.

Und wir seind Dir p.
Wesel, d. 14./24. Julij 1686.

An
den Marine Rath und Advocatum fisci
bei der Africanischen Compagnie Cüftler zu
Emden.

Todesstrafe wurden die Verantwortlichen kaum bestraft. Und dies war kein einmaliges Vergehen. Der vormalige Kapitän der «Charlotte Louise», der 1694 das Kommando über das Schiff «Kastell Friedrichsburg» übernahm, wurde gar mit seiner gesamten Besatzung (mit Ausnahme des Chirurgen und des Zimmermanns) Seeräuber. Auch sollte nicht unberücksichtigt bleiben, daß die Mehrzahl der führenden Beamten im Überseehandel gebürtige Niederländer waren. Inwieweit sie gegenüber ihren neuen Herren immer loyal handelten, oder ob sie mehr die Interessen der Niederlande vertraten, ist nicht in jedem Fall genau nachprüfbar. Zweifel dürften jedoch angebracht erscheinen.

Der schwarze Preuße – Legende und Wirklichkeit

Zu den Kuriosa der brandenburgisch-preußischen Kolonialeroberung gehört das Wirken eines afrikanischen Häuptlings, dessen Name mit Jan oder John bzw. Johann Cuny, Jean Cunny oder Jan Conny überliefert ist. Wegen seiner hier noch zu schildernden Taten wurde er in der späteren Geschichtsschreibung als «preußischer Negerfürst», «deutscher Negerkönig» oder als «schwarzer Preuße» tituliert. Wie kam ein Afrikaner zu diesen als Ehre gedachten Bezeichnungen?

Eigentlich gibt es über Jan Conny mehr Legenden und Vermutungen als ernstzunehmende Informationen. Deshalb ist die Rekonstruktion seines Lebens nicht einfach. Schon in dem Reisebericht von Otto Friedrich von der Groeben taucht ein Jan Conny auf, den er allerdings zu den «verschlagenen und schlimmen Leuten» zählte. Er war Makler von Großfriedrichsburg. Der englische Schiffsarzt John Atkins, der ihm 1721 begegnete, beschrieb ihn als einen kräftig gebauten Mann in den 50ern.[82] Es scheint also möglich, daß er mit dem europäischen Handelsgebaren und vor allem mit den Brandenburgern schon recht früh in Berührung gekommen ist. In einigen Schriften wird behauptet, daß Conny persönlich in Berlin oder Potsdam dem Großen Kurfürsten vorgestellt worden sein soll. Das ist aber unglaubwürdig. Auf jeden Fall hatte der Makler Jan Conny eine nicht unbedeutende Funktion. Er war als Makler Zwischenhändler, Vermittler, Nutznießer und letztlich auch Herr über eine Art «Privatarmee» zum Schutz von Handelskarawanen und -stützpunkten. Über ihn liefen die Geschäfte zwischen den afrikanischen Herrschern im Landesinnern und den Europäern. Dennoch blieben die schriftlichen Informationen über Jan Conny über die Jahrzehnte hinweg äußerst spärlich, was letztendlich auch ein Licht darauf wirft, wie die Europäer ihre unmittelbaren afrikanischen Partner zur Kenntnis nahmen und sie vielleicht auch behandelten.

Erst um 1710 taucht Conny des öfteren in den Akten auf. In einem im Januar 1711 verfaßten Brief eines Assistenten namens Cuyp, in dem er sich über seinen Chef, den «Generaldirecteur» von Großfriedrichsburg, Frans de Lange, beschwert, heißt es: «Ich gebe nur eins zu bedenken, ob eine Person wie de Lange, die auf so eine unredliche, unchristliche und betrügerische Manier handelt, die sich trunken und voll säuft, wenn er den Trunck von den Capitänen, die hier auf der Reede zu ankern kommen, als Verehrung kriegen kann, wenn es darum geht, für Trunk Geld auszugeben, da ist er allezeit gierig dazu; ob dieser Mann, sage ich noch eins, richtig ist, um den Vorteil von seinen Herren und Meistern zu befördern; um so mehr, als ich, während ich bei Axim (niederländischer Handelsstützpunkt – d. V.) war von einem Neger aldort gehört habe, daß de Lange es so schlecht mit den Kaufleuten machte, daß sein eigener Makler, Jan Conny, einige Gesandte an die Asanteeischen Capiscirs (Häuptlinge – d.V.) gesandt und gebeten hatte, keine Kaufleute an die Brandenburgischen Fortressen, wie die Neger sie nennen, mehr zu senden.»[83]

Jan Conny wurde besonders aktiv, was sich dann auch in der Berichterstattung widerspiegelt, als das koloniale Unternehmen sich bereits in der nicht mehr aufzuhaltenden Abstiegsphase befand. Die Wirren in Großfriedrichsburg wurden immer größer und unübersichtlicher. Durch Korruption und Abwälzung des Unmuts ob der ungenügenden Unterstützung aus der Heimat auf die Afrikaner, durch Existenzkämpfe und inkompetente Verwaltung war eine Situation in Großfriedrichsburg entstanden, die letztlich zu einer gewalttätigen Konfrontation zwischen Brandenburgern und Afrikanern geführt hatte. Einige Brandenburger wurden in einer solchen Auseinandersetzung getötet. Der Generaldirektor von Großfriedrichsburg, Jan de Visser, wurde ins Wasser geworfen und ertränkt.

Die Verantwortung hierfür wurde Jan Conny zugeschrieben, «der in dem Dorf unter dem Fort wohnte». Die Festung Großfriedrichsburg griff er jedoch nicht an. In einer Darstellung von J. A. de Marreé, der als Mitglied einer niederländischen Kommission im Jahre 1817 die westafrikanische Küste bereiste, wird berichtet, daß Jan Conny zu schlau gewesen wäre, um die Feste Großfriedrichsburg direkt anzugreifen. Statt dessen überfiel er ein Schiff, das gerade aus Europa kam und vor Großfriedrichsburg auf Reede lag. Die Besatzung überwältigte er des Nachts, plünderte die Ladung und ließ die transportablen Schiffsgeschütze ans Land bringen. Indem er alle Zuwege zum Fort sperren ließ, wollte er, ohne Blutvergießen zu provozieren, die Festungsbesatzung aushungern. Da Jan Conny sich aber eines Entsatzangriffes von seiten der Holländer zugunsten der Brandenburger – hier hielten die europäischen Rivalen lieber zusammen – nicht sicher sein konnte oder er befürchten mußte, daß die Holländer verbündete afrikanische Krieger «ihm auf den Pelz geschickt sein mochten», ließ er eine Mauer aus Steinen hinter seinem Dorf errichten, wobei ihm einige Europäer – welcher Herkunft und mit welchen Motivationen auch immer – geholfen haben sollen. Die Reste dieser Mauer waren noch Jahrhunderte später sichtbar. Hinter diesem nach europäischem Vorbild errichteten Schutzwall plazierte Jan Conny «die von dem Schiffe geräuberten Kanonen» und befahl, «zwischen ihnen in der Mauer so viele Scharten für das Kleingewehr zu lassen, als füglich angebracht werden konnten». Ebenfalls von den Europäern hatte er sich den Bau eines «starken Wachthauses» abgeschaut. Ob Jan Conny die Ideen für diese Befestigungsanlage selbst hatte oder ob sie – wie einige behaupten – den Vorschlägen eines «wegen angeblicher Mißhandlung aus dem Fort entwichenen» Wundarztes entstammen, ist nicht zu klären. Jedenfalls soll es ihm gelungen sein, die Festung einzunehmen und, wie es bei de Marreé heißt, «brachte auch verschiedene Weiße in demselben um».[84]

So interessant die Schilderung von J. A. de Marreé auch ist, sie weist doch einige Unkorrektheiten und Erfindungen auf und mag als Beispiel dienen für die Schwierigkeit, «afrikanische Geschichte» allein mit Hilfe europäischer Quellen darzustellen.[85]

Vielmehr ist richtig, daß Jan Conny mit einem holländischen Makler namens Apré aus Axim in Streit geriet. Nach einem erfolgreich abgewehrten Angriff von Apré auf die bei Großfriedrichsburg lebenden Jan Conny und seine Leute rückte dieser gegen das englische Fort Dix Cove und die niederländische Befestigung Bautry vor. Durch die vereinte Streitmacht der Engländer und Holländer, oder besser ausgedrückt, durch die mit ihnen verbündeten Afrikaner, wurde Jan Conny bis zur Dorotheenschanze zurückgeschlagen. Als die brandenburgische Besatzung mit Kanonenschüssen in die Auseinandersetzung eingriff, stürmten die afrikanischen Krieger die Dorotheenschanze, nachdem es ihnen gelungen war, die Getreuen des Jan Conny in alle Winde zu zerstreuen. Die Festungsmauern wurden dabei stark in Mitleidenschaft gezogen. Drei Besatzungsmitglieder gerieten in Gefangenschaft und wurden nach Elmina gebracht. Eine angeblich über den Befestigungsanlagen wehende französische Flagge wurde später offiziell als Grund für den Angriff angegeben. Anscheinend wurde die in Afrika noch unbekannte preußische Flagge verwechselt.

Jan Conny sammelte seine Krieger nach dem Abzug der Feinde und marschierte wieder gegen das englische Fort Dix Cove. Als das Pulvermagazin in die Luft flog und sich die afrikanische Bevölkerung zu großen Teilen Connys Streitmacht anschloß, war dies zweifelsohne ein bedeutender Sieg für den preußischen Makler. Als auch noch am 23. Januar 1712 ein Gefecht für ihn erfolgreich ausging, war der Sieg perfekt. Es kam danach zu einer gewissen Belebung der Handelstätigkeiten in Großfriedrichsburg. Die

Aus einem Bericht des «Provisorischen Generaldirectors» von Großfriedrichsburg, Nicolas du Bois, über die ihm sich darbietende Situation im Jahre 1712:

Das erste Werk war, die Ursache von diesem Krieg zu untersuchen, welche so befunden: Apré, der Makler der Holländer in Axim forderte eine Negerin namens Ajebba, welche eine Blutfreundin von Jan Conny war, als seine Sklavin, ... der erste erbittet Unterstützung von dem holländischen General, der ihm dieselbe zusagte, um, meinem Urteil nach, dadurch Gelegenheit zu haben, um seiner Kön. Maj. Fortresse zu ruinieren, jedenfalls der vorges. Apré kommt unversehens mit einer ansehnlichen Macht und überfällt seiner Maj. Makler alhier unter dem Fort aufs Leben, wird so wohl empfangen, daß er gezwungen war, mit Schande zu weichen. Jan Conny, hierdurch mutig

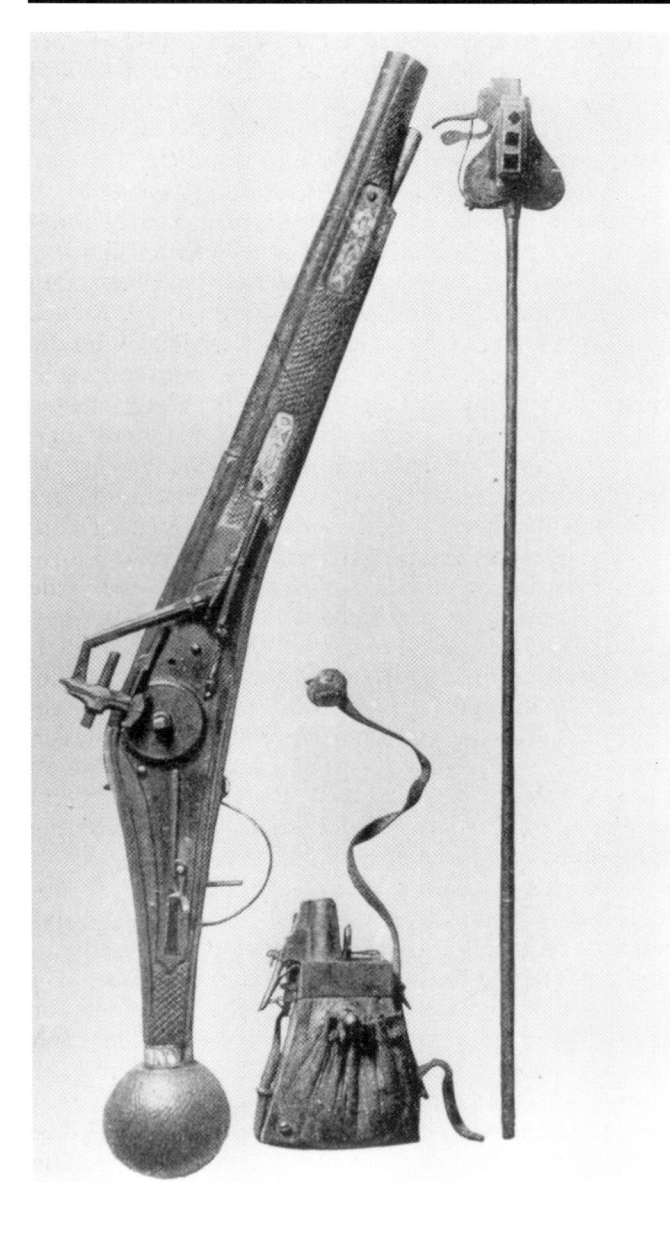

Pistole, Pulverflasche mit Kugelbeutel für Reiter sowie eiserner Karabinerladestock mit Radschloßschlüssel

die Weißen, oder die Garnison, gefänglich nach Cabo Corso und Elmina ...
Jan Conny sammelte seine Macht wieder und zieht nach Dixcove, sich die Meister von dort zuwillen zu machen ..., doch wird sehr wohl empfangen, wodurch er gezwungen war, zu weichen, nicht ohne vorher eine gute Partie seiner Feinde geschlagen zu haben, worunter Pieter Pasop und Affery, die zwei größten Makler der Holländer, die Vornehmsten sind, auch geriet der Brand ins Kraut von dem Kastell zu Dixcove, wodurch wohl 150 Neger und 10 Weiße in die Luft flogen ...
Zur Zeit hat er sich etwa 1½ Meilen von diesem Fort ins Land niedergelassen, allwo er auch lag als ich hier ankam, verstärkt durch die Aschantischen und Wassaschen, neben den Maklern von Boutry und Dixcove, die seine Partei gewählt hatten ...
Sein Lager ist nach seinem Bericht 15 000 Mann stark, alle entschlossen, den letzten Tropfen Blut für diese Fortresse, zum Dienste von seiner Kön. Maj. zu wagen. Dies hat er mich mehrmals wissen lassen ...
Nun bringen sie zum zweiten vor, daß weil Jan Conny und der gewesene Kommandant Harmen Stockhof gute Freunde gewesen sind, daß diese fürchteten, daß General de Lange in diesen Krieg nicht einwilligen würde, sie haben ihm deshalb aufgelauert und an Bord eines englischen Schiffes geschafft ... so lange bis ich oder ein anderer aus dem Vaterland durch seine Kön. Maj. gesandt hier herkam ... Als ich durch ihn und vorges. Jan Conny neben allen den Caboceros (Häuptlingen – d. V.) mit Fröhlichkeit bin empfangen worden, gegen das Vorurteil des holl. Generals und aller, die seine Partei nehmen; Und das ist ihr Argument, sie sagen, wenn die Neger einen General nach ihrem Wohlgefallen ein- und absetzen können, soll niemand fortan Respekt vor den Oberhäuptern mehr haben, und darum werden sie alles tun, was in ihrer Macht steht, um diesen Respekt aufrecht zu halten.

gemacht, rechnet alles bei eins und postiert sich bei Accoda, oder zwischen Accoda und Dixcove. Der holländische General kommt darauf mit all seiner Macht von Elmina, Commany, Sacconde und Boutry, und die Englischen von Cabo Corso, so als ob Jan Conny ihre Forts zu Boutry und Dixcove versuchte wegzunehmen, und jagten ihn bis unter die Kanonen von vorges. Accoda, ersuchten weiterhin Erlaubnis von seiner Kön. Maj. Komm. Jan Conny zu treiben, welcher solches rundheraus verweigerte, sagend, daß, solange er Kraut und Kugeln hätte, er seine Untertanen unter seiner Flagge bleiben liesse ...
Mit dieser Antwort nicht zufrieden rückten sie näher und als der vorges. Kommandant urteilte, daß er schießen kann, so tat er es, doch ohne jemanden zu treffen; Hierauf fallen sie wie wütige Menschen gegen das Fort und nehmen es stürmenderhand ein, führen

durch die Kampfhandlungen beschädigte Dorotheenschanze sollte wieder repariert werden. Der Häuptling Ipe Olyvier erhielt die Order, sich mit seinen Leuten unter dem Schutz der preußischen Soldaten dorthin zu begeben, um die Befestigungsanlage wieder verteidigungsfähig zu machen. Nach Möglichkeit sollte er sich gegen alle Angriffe zur Wehr setzen. Ihm mitgegebene Sklaven, so lauteten seine Instruktionen, sollten so viel wie möglich Austern und Muscheln sammeln, um daraus den für die Reparatur der Gemäuer benötigten Kalk zu brennen. Wenn die Ausbesserungsarbeiten auch nur schleppend vorangingen und in der Regenzeit eine der ausgebesserten Mauern wieder einstürzte, ging es mit der Handelstätigkeit in der preußischen Kolonie recht gut voran. In der Zeit von Mitte Mai bis Mitte Juli 1712 liefen 14 Schiffe verschiedener Nationalitä-

Baulicher Zustand von Teilen der Festung Großfriedrichsburg gegen Ende des vorigen Jahrhunderts

Ausfalltor

ten Großfriedrichsburg an. Und zwischen Dezember 1711 bis Weihnachten 1713 waren es insgesamt 95 Schiffe. Am 16. Oktober 1712 erschienen zwei englische Kriegsschiffe, «Falmouth» mit 54 Kanonen an Bord und mit 300 Mann Besatzung sowie «Mary» mit 42 Kanonen und 200 Mann Besatzung, auf der Reede vor Großfriedrichsburg. Es kam zu Verhandlungen, in deren Ergebnis festgelegt wurde, daß die Niederländer, Engländer und Preußen in jenem Gebiet gegenseitig ihre Besitzungen respektieren würden. Jan Conny sollte nicht verfolgt oder bestraft werden.

Am 2. Juni 1713 erfuhr die Besatzung von Großfriedrichsburg durch das Eintreffen des Schiffes «Anna Catherina», daß Friedrich I. verstorben sei und der neue preußische König Friedrich Wilhelm I. beabsichtige, die überseeischen Gebiete zu verkaufen. Da weiter nur spärliche Nachrichten aus der Heimat eintrafen, entschloß sich der Kommandant – oder Gouverneur oder Generaldirektor, wie er auch genannt wurde, – von Großfriedrichsburg, Nicolas Du Bois, nach Europa zurückzukehren, um dort persönlich Bericht über die Situation in der afrikanischen Kolonie zu erstatten und um Hilfe nachzusuchen. Den Befehl über das Fort Großfriedrichsburg übergab er bei der Abreise dem Sergeant Anton van der Meeden; den Schutz der Kolonie vertraute er Jan Conny an. Ehe jedoch Du Bois in der Heimat eingetroffen war und seine Mission erfüllen konnte, hatte der Preußenkönig bereits seine Unterschrift unter den Verkaufsvertrag gesetzt.

In Europa konnte man nicht ahnen, daß dieser Verkauf in Afrika große Probleme heraufbeschwören würde. Jan Conny weigerte sich nämlich, jemand anderem als einem Abgesandten des Königs die Festung und das gesamte Kolonialgebiet zu übergeben. In seiner Haltung wurde er bestärkt durch einen Brief des Königs von Preußen vom 30. September 1717, worin dieser ihm für seine treuen Dienste dankte und ihm befahl, weiterhin die Feste in seine Obhut zu nehmen. Die Beamten der niederländischen Handelskompanie, nun froh, einen Konkurrenten weniger zu haben, waren verzweifelt. Die weiße Besatzung Großfriedrichsburgs war inzwischen mit fremden Schiffen nach Europa zurückgekehrt oder in den Dienst der niederländischen Konkurrenz getreten. Da erschienen 1720 drei Kriegsschiffe der niederländischen Kompanie vor Großfriedrichsburg, um ihre Besitzansprüche mit Gewalt durchzusetzen. Conny weigerte sich, der Aufforderung des Kommandeurs Folge zu leisten und zu Verhandlungen an Bord des größten Schiffes zu kommen. Statt dessen sandte er einen Beauftragten, dem dann eine Kopie der Verkaufsurkunde überreicht wurde. Der stolze neue Herr von Großfriedrichsburg ließ aber erwidern, daß er den Verkauf der Festung wie der gesamten Kolonie nur akzeptieren würde, wenn ihm dies ein Preuße mitteilte, und er das ihm Anvertraute nur einem preußischen Befehlshaber übergeben würde.

Daraufhin landeten unter Führung des Hauptmanns van der Hoeven etwa 50 Mann in der Nähe der Festung, um sie im Sturm zu nehmen. Ohne Widerstand zu leisten, ließen die Afrikaner die Marinesoldaten vorrücken. Diese glaubten schon, die Festung wäre verlassen, oder sie könnten die Besatzung im Schlaf überraschen, als sie merkten, daß sie in einen Hinterhalt geraten waren. Es sollen etwa 1800 zum gut Teil mit Musketen ausgerüstete afrikanische Krieger gewesen sein, die den Angriff ausführten. Nur Hauptmann van der Hoeven überlebte nach einigen Darstellungen und konnte sich schwimmend, aus drei Wunden blutend, auf die vor Reede liegenden Schiffe retten. Die Holländer zogen sich daraufhin zurück und unternahmen in den folgenden Jahren noch mehrmals den Versuch, die Festung, die nun in der europäischen Reiseliteratur als «Connys Schloß» oder «Connystadt» auftaucht, zu stürmen. Jan Conny soll aber seine Streitmacht auf 20000 Mann aufgestockt haben; jedenfalls wies er alle weiteren Versuche der Holländer, die nunmehr ihnen gehörende Festung in Besitz zu nehmen, blutig zurück. An dieser Stelle sei eine Schilderung zitiert, die so oder ähnlich auch in anderen historischen Werken zu finden ist: «Den Holländern kostete dieser Krieg viel an Mannschaften und Geld. Jean Cunny aber, durch seine Siege nur noch mehr gereizt, faßte einen immer tödlicheren Haß gegen seine Feinde, und um diesen Haß recht deutlich an den Tag zu legen, ließ er die Straße von dem äußerlichen Thor der Festung bis in das innerste Gemach seiner

Wohnung mit den Schädeln der in den verschiedenen Gefechten erschlagenen Holländer pflastern. Den größten dieser Schädel hatte er sich in Silber einfassen lassen und bediente sich desselben als Trinkschale.»[86]

Dieser und andere blutrünstige Berichte über Jan Conny sind sicherlich übertrieben. In Großfriedrichsburg wurde Jan Conny des öfteren von Europäern aufgesucht. Sie genossen seine Gastfreundschaft und tätigten Handelsgeschäfte. Dies hätten sie sicherlich nicht getan, wenn ihr Gegenüber aus einem menschlichen Schädel getrunken hätte oder sie über Totenschädel hätten gehen müssen.

Trotz der erfolgreichen Abwehr der Angriffe auf Großfriedrichsburg mußte Jan Conny im Jahre 1724 die Festung verlassen. Er zog sich ins Hinterland zurück. Welche Gründe es genau waren, die ihn zur Aufgabe der Festung veranlaßt haben, ist nicht bekannt. Es gibt nur Vermutungen, auch darüber, was er danach tat. Einiges läßt darauf schließen, daß Conny beabsichtigte, wieder an die Küste zurückzukehren und Großfriedrichsburg zurückzuerobern; jedenfalls befürchteten dies die Holländer. Der bedeutende deutsche Afrika-Wissenschaftler Diedrich Westermann schrieb gar: «Jan Cuny lebte fortan mit seinen Leuten in Ahanta als ein vornehmer Mann, der in seiner Lebensweise und seinem Benehmen gegen Fremde viel von seinen früheren Herren gelernt hatte; er war gefürchtet und angesehen als ein strenger, aber redlicher, unbestechlicher Großmann. Wiederholt empfing er Besuche von Europäern, die alle ihm ein gutes Zeugnis ausstellten.»[87]

Wie wohl auch D. Westermann der Gefahr zur Verherrlichung von Handlungen der Afrikaner angeblich für die europäischen Kolonialherren nicht entgangen ist, nutzten auch andere Kolonialenthusiasten die Gestalt des Jan Conny, um zu beweisen, welch wichtige «Kulturmission» Deutschland doch in Afrika zu erfüllen habe. Dazu werden dann Schlußfolgerungen gezogen, die ins koloniale Klischeebild passen, so wenn es heißt, Jan Conny sei «unter Mitnahme der brandenburgischen Flagge im Urwald untergetaucht – ein Treuebeweis eines Eingeborenen, der ein interessantes Licht auf die Art wirft, wie Deutsche schon vor Jahrhunderten zu kolonisieren verstanden». Dabei hat die Handlung Jan Connys nicht allzuviel mit Treue und Pflicht zu tun. Die Begründung für die Weigerung Jan Connys, das Fort an die Holländer zu übergeben, ist viel eher in der ihm bekannten (afrikanischen) Rechtsauffassung zu suchen, nachdem die Europäer die jeweiligen Besitzungen an der Küste nicht kaufen, sondern nur pachten konnten. Der Verkauf von Land unter Europäern hätte zumindest der Einwilligung des betreffenden afrikanischen Herrschers – in diesem Fall Jan Connys – bedurft. Überhaupt betrachteten sich die Afrikaner nicht als Untertanen, die von einem

Inneres der Anlage

Die Preußenflagge von «Großfriedrichsburg»

*«Leb wohl, Jan Cuny, fort von hier
heißt mich mein König fahren,
hier diese Flagge laß ich dir,
sie sollst du treu bewahren.
Sie ist der Ehre Unterpfand,
gib sie in keines andern Hand,
bis einst ich wiederkehre!»*

*Zum schwarzen Häuptling sprach's am Strand,
die Flagge hoch erhoben,
von Friedrichsburg der Kommandant,
«Willst du mir das geloben?»
Jan Cuny winkt: «Versteh', versteh'!»
Das Preußenschiff stach in die See,
grüßt mit Valet die Flagge.*

*Nun steigen Sonn' und Sternenpracht
am Himmel auf und nieder.
Jan Cuny hält die Flaggenwacht.
«Wann kehrt der Preuße wieder?»
Am Strand sich Wog' auf Woge bricht,
ein preußisch Segel zeigt sich nicht,
Jan Cuny harrt vergebens.*

*Doch fremde Männer kamen an,
die sich vernehmen ließen:
«Komm her zu uns, du schwarzer Mann
und laß uns Freundschaft schließen,
das Land ging durch Vertrag und Kauf
an Holland über, nimm uns auf
und gib heraus die Flagge!»*

Ansicht des Wachturmes von Norden

*So währte sieben Jahre durch
ein Ringen ohnegleichen.
Dann lag in Trümmern Friedrichsburg,
den Graben füllten Leichen.
Und noch im Kampf und Sturm auf Sturm,
Jan Cuny holt vom letzten Turm
herab die Preußenflagge.*

*«Die Flagge soll gerettet sein,
ob alle schier ermatten!»
Er hüllt den schwarzen Leib hinein,
schritt in den Waldesschatten
und barg die Flagge fleckenlos
in seines Urwalds tiefsten Schoß,
bis Preußen wiederkehre! – – –*

Kolonialistische Ambitionen pflegendes, die Tat des afrikanischen Häuptlings Cuny verherrlichendes Gedicht von Fedor von Köppen

*Drauf jener: «Bleibt der Küste fern,
sie kann euch wenig nützen,
dies Land bleibt treu dem deutschen Herrn,
der wird uns wohl beschützen.
Die Flagge geb' ich nimmermehr,
sie ist des Preußen Hort und Ehr
und soll auch ihnen bleiben!»*

*Da blitzte Feuerrohr von Bord,
die Feste ward beschossen;
Jan Cuny rief von Ost und Nord
herbei die Stammgenossen.
Aschantineger, Mann und Weib,
mit bunt- und rotbemaltem Leib,
den Federschmuck im Haare.*

*Die Negerstämme allzumal
von der Guineaküste,
vom Goldland bis zum Senegal
und von der Usabwüste,
sie kamen all mit Kriegsgesang,
mit Keulen, Spieß und Bumerang
zum Schutz der Preußenflagge.*

*Nun wogt der Kampf mit Sturmgewalt
herüber und hinüber.
Die Bresche klafft im Mauerspalt,
die Flagge weht darüber.
Jan Cuny läßt den Felsenpfad
vom Flaggenturm zum Meergestad
mit Feindesschädeln pflastern.*

europäischen Herrscher zum anderen ohne ihre Einwilligung wechseln. Sie sahen sich vielmehr als gleichberechtigte Partner; die abgeschlossenen Verträge beruhten nach ihrer Auffassung auf dem Prinzip der Gleichberechtigung. Hielten sich die Europäer nicht an die Abmachungen, fühlten sich auch die Afrikaner daran nicht mehr gebunden. Außerdem war sicherlich einer der wichtigsten subjektiven Gründe, warum Jan Conny den Holländern den Zutritt zu Großfriedrichsburg verwehrte, daß er sie seit Jahren als erbitterte Konkurrenten kannte und sie vermutlich auch haßte. Bezeichnend ist die Tatsache, daß er angeboten hatte, statt den Holländern den Franzosen die Feste zu überlassen.[88]

Dennoch ist die Story vom treuen «schwarzen Preußen», der sich niemals den langjährigen Konkurrenten des Großen Kurfürsten unterworfen hat, nicht nur interessant, weil bezeichnend für die Verfasser solch rührseliger Geschichten, sondern sie gibt auch Anlaß genug für weniger ernstzunehmende Spekulationen und Legenden. So weiß eine Geschichte davon zu berichten, daß Jan Conny «einen so erstaunlich großen Reichtum an Gold» ansammeln konnte, daß er auf seiner Flucht ins Landesinnere Goldstücke auf den Weg streute, das die Verfolger aufsammelten, wodurch die Flüchtenden Zeit und den notwendigen Vorsprung gewannen. Andere Berichte sprechen davon, daß in den folgenden Jahrzehnten um Großfriedrichsburg ab und zu Gefäße voller Gold gefunden wurden. Eine andere Geschichte behauptet, daß in einem unweit von der Festung Großfriedrichsburg gelegenen tiefen See Jan Conny vor seiner Flucht eine Kiste voller Gold versenkt haben soll. In späteren Jahren interessierte sich hierfür ein Europäer, der mitteilt, daß die hier wohnenden Afrikaner ihm versicherten, «bei klarem

Ansicht der Seefront

Wasser könnten sie sie (die Kiste – d. V.) noch sehen; doch in Wirklichkeit ist es nichts anderes als ein großer Haufen zusammengewachsener Austern, und wenn man die Neger fragt, warum sie diesen großen Schatz, der den ganzen Ort mit Bewohnern glücklich machen könnte, nicht heraufholen, antworten sie, daß Jan Conny einen großen Fetisch darauf gelegt habe, und daß der keinen Augenblick mehr leben würde, der seine Hand daran legen würde, so daß es uns Europäern infolge der großen Blindheit und des Aberglaubens der Neger, wenn es wirklich jener Schatz wäre, unmöglich wäre, uns seiner zu bemächtigen.[89]

Die Ruine Großfriedrichsburg und ihr späteres Schicksal

Nachdem die europäischen Forts an der westafrikanischen Küste ihre militärstrategische und handelspolitische Bedeutung verloren hatten, als nämlich die Kolonialmächte ihre Herrschaft immer tiefer ins Landesinnere ausbreiteten, waren die meisten der Küstenbefestigungen dem Verfall preisgegeben. Dies betraf vor allem diejenigen Küstenforts, die ihren Besitzer oft gewechselt oder nun andere Herren hatten. Dazu zählte auch Großfriedrichsburg. Von den Holländern in «Hollandia» umbenannt, verfielen bald die Mauern, wurden von Gestrüpp und Pflanzen überwuchert.

Der Große Kurfürst Friedrich Wilhelm I. war und blieb der erste und einzige (sieht man von seinen Nachfolgern ab) deutsche Territorialfürst, der über eine – wenn auch sehr beschränkte und letztlich auch erfolglose – Kolonie herrschte.

Beschreibungen der befestigten Orte der brandenburgisch-preußischen Kolonie Großfriedrichsburg in der ersten Hälfte des 18. Jahrhunderts durch Jean Barbot und Willem Bosman:

Außer Groß-Friedrichsburg haben die Preußen noch ein anderes Fort und eine Niederlage (kleine Befestigung – d. V.) in der Nachbarschaft. Das Fort ist zu Takrama (Fort Sophie-Louise – d. V.) oder Krema, einem Flecken in der Mitte des Vorgebirges der dreyen Spitzen zwischen Groß-Friedrichsburg und der Niederlage (Dorotheenschanze – d. V.). Es ward im Jahre 1674 (richtig 1684 – d. V.) von den Preußen zu Behauptung des Wasserplatzes gebaut, und hat nicht mehr als sechs Canonen, durch welche den Einwohnern verwehrt wird, innerhalb des Schusses mit fremden Schiffen zu handeln. Denn die Einwohner stehen gänzlich unter dem Gebote des preußischen Directors zu Friedrichsburg. Im Jahre 1701 ließ der preußische Factor hier fremden Schiffen zu, Holz und Wasser einzunehmen, gegen einen Zoll von zehn Pfund Sterling auf das Schiff.

Die Niederlage oder das kleine Fort, Dorothea genannt, ist zu Akoda, drey Seemeilen ostwärts von dem Vorgebirge. Es ward um das Jahr 1690 von den

Holländern erweitert, welche die Preußen im Jahre 1683 daraus vertrieben hatten, doch ward es denselben 1698 auf Befehl der Compagnie wieder eingeräumt. Nach der Zeit haben sie es weit stärker befestigt und vergrößert. Es ist blos ein Haus mit einem platten Dache, an welchem man zwei kleine Batterien mit ungefähr zwanzig Canonen, und eine ziemliche Anzahl Wohnungen angebracht hat, die ganz schlecht gebaut und allzustark bewohnt sind.

Nach dem ruhmlosen Ende der Kolonie Großfriedrichsburg, einschließlich der Insel Arguin und dem «Vorposten» auf St. Thomas, war der koloniale Traum noch nicht ganz ausgeträumt. Mit der Konsolidierung des preußischen Staates nahm auch wieder der Gedanke von überseeischen Unternehmungen Gestalt an. So gründete in Emden ein Engländer eine preußische Bengalische Handlungs-Compagnie, der Friedrich der Große 1753 zuvor einen Freibrief verliehen hatte, die jedoch schon 1762 aus Finanzmangel wieder einging. Der preußische Präsident Christoph Friedrich von Derschau wollte daraufhin die Küste zwischen Benin und Kamerun besiedeln, doch ging der nüchtern kalkulierende König hierauf ebensowenig ein wie sein Nachfolger auf ähnliche Pläne.[90] Erst in den 80er Jahren des 19. Jahrhunderts errichtete das deutsche Kaiserreich, das bei der Aufteilung der Welt durch die anderen europäischen Mächte zu kurz gekommen war, wieder ein Kolonialimperium und «erneuerte das Vermächtnis des Großen Kurfürsten», wie es in der damals üblichen Kolonialpropaganda heißt.

Es ist auch nicht verwunderlich, daß bis in die 80er Jahre des 19. Jahrhunderts hinein die steinernen Zeugnisse brandenburgisch-preußischer Kolonialträumerei in Deutschland kaum Beachtung fanden. Danach allerdings um so mehr. Den Anlaß gab der Bielefelder Kaufmann August Vogt, der 1876 auf der Suche nach neuen Handelsbeziehungen an den Ruinen der alten brandenburgisch-preußischen Festung vorbeikam. Da er ein «national gesinnter» Mann war, machte er die Behörden in Berlin darauf aufmerksam, daß hier noch Reste längst vergangener kolonialer Herrschafts-Insignien vorhanden sind. Nachdem sich Jahre später das deutsche Kaiserreich in die Gilde der europäischen Kolonialmächte eingereiht hatte, wurde nach einem kurzen Besuch im Februar 1884 der Kreuzer «Sophie» im Jahre 1886 beauftragt, die dort noch vorhandenen Geschütze heimzuholen. Sechs Kanonen wurden aufgefunden und ins Zeughaus nach Berlin transportiert. In dem Bericht des Kapitäns der S.M.S. «Sophie» heißt es: «Es waren gußeiserne Kernrohre, mit eisernen Ringen umzogen. Die Oxydation war bereits im Laufe der Jahrhunderte so weit fortgeschritten, daß sich fingertiefe Rostgruben innen wie außen gebildet hatten und daß man keinerlei Schrift oder sonstiges Zeichen daher erkennen konnte.»[91]

Aus dem Bericht des Bielefelder Kaufmanns August Vogt über seine 1876 gemachte Entdeckung:

Auf dieser Reise der Küste entlang kamen wir ... zum Kap «der drei Spitzen», wo wir Anker warfen, um frisches Trinkwasser einzunehmen und benutzte ich die Gelegenheit, um als Deutscher die dort am Strande beim Dorf Acoda noch gut erhaltenen 200jährigen Ruinen der ehemals kurbrandenburgischen Festung «Großfriedrichsburg» zu besuchen und dort mit Hilfe des Kapitän Dierks und zweier Matrosen eine deutsche schwarz-weiß-rote Flagge aufzupflanzen im Beisein des Häuptlings und der Dorfleute von Acoda unter Absingung des Liedes «Deutschland, Deutschland über alles».

Im Jahre 1912 schickte das deutsche Marineoberkommando erneut eine Expedition an die afrikanische Westküste zur Festung Großfriedrichsburg. Das Kanonenboot «Panther» hatte diesen Auftrag erhalten. Die Besatzung fand die Festungsanlagen zum Teil noch recht gut erhalten, nur waren die Wände stark von Kletterpflanzen bedeckt und teilweise beschädigt. Die Offiziere vom «Panther» entdeckten unter dem Grün noch weitere alte Geschütze. Diese Tatsache fand Erwähnung im Bericht, den der deutsche Kaiser höchst selbst las und daraufhin befahl, daß ein deutsches Kriegsschiff sämtliche Kanonen zu bergen hätte. Sie sollten im Berliner Zeughaus und im Marinemuseum ausgestellt werden. So einfach ließ sich der Befehl jedoch nicht ausführen, denn die ehemalige Kolonie Großfriedrichsburg befand sich auf dem Territorium der britischen Goldküsten-Kolonie. Also mußte Wilhelm II. zunächst die Erlaubnis vom britischen Herrscher in London einholen. Es wurde den Deutschen nicht nur die Abholung der alten Geschützrohre bewilligt, sondern sie wurden ihnen sogar als Geschenk angeboten. Die Verwaltung der Goldküsten-Kolonie ließ die Geschütze nach Axim, dem nächst gelegenen größeren Hafenplatz, schaffen. Ein Dampfer der bekannten Woermann-Linie «Paul Woermann» holte im Juli 1912 in Begleitung des Kanonenbootes «Eber» siebzehn kleinere Geschützrohre nach Hamburg. Ebensoviel größere Rohre konnten nicht abtransportiert werden. Der Ausbruch des Ersten Weltkrieges verhinderte deren Bergung. So befinden sich einige der größeren Geschütze noch heute auf der Festung Großfriedrichsburg. Die nach Deutschland verbrachten Geschütze wurden in der Mehrzahl ebenfalls im Zeughaus gelagert und ausgestellt. Seit dem Zweiten Weltkrieg fehlt von ihnen jede Spur. Vermutlich wurden sie noch am Ende des Krieges oder in den folgenden Nachkriegsjahren eingeschmolzen.

Beschreibung der Festung Großfriedrichsburg durch deutsche Marineoffiziere:

Der Grundriß der befestigten Anlage ist ein annähernd quadratischer mit eingezogener Kehle und rechtwinkeligen Eckbastionen. Die Länge der Front beträgt 40 Meter, die beiden Flanken je 35 Meter, die der Bastion 16 Meter bei einer Tiefe von 7 Metern. Die äußere Mauer ist 0,9 Meter stark, aus groben Granitquadern aufgeführt. Sie erhebt sich 5,0 Meter über dem Erdboden, liegt dabei etwa 15 Meter tief. Der zur Aufstellung der Geschütze dienende Wallgang ist 3 Meter breit, die Brustwehr 1 Meter hoch; die Scharten liegen 3 Meter auseinander und erstrecken sich über die Front und beide Flanken, von dem Wachturm bis zum Beobachtungsturm.

In einem Katalog des Zeughauses findet sich die wohl letzte Beschreibung eines der Kanonenrohre: «Brandenburgisches gußeisernes Rohr, Gesamtlänge 202, Seelenlänge 176, Kaliber 10,2 cm. Das stark abgerostete Rohr stammt aus den überseeischen Unternehmungen des Großen Kurfürsten in den Jahren 1682 bis 1686. Wurde in den Trümmern der Veste Groß-Friedrichsburg an der Küste Westafrikas 1884 aufgefunden.»

Die Festung Großfriedrichsburg selbst wurde, wie auch andere Küstenforts, in den 60er Jahren von der ghanaischen Regierung im Sinne eines neuen afrikanischen Geschichtsbewußtseins restauriert. Immerhin spielte sich in den heute noch recht gut erhaltenen zwanzig «Castles» auf dem Territorium Ghanas vierhundert Jahre lang eines der schlimmsten Kapitel der Menschheitsgeschichte ab. Von hier aus starteten gewissenlose Menschenräuber und ihre afrikanischen Verbündeten ihre «Expeditionen», um Menschen aus ihrer Heimat mit Gewalt zu entreißen, in den Kellern wurden sie geschunden und gedemütigt, ihr Willen gebrochen; von hier aus traten sie den Weg übers große Wasser an, um in der Ferne ein erbärmliches Sklavendasein zu führen. Wohl jeden Besucher überkommt beim Besichtigen der dumpfen Verliese trotz der feuchten Hitze eine Gänsehaut. Das eben noch vor und in den Festungsmauern von den europäischen Augen als ungewöhnlich bunt und heiter empfundene afrikanische Leben erstirbt in den Kellern hinter meterdicken Mauern.

Aber nicht alle von dem «Ghana Museum and Monument Board» verwalteten Küstenforts werden als Museum benutzt. Das einst dänische Christiansborg in der Hauptstadt Accra dient schon seit 1876 als Regierungssitz. Andere sind Gefängnisse, Büros, Postämter oder Herbergen für Touristen, was zumindest als makaber bezeichnet werden kann. Auf diesem Wege sollen die dringend benötigten Gelder zum Unterhalt und zur Restaurierung der monumentalen Bauwerke wenigstens zum Teil gedeckt werden.

Aber diese Nutzung ist dem brandenburgisch-preußischen Fort erspart geblieben. Princes Town heißt heute das Fischerdorf, über dem die Mauern von Großfriedrichsburg sich imposant und exotisch erheben, aber auch nach wie vor Fremdheit ausstrahlen. Nach der Unabhängigkeit Ghanas zunächst auch als Touristenattraktion gedacht, lag es doch zu sehr abseits der befestigten Straßen. Es wurde aber dennoch in seiner alten Gestalt wiedererrichtet bzw. rekonstruiert.

Der Zugang von einer größeren Stadt Ghanas aus ist nicht einfach. Über 20 Kilometer müssen über eine holprige, ausgefahrene rotfarbene Erdpiste zurückgelegt werden. Aber der sich dem Besucher bietende Anblick lohnt sich.

Eingang zur Festung

Stammtafel des Hauses Hohenzollern (Brandenburg-Preußen). Nach G. v. Alten

Stammtafel des Hauses Hohenzollern (Brandenburg-Preußen).

Friedrich, Graf v. Zolre, † 1200.

Friedrich II., † 1252. — Konrad III., † 1261.

Friedrich III., Burggr. von Nürnberg, geb. 1220, † 1297. — Konrad IV., Graf von Abenberg, geb. 1230, † 1314.

Johann I., geb. 1278, † 1300. — Friedrich IV., † 1332. — Friedrich, † 1303. — Konrad, † 1304. — Gottfried, † 1318. (Deutsch-Ordens-Ritter.)

Johann II., † 1357. — Konrad, † 1334. — Friedrich, † 1364. — Albrecht der Schöne, geb. 1319, † 1361. — Berthold, geb. 1320, † 1365.

Friedrich V., † 1398.

Johann III., † 1420. — Friedrich (VI.) I., Burggr. von Nürnberg, seit 1417 Kurf. von Brandenburg, geb. 1372, † 1440.

Johann, geb. 1401, † 1464. — Friedrich II., Kurf. von Brandenburg, geb. 1413, † 1471, reg. 1440—1470. — Albrecht Achilles, Kurf. von Brandenburg, geb. 1414, † 1486, reg. 1470—1486. — Friedrich der Fette, geb. 1422, † 1463.

Johann, † 1468. — Johann Cicero, geb. 1455, † 1499, 1486—1499. — Friedrich d. Alte, Mkgr. von Ansbach u. Bayreuth, geb. 1460, † 1536.

Joachim I., geb. 1484, † 1535, 1499—1535. — Albrecht, geb. 1490, † 1545, Kurf. u. Erzbischof von Mainz u. Magdeburg. — Kasimir, geb. 1481, † 1527. — Georg der Fromme, Mkgr. von Ansbach, geb. 1484, † 1543. — Johannes, Hochmstr., Vizekg. von Valencia, † 1525. — Friedrich, Dompropst von Würzburg. — Wilhelm, geb. 1497, † 1536, Erzbischof von Riga. — Albrecht, geb. 1499, † 1550, Hz. von Magdeburg. — Johann Gumprecht, geb. 1503, † 1528, Domherr von Bamberg.

Joachim II., geb. 1505, † 1571. — Johann, Mkgr. von Küstrin, geb. 1513, † 1571. — Albrecht Alcibiades, geb. 1522, † 1557, Mkgr. von Bayreuth. — Georg Friedrich, Albrecht Friedrich, Hz. in Preußen, geb. 1539, † 1603, geb. 1553, † 1618.

Johann Georg, geb. 1525, † 1598. — 1 Friedrich, geb. 1530, † 1552, Erzbischof von Magdeburg. — 2 Sigismund, geb. 1538, † 1566, Erzbischof von Magdeburg.

Joachim Friedrich, geb. 1546, † 1608, 1598—1608.

1 Johann Sigismund, geb. 1572, † 1619, 1608—1619. — 1 Johann Georg, geb. 1577, † 1624, Bischof von Straßburg, Hz. von Jägerndorf. — 1 Christian Wilhelm, geb. 1587, † 1665, Administr. von Magdeburg. — 3 Christian, geb. 1581, † 1655, Mkgr. von Bayreuth. — 3 Joachim Ernst, geb. 1583, † 1625, Mkgr. von Brandenburg-Ansbach. — 3 Friedrich, geb. 1588, † 1611, Johanniter-Großmeister. — 3 Georg Albert, geb. 1591, † 1615, Johanniter-Großmeister.

Georg Wilhelm, geb. 1595, † 1640, 1619—1640. — Christian Ernst, geb. 1644, † 1712. — Erdmann August, geb. 1615, † 1651. — Friedrich, geb. 1616, † 1634, Mkgr. von Ansbach. — Albrecht, geb. 1620, † 1667, Mkgr. von Ansbach.

Friedrich Wilhelm, d. Große Kurfürst, geb. 1620, † 1688, 1640—1688. — 2 Georg Wilhelm, geb. 1678, †1726, Mkgr. von Bayreuth. — Georg Friedrich Karl, Mkgr. von Bayreuth, geb. 1688, † 1735. — Albrecht Wolfgang, geb. 1689, † 1734. — Friedrich Ernst, geb. 1703, † 1762. — Christian Heinrich, geb. 1661, † 1708. — 2 Georg Albrecht, geb. 1666, † 1686. — 1 Johann Friedrich, geb. 1654, † 1686. — Christian Albrecht, Mkgr. von Ansbach, geb. 1675, †1692. — Georg Friedrich, Mkgr. von Ansbach, geb. 1678, †1703. — Wilhelm Friedrich, Mkgr. von Ansbach, geb. 1685, †1723.

Friedrich Christian, Mkgr. von Bayreuth, geb. 1708, †1769.

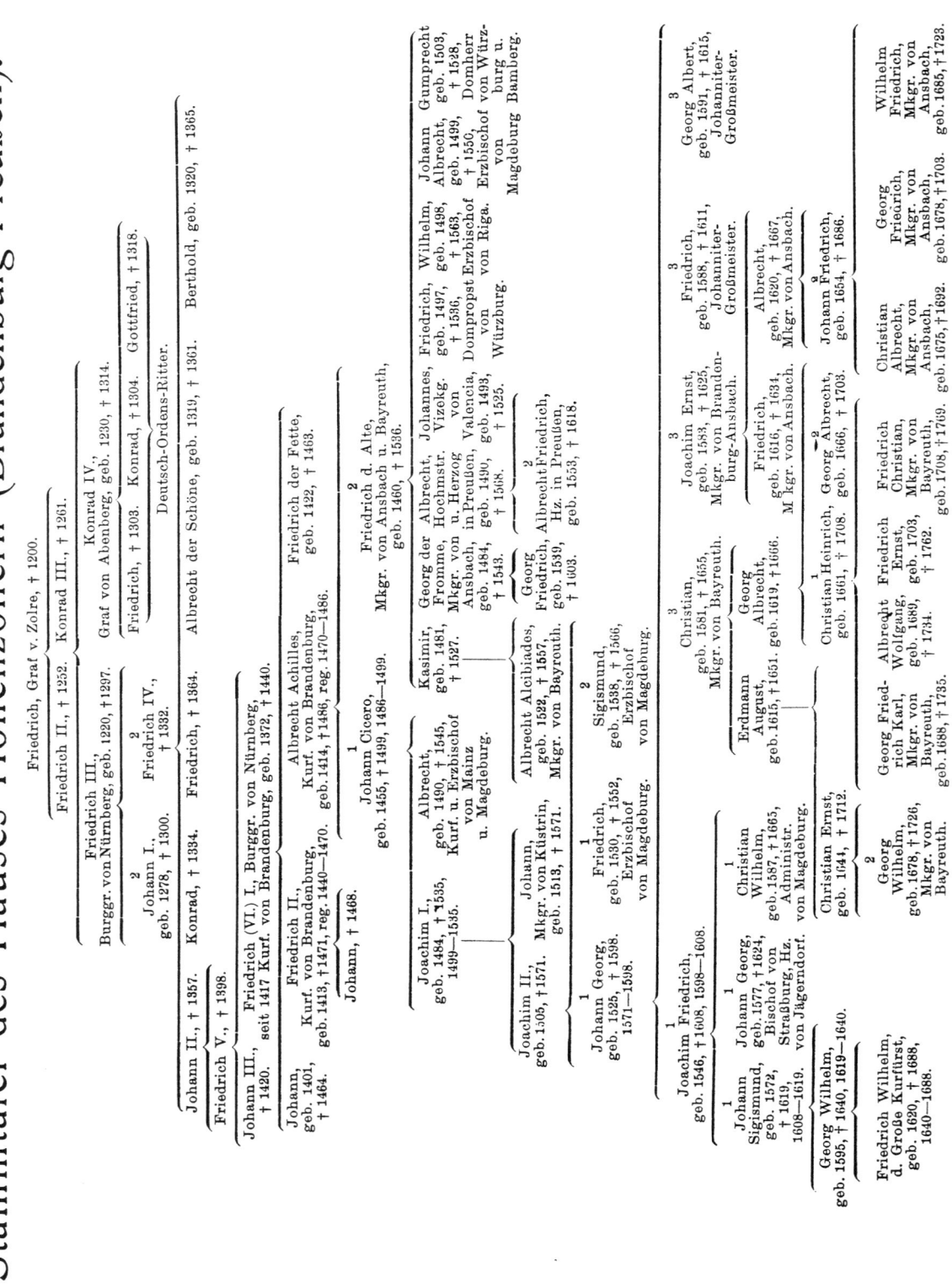

Stammtafel der Hohenzollern (Preußen)

- **1 Friedrich III.(I.), Kurfürst v. Brandenbg., König in Preußen, geb. 1657, † 1713, 1688—1713.**
  - **2 Philipp Wilhelm, Mkgr. von Brandenburg-Schwedt, geb. 1669, † 1711.**
    - **1 Friedrich Wilhelm, geb. 1700, † 1771.**
    - **2 Friedrich Heinrich, geb. 1709, † 1788.**
  - **Albrecht Friedrich, Mkgr. von Sonnenbg., geb. 1672, † 1731.**
  - **2 Karl Wilhelm, Johanniter-Großmstr., geb. 1672, † 1695.**
  - **Christian Ludwig, geb. 1677, † 1734.**
    - Karl, geb. 1705, † 1762.
    - Friedrich, geb. 1710, † 1741.
    - Wilhelm, geb. 1714, † 1744.

- **1 Ludwig, geb. 1666, † 1687.**

- **Friedrich Wilhelm I., geb. 1688, † 1740, 1713–1740.**
  - **Friedrich II., d. Große, geb. 1712, † 1786, 1740-1786.**
  - **August Wilhelm, Prinz v. Preußen, geb. 1722, † 1758.**
    - **Friedrich Wilhelm II., geb. 1744, † 1797, 1786—1797.**
      - **Friedrich Wilhelm III., geb. 1770, † 1840, 1797–1840.**
        - **1 Friedrich Wilhelm IV., geb. 1795, † 1861, 1840–1861.**
        - **2 Wilhelm I., geb. 1797, † 1888, dtsch. Kaiser 1871–1888.**
          - **(Friedrich Wilhelm) Friedrich III., geb. 1831, † 1888, reg. 9. März bis 15. Juni 1888.**
            - **Wilhelm II., geb. 1859, reg. seit 1888.**
              - Wilhelm, geb. 1882.
              - Eitel Friedrich, geb. 1883.
              - Adalbert, geb. 1884.
              - August Wilhelm, geb. 1887.
              - Oskar, geb. 1888.
              - Joachim, geb. 1890.
            - Heinrich, geb. 1862.
              - Waldemar, geb. 1889.
              - Sigismund, geb. 1896.
              - Heinrich, geb. 1900, † 1904.
            - Waldemar, geb. 1868, † 1879.
            - Sigismund, geb. 1864, † 1866.
          - Friedrich Leopold, geb. 1865.
            - Friedrich Sigismund, geb. 1891.
            - Friedrich Karl, geb. 1893.
            - Friedrich Leopold, geb. 1895.
        - **1 Karl, geb. 1801, † 1883.**
          - Friedrich Karl, geb. 1828, † 1885.
            - Louis Ferdinand, geb. 1907.
            - Hubertus, geb. 1909.
            - Wilhelm, geb. 1906.
          - Friedrich Leopold, geb. 1865.
        - Albrecht, geb. 1809, † 1872.
          - Albrecht, geb. 1837, † 1906. Regent von Braunschweig.
          - Friedrich Heinrich, geb. 1874.
          - Joachim Albrecht, geb. 1876.
          - Friedrich Wilhelm, geb. 1880.
    - Heinrich, geb. 1726, † 1802.
      - Heinrich, geb. 1747, † 1767.
    - **August Ferdinand, geb. 1730, † 1813.**
      - Heinrich, geb. 1771, † 1790.
      - Louis Ferdinand, geb. 1772, † 1806.
      - August, geb. 1779, † 1843.
      - **2 Ludwig, geb. 1773, † 1796.**
        - Friedrich, geb. 1794, † 1863.
          - Alexander, geb. 1820, † 1896.
          - Georg, geb. 1826, † 1902.
        - Heinrich, geb. 1781, † 1846, Johanniter-Großmeister.
        - **2 Wilhelm, geb. 1783, † 1851.**
          - Adalbert, geb. 1811, † 1873.
          - Waldemar, geb. 1817, † 1849.

- **Karl Wilhelm Friedrich, geb. 1712, † 1757.**
  - Alexander, geb. 1736, † 1806. Mkgr. von Ansbach u. Bayreuth bis 1791.

- Friedrich, geb. 1711, † 1763.

Anmerkungen

1 Vgl. Gansauge, H.v.: Das brandenburgisch-preußische Kriegswesen um die Jahre 1440, 1640 und 1740, Berlin–Posen–Bromberg 1839, S. 73.

2 Vgl. Vetter, K./G. Vogler: Preußen. Von den Anfängen bis zur Reichsgründung, Berlin 1977, S. 33 ff.

3 Vgl. Diller, S.: Tranquebar. Handelsplatz und Missionsstation (1620–1845). In: Vergleichende europäische Überseegeschichte, hrsg. von E. Schmitt und T. Beck, Bamberg 1992, S. 42.

4 Vgl. Heyck, E.: Brandenburgisch-deutsche Kolonialpläne. In: Zeitschrift für die Geschichte des Oberrheins, Freiburg i. Br. 1887, S. 129 ff.

5 Vgl. Ring, V.: Deutsche Kolonialgesellschaften, Berlin 1887, S. 30 f.

6 Vgl. Reincke, H.: Hamburg, Bremen 1925, S. 96 f.

7 Vgl. Borcke, H. Graf v.: Die brandenburgisch-preußische Marine und die Africanische Compagnie, Köln 1864.

8 Petersdorff, H. v.: Der Grosse Kurfürst, Gotha 1926, S. 247.

9 Vgl. Hamel, J. A. v.: Een Nederlander als de geniale organisator von Pruisische zee- en koloniale macht. Benjamin Raule (1634–1707). In: Historia. Maandschrift voor Geschiedenis, 2. Jg., Utrecht 1936, S. 217 ff.

10 Zitiert nach Schück, R.: Brandenburg-Preußens Kolonial-Politik unter dem Großen Kurfürsten und seinen Nachfolgern (1647–1721), Bd. I, Leipzig 1889, S. XI.

11 Zitiert nach Brandenburg-Preußen auf der Westküste von Afrika, 1681–1721, hrsg. vom Großen Generalstabe, Leipzig 1885, S. 9.

12 Zitiert nach ebenda.

13 Zitiert nach Schück, R.: a. a. O., Bd. I, S. 142.

14 Stuhr, P. F.: Die Geschichte der See- und Kolonialmacht des großen Kurfürsten Friedrich Wilhelm von Brandenburg, Berlin 1839, S. 27.

15 Zitiert nach Schück, R.: a. a. O., Bd. I, S. 143.

16 Ebenda, Bd. I, S. 146.

17 Schmitt, E. (Hrsg.): Der Aufbau der Kolonialreiche (= Dokumente zur Geschichte der europäischen Expansion, Bd. 3), München 1987, S. 264.

18 Zitiert nach Schück, R., a. a. O., Bd. I, S. 152.

19 Darmstaedter, P.: Geschichte der Aufklärung und Kolonisation Afrikas seit dem Zeitalter der Entdeckungen, Erster Band: 1415–1870, Berlin/Leipzig 1913, S. 76.

20 Zitiert nach Brandenburg-Preußen auf der Westküste von Afrika …, S. 17.

21 Stuhr, P. F.: a. a. O., S. 31.

22 Vgl. Blake, J. W.: West Africa. Quest for God and Gold 1454–1578, London 1977; ders.: European Beginnings in West Africa, 1454–1578, London/New York/Toronto 1937 sowie die Dokumentensammlung von ders.: Europeans in West Africa 1450–1560, 2 Bde., London 1942.

23 Vgl. Diederichs, H.: Herzog Jacobs von Kurland Kolonien an der Westküste von Afrika. Festschrift der kurländischen Gesellschaft für Literatur und Kunst zur Feier ihres 75jährigen Bestehens, Mitau 1890.

24 Mattiesen, O. H.: Die Kolonial- und Überseepolitik der kurländischen Herzöge im 17. und 18. Jahrhundert, Stuttgart 1940, S. 14.

25 Vgl. Huth, H.: Otto Friedrich von der Groebens Abenteuer in Afrika. Zur ersten deutschen Kolonialgründung unter dem Großen Kurfürsten. In: Der Bär von Berlin, Berlin (W) 1976, S. 30 ff.

26 Zitiert nach Brandenburg-Preußen auf der Westküste von Afrika …, S. 28.

27 Stuhr, P. F.: a. a. O., S. 40 ff.

28 Brandenburg-Preußen auf der Westküste von Afrika …, S. 28.

29 Zitiert nach Beuys, B.: Der Große Kurfürst. Der Mann, der Preußen schuf, Reinbeck bei Hamburg 1979, S. 377.

30 Vgl. zum ausführlichen Lebenslauf und zur Genealogie Graf von der Groeben-Neudörfchen, G.: Die Erbfolge in den von dem Generallieutnant Friedrich von der Groeben am 8. April 1711 errichteten vier Majoraten, Diesdorf 1897; Voigt, C.: Otto Friedrich v. d. Groeben. In: Überall. Illustrierte Zeitschrift für Armee und Marine, 19. Jg., Berlin 1916, S. 25 ff.; Huth, H.: a. a. O., S. 30 ff.

31 Vgl. Claridge, W. W.: A History of the Gold Coast and Ashanti, Bd. I, London 1915, S. 123.

32 Zitiert nach Voigt, C.: Groß-Friedrichsburg. In: Der Burgwart, 20. Jg., Nr. 2, Berlin 1919, S. 14.

33 Zitiert nach ebenda.

34 Boßmann, W.: Reyse nach Guinea, oder ausführliche Beschreibung dasiger Gold-Gruben …, Hamburg 1708, S. 14.

35 Zitiert nach Brandenburg-Preußen auf der Westküste von Afrika …, S. 38.

36 Vgl. Müller, W.: Die Anfänge des kurfürstlichen Schiffbaues in Berlin. In: Brandenburgische Jahrbücher, Bd. 11, Potsdam/Berlin 1938, S. 94 ff.

37 Vgl. Voigt, W.: Der Havelberger Seeschiffbau. In: Brandenburgische Jahrbücher, Bd. 11, Potsdam/Berlin 1938, S. 43 ff.

38 Brandenburg (Marine). In: Alten, G. v.: Handbuch für Heer und Flotte, Bd. 2, Berlin–Leipzig–Wien–Stuttgart 1909, S. 466.

39 Vgl. Jordan, A.: Geschichte der brandenburgisch-preußischen Kriegs-Marine, Berlin 1856, S. 67 f.

40 Zitiert nach Brandenburg-Preußen auf der Westküste von Afrika …, S. 39.

41 Zitiert nach ebenda, S. 82.

42 Vgl. Reichold, W.: Brandenburg-Preussen an der mauretanischen Küste. In: Internationales Afrikaforum, Nr. 1, Köln 1977, S. 80.

43 Zitiert nach Brandenburg-Preußen auf der Westküste von Afrika, S. 72.

44 Zitiert nach ebenda, S. 92.

45 Daaku, K. Y.: Trade and Politics on the Gold Coast 1600–1720, Oxford 1970, S. 47.

46 Vgl. Opgencorth, E.: Friedrich Wilhelm der Grosse Kurfürst von Brandenburg, Bd. 2, Göttingen–Frankfurt (Main)–Zürich 1978, S. 310.

47 Zitiert nach Schück, R.: a. a. O., Bd. I, S. 192.

48 Vgl. Mattiesen, O. H.: Die Kolonial- und Überseepolitik der kurländischen Herzöge im 17. und 18. Jahrhundert, Stuttgart 1940, S. 13.

49 Vgl. Kellenbenz, H.: Die Brandenburger auf St. Thomas. In: Jahrbuch für Geschichte von Staat, Wirtschaft und Gesellschaft Lateinamerikas, Bd. 2, Köln–Graz 1965, S. 196 ff.

50 Moerner, T. v. (Hrsg.): Kurbrandenburgs Staatsverträge von 1601 bis 1700, Berlin 1867, S. 472.

Anmerkungen

51 Ebenda.
52 Vgl. Bitterli, U.: Die Entdeckung des schwarzen Afrikaners, Zürich–Freiburg i. Br. 1970, S. 123 f.
53 Zur Eich, H. J.: Africanische Reißbeschreibung in die Landschaft Fetu, Zürich 1677, S. 68.
54 Vgl. Kellenbenz, H.: a. a. O., S. 212 f.
55 Voigt, C.: Groß-Friedrichsburg. In: a. a. O., Nr. 3, S. 21.
56 Vgl. Jones, A.: Brandenburg-Prussia and the Atlantic Slave Trade 1680–1700. In: De la Traite a L'Esclavage, Tom 1: Actes du Colloque International sur la traite des Noirs Nantes 1985, Nantes/Paris 1989, S. 283 ff.
57 Steltzer, H. G.: «Mit herrlichen Häfen versehen». Brandenburgisch-preußische Seefahrt vor dreihundert Jahren, Frankfurt am Main–Berlin (West)–Wien 1981, S. 155 ff.
58 Vgl. Nöldeke, H.: Die Fregatte «Friedrich Wilhelm zu Pferde» und ihr Schiffs-Chirurg, Herford 1990.
59 Oettinger, P.: Unter brandenburgischer Flagge. Deutsche Kolonial-Erfahrungen vor 200 Jahren. Nach dem Tagebuch des Chirurgen Johann Peter Oettinger, Berlin 1886, S. 60 ff.
60 Ebenda, S. 67 ff.
61 Isert, P. E.: Reise nach Guinea und den Caribaischen Inseln in Columbien. In Briefen an seine Freunde beschrieben, Kopenhagen 1788, S. 124.
62 Zitiert nach Huth, H.: a. a. O., S. 36.
63 Oberländer, R.: Westafrika vom Senegal bis Benguela, Berlin 1878. S. 198.
64 Brandenburg-Preußen auf der Westküste von Afrika ..., S. 41.
65 Schück, R.: a. a. O., Bd. 1, S. 216.
66 Boßmann, W.: a. a. O., S. 9 f.
67 Zitiert nach Voigt, C.: Groß-Friedrichsburg. In: a. a. O., S. 16.
68 So z. B. Brandenburg-Preußen auf der Westküste von Afrika ..., S. 45.
69 Vgl. Liesegang, C.: Die Goldgewinnung an der Guineaküste in alter Zeit und die ersten deutschen Bergleute in der brandenburgisch-preußischen Kolonie Groß-Friedrichsburg. In: Koloniale Rundschau, Nr. 2, Berlin 1943, S. 57 ff.
70 Zitiert nach Darmstaedter, P.: a. a. O., S. 77.
71 Vgl. Steltzer, H. G.: a. a. O., S. 80.
72 Zitiert nach Liesegang, C.: a. a. O., S. 62.
73 Vgl. Poppinga, R. R.: Brandenburgs Kriegsschiffe im XVII. Jahrhundert. In: Schiff und Zeit, Nr. 30, Herford 1989, S. 59.
74 Brandenburg-Preußen auf der Westküste von Afrika ..., S. 46 ff.
75 Vgl. Beheim-Schwarzbach, M.: Die maritime und koloniale Thätigkeit Friedrich Wilhelms, des großen Kurfürsten. In: Zeitschrift für Allgemeine Geschichte, Kultur-, Literatur- und Kunstgeschichte, Bd. 2, Stuttgart 1885, S. 216.
76 Pflugk-Harttung, J. v.: Entdeckungs- und Kolonialgeschichte. In: Weltgeschichte. Die Entwicklung der Menschheit in Staat und Gesellschaft. In: Kultur und Geistesleben, hrsg. von J. von Pflugk-Harttung, Bd. 4, Berlin 1907, S. 110.
77 Vgl. Schmidt, G.: Schiffe unterm Roten Adler, Rostock 1986, S. 22.
78 Vgl. Schmitt, E.: Die brandenburgischen Überseehandelskompanien im XVII. Jahrhundert. In: Schiff und Zeit, Nr. 11, Herford 1980, S. 11.
79 Zitiert nach Rachel, H.: Benjamin Raule. In: Brandenburgische Jahrbücher, Bd. 11, S. 81.
80 Halle, E. v.: Die Seemacht in der deutschen Geschichte, Leipzig 1907, S. 61.
81 Schück, R.: a. a. O., Bd. 1, S. 287 f.
82 Atkins, J.: A Voyage to Guinea, Brasil and the West-Indies, London 1735, S. 449.
83 Zitiert nach Ullmann, M.: Texte zur brandenburgisch-preußischen Kolonialgeschichte, Potsdam 1992, S. 64.
84 Zitiert nach Voigt, C.: Neue Forschungen über Groß-Friedrichsburg. In: Zeitschrift für Kolonialpolitik, Kolonialrecht und Kolonialwirtschaft, 15. Jg., Nr. 7, Berlin 1913, S. 356 f.
85 Vgl. zu dieser Problematik ausführlicher Jones, A.: Zur Quellenproblematik der Geschichte Westafrikas 1450–1900 (= Studien zur Kulturkunde, Bd. 99), Stuttgart 1990.
86 Oberländer, R. (Hrsg.): Westafrika vom Senegal bis Benguela, Leipzig 1878, S. 201.
87 Westermann, D.: Jan Cuny. In: Afrika, Bd. 2, Berlin 1943, S. 3.
88 Vgl. Voigt, C.: Jan Conny und seine Beziehung zu Groß-Friedrichsburg. In: Zeitschrift für Kolonialpolitik, Kolonialrecht und Kolonialwirtschaft, 14. Jg., Nr. 2, Berlin 1912, S. 123.
89 Zitiert nach Voigt, C.: Neue Forschungen über Groß-Friedrichsburg. In: a. a. O., S. 357.
90 Vgl. Ring, V.: Asiatische Handlungscompagnien Friedrichs des Großen, Berlin 1890.
91 Das Kurbrandenburgische Fort Groß-Friedrichsburg in Guinea. Bericht über den Besuch desselben durch die Offiziere S. M. Schiff «Sophie», erstattet an den Chef der Kaiserlichen Admiralität, Berlin 1884, S. 5.

Zeittafel

1471	Portugiesen landen an der Küste des Golfes von Guinea.
1482	Gründung des Forts Elmina durch Portugiesen.
um 1500	Handelsvertrag des Stadtstaates Benin mit Portugal.
1520	Portugiesen erbauen auf Arguin ein Fort.
1574	Der Portugiese P. Diaz leitet eine Expedition an die Küste Angolas.
1590	Niederländer setzen sich an der westafrikanischen Küste fest.
um 1600	Beginn der Blütezeit des Akan-Reiches.
1617	Holländische Niederlassungen entstehen an der Goldküste und auf der Insel Goreè am Kap Verde.
1618	Engländer bilden die erste dauerhafte Niederlassung an der Goldküste.
1618	Beginn des Dreißigjährigen Krieges.
1620	Geburt des brandenburgischen Kurprinzen Friedrich Wilhelm.
1626	Gründung des ersten französischen Forts an der Mündung des Senegal.
1637	Elmina geht in holländischen Besitz über.
1638	Die Insel Arguin wird von Holländern besetzt und genutzt.
1640	Regierungsantritt Friedrich Wilhelms.
1642	Portugiesen verlieren ihre westafrikanischen Stützpunkte an die Niederländer.
1643	Ludwig XIV. wird König von Frankreich.
1644	Beginn der Friedensverhandlungen zur Beendigung des Dreißigjährigen Krieges.
1645	Beginn eines Aufstandes in Nordostbrasilien gegen die Niederländer.
1647	Wilhelm II. von Oranien, Statthalter von Holland und Seeland, strebt Monarchie an.
1647	Admiral Gijsels van Lier tritt in brandenburgische Dienste.
1648	Der Westfälische Friede von Münster und Osnabrück beendet den Dreißigjährigen Krieg.
1650	Verhandlungen Kurbrandenburgs mit Hamburg über gemeinsame Überseegeschäfte.
1651	Beginn der Verhandlungen Brandenburgs mit Dänemark über den Ankauf der indischen Besitzung Tranquebar.
1651	Portugal zwingt dem Kongoreich einen Protektionsvertrag auf.
1651	Das in England verabschiedete «Navigation Act» richtet sich gegen das Monopol der Niederländer im Zwischenhandel zur See. Englische Waren bzw. Waren nach England und in die englischen Kolonien dürfen nur von englischen Schiffen transportiert werden, womit die Grundlage für den Aufstieg Englands zur See- und Weltmacht gelegt ist.
1652	Beginn des ersten englisch-niederländischen Seekrieges zur Erzwingung des «Navigation Act».
1652	Die Niederländisch-Westindische Kompanie gründet bei Kapstadt die erste Versorgungsstation für den Schiffsverkehr zwischen Europa und Südostasien, womit die «weiße» Besiedlung und Eroberung Südafrikas beginnt.
1653	Friedrich Wilhelm I. verzichtet aus Kapitalmangel auf die Gründung einer brandenburgisch-ostindischen Kompanie.
1653	Durch Rezeß der brandenburgischen Stände Beginn der absoluten Monarchie in Brandenburg–Preußen.
1655	Beginn des Krieges zwischen England und Frankreich gegen Spanien.
1655	Beginn des schwedisch-polnischen Krieges.
1656	Brandenburg kämpft auf seiten Schwedens gegen seinen Suzerän, den polnischen König. In der Schlacht bei Warschau werden die Polen geschlagen; Beendigung der schwedischen Lehenshoheit über Preußen.
1657	Polen erkennt die Souveränität des brandenburgischen Kurfürsten über Preußen an, womit dieser uneingeschränkt Zugang zur Ostsee erhält.
1658	In der Schlacht bei Dünkirchen schlagen die Franzosen die Spanier.
1659	Der «Pyrenäenfriede» beendet den spanisch-französischen Krieg. In Spanien beginnt zugunsten Frankreichs der wirtschaftliche und militärpolitische Abstieg.
1659	Franzosen gründen St. Louis am Senegal.
1660	Der Friede von Oliva beendet den schwedisch-polnischen Krieg und bestätigt die Souveränität des Kurfürsten von Brandenburg über Preußen; die Oderhäfen bleiben jedoch in schwedischer Hand.
1660	Jakob von Kurland gibt seine Bestrebungen zum Erwerb von Stützpunkten an der afrikanischen Küste auf.
1661	Der französische König Ludwig XIV. tritt die Alleinregierung an und versucht auch die Hegemonie Frankreichs nach außen zu erlangen. Durch Gründung von zwei Handelskompanien wird der französische Sklavenhandel systematisiert.
1661	Beginn der englischen Expansion in Indien.
1661	Handels- und Schiffahrtsvertrag Brandenburg-Preußens mit England.
1662	Die Engländer errichten Cape Coast Castle an der «Goldküste» als Stützpunkt für den Sklavenhandel.

Zeittafel

1663	Englische Aktiengesellschaften erhalten Charter für Beteiligung am transatlantischen Sklavenhandel.
1664	Engländer vertreiben die Niederländer aus dem Fort im heutigen Accra.
1665	Beginn des zweiten englisch-niederländischen Seekrieges, der zwei Jahre andauert.
1667	Bündnis zwischen Frankreich und Brandenburg.
1672	Frankreich fällt in Holland ein; Beginn des dritten englisch-niederländischen Seekrieges.
1672	Die Gründung der Royal African Company in England schafft eine Monopolgesellschaft für die Beteiligung am Sklavenhandel.
1674	Die in Westindien gelegene Insel St. Thomas wird dänischer Kolonialbesitz.
1675	Neugründung der Dutch East India Company.
1675	Schweden fallen in Brandenburg ein. In der Schlacht von Fehrbellin werden sie von Friedrich Wilhelm I. geschlagen.
1675	Benjamin Raule wird kurfürstlicher Rat.
1676	Brandenburgische Kriegsschiffe erbeuten zwei schwedische Schiffe.
1677	Benjamin Raule wird Oberdirektor in Seesachen.
1678	Die Insel Arguin fällt in französische Hände.
1679	Im Frieden von Saint-Germain erhält Schweden ganz Vorpommern.
1680	Ein Brandenburgischer Flottenverband operiert erstmalig in der Nordsee.
1680	Beginn der ersten Afrikafahrt durch brandenburgische Schiffe.
1681	Brandenburgische Kriegsschiffe bringen ein spanisches Schiff auf und segeln erstmalig in die Karibik.
1681	Brandenburgische Schiffe landen an der westafrikanischen Küste; schließen einen Vertrag mit afrikanischen Häuptlingen ab; die «Morian» kehrt zurück.
1681	Raule wird Generaldirektor der Marine.
1682	Gründung der Brandenburgisch-Afrikanischen Kompanie.
1682	Major Otto Friedrich von der Groeben landet Ende des Jahres an der afrikanischen Westküste.
1682	Brandenburgische Truppen besetzen Greetsiel bei Emden.
1683	Grundsteinlegung für das Fort Großfriedrichsburg.
1683	Emden wird brandenburgischer Haupthafen.
1684	Otto Friedrich von der Groeben kehrt nach Brandenburg zurück.
1684	Brandenburgischer Vertrag mit afrikanischen Häuptlingen über die Errichtung der Dorotheenschanze.
1684	Häuptling Jancke wird in Berlin vom Kurfürsten empfangen.
1684	Der Große Kurfürst kauft sich seine ständige Flotte.
1685	Ludwig XIV. hebt das Edikt von Nantes auf, was eine Auswanderung zahlreicher Hugenotten zur Folge hat, wovon sich viele in Brandenburg niederlassen.
1685	Errichtung der Schanze bei Taccarary.
1685	Brandenburgisch-niederländischer Vertrag zur Abgrenzung der beiderseitigen Interessensphären in Westafrika.
1685	Brandenburger landen auf der Insel Arguin.
1685	«Code Noir» in den französischen Kolonien erlassen, was eine rechtliche Fixierung der Beziehungen zwischen Sklaven und Sklavenhalter bedeutet. Dies hat auch Auswirkungen auf englische u. a. Kolonialgebiete.
1685	Vertrag des Großen Kurfürsten mit Dänemark über Handelskonzessionen auf der westindischen Insel St. Thomas.
1687	Brandenburgische Befestigungen in Westafrika werden von Niederländern angegriffen.
1688	Zuspitzung des Verhältnisses zwischen Kurbrandenburg und den Niederlanden. Der Tod des Großen Kurfürsten verhindert Ausbruch von Feindseligkeiten.
1688	Friedrich III. wird Nachfolger des Großen Kurfürsten.
1689	Gründung der Werft in Havelberg.
1689	Die Große Allianz, der sich mehrere Staaten, auch Brandenburg, anschließen, stellt das Gleichgewicht der Kräfte gegen die Hegemonie Frankreichs her.
1690	Englische East India Company wird gegründet.
1691	Brandenburgischer Vertrag mit dem Herzog von Kurland über die gemeinsame Nutzung der Insel Tobago.
1692	Umwandlung der Brandenburgisch-Afrikanischen Kompanie in Brandenburgisch-Africanische-Americanische Compagnie.
1692	In der Seeschlacht von La Hogue besiegen die Engländer die Franzosen.
1693	Versenkung der Fregatte «Friedrich Wilhelm» durch die Franzosen.
1695	Der Herrscher der Ashanti, Osai Tuti, gründet ein Reich.
1697	Der Friede von Rijswijk beendet den Pfälzischen Erbfolgekrieg.
1697	Einstellung des Schiffbaus in Havelberg.

Zeittafel

1698	Das Englische Parlament beschließt die Abschaffung des Monopols im Westafrikahandel für die Royal African Company. Stattdessen beginnt der Freihandel mit Sklaven und Produkten aus dem transatlantischen Sklavenhandel.
1698	Benjamin Raule wird verhaftet.
1700	Verfahren gegen Benjamin Raule wird auf dem Gnadenwege niedergeschlagen.
1700	Beginn des Nordischen Krieges.
1701	Kurfürst Friedrich III. von Brandenburg krönt sich in Königsberg als Friedrich I. zum König in Preußen
1701	Beginn des Spanischen Erbfolgekriegs.
1706	Schlacht bei Ramillies. Engländer und Holländer schlagen und vertreiben Franzosen fast völlig aus den Spanischen Niederlanden.
1706	Schlacht bei Turin. Kaiserliche Truppen unter Prinz Eugen besiegen die Franzosen.
1707	Benjamin Raule stirbt.
1708	Nach jahrelanger Abwesenheit läuft das erste preußische Schiff wieder Großfriedrichsburg an.
1708	Entstehung des afrikanischen Reiches Dahomey, dessen ökonomische Grundlage auf der Gewinnung von Sklaven für den transatlantischen Handel beruht.
1709	Schlacht bei Poltawa.
1711	Die brandenburgisch-preußische Handelskompanie geht in den ausschließlichen Besitz des Monarchen über.
1712	Jan Conny besiegt die von Holländern und Engländern aufgewiegelten Afrikaner.
1712	Der letzte preußische Vertrag mit einem afrikanischen Herrscher an der Goldküste wird abgeschlossen.
1713	Der Friede von Utrecht beendet den Spanischen Erbfolgekrieg.
1713	Der Königstitel Preußens wird anerkannt. Allerdings stirbt bald darauf Friedrich I. von Preußen, und der «Soldatenkönig» Friedrich Wilhelm I. tritt seine Nachfolge an.
1716	Der letzte preußische Generaldirektor verläßt Großfriedrichsburg.
1716	Der Kommandant von Arguin, Nicolaus de Both, wird von den Mauren festgesetzt.
1717	Vertrag mit den Holländern über den Verkauf der preußischen Stützpunkte in Westafrika.
1718	Jan Conny bereitet Holländern bei dem Versuch, Großfriedrichsburg in Besitz zu nehmen, eine vernichtende Niederlage.
1721	Belagerung und Eroberung der Insel Arguin durch die Franzosen.
1721	Friedrich Wilhelm I. stellt eine Quittung über den Erhalt einer Kaufsumme der Kolonie Großfriedrichsburg durch die Niederländisch-Westindische Kompanie aus und beendet somit offiziell die brandenburgisch-preußische Kolonialära.
1724	Holländer erobern Großfriedrichsburg.
1725	Verkauf des brandenburgisch-preußischen Kompanie-Eigentums in Emden.
1725	Errichtung eines islamischen Reiches der Fulbe.
1727	Versteigerung der brandenburgisch-preußischen Kompanie-Effekten auf St. Thomas.
1728	Otto Friedrich von der Groeben verstorben.

Auswahlbibliographie

Allgemeine Historie der Reisen zu Wasser und Lande; oder Sammlung aller Reisebeschreibungen, welche bis iẞo in verschiedenen Sprachen von allen Völkern herausgegeben worden ..., 4 Bde., Leipzig 1748

Atkins, John: A Voyage to Guinea, Brasil and the West-Indies, London 1735

Baasch, E.: Über den Tod und das Begräbnis Benjamin Raules. In: Zeitschrift des Vereins für Hamburgische Geschichte, Bd. 26, Hamburg 1925

Bachmann, Peter/Zeisler, Kurt: Der deutsche Militarismus. Illustrierte Geschichte, Bd. 1: Vom brandenburgisch-preußischen zum deutschen Militarismus, Berlin 1971

Barbot, Jean: A Description of the Coasts of North and South Guinea, London 1732

Bastian, Adolf: Der Fetisch an der Küste Guineas auf den deutscher Forschung nähergerückten Stationen der Beobachtung, Berlin 1884

Beck, Hartmut: Brüder in vielen Völkern. 250 Jahre Mission der Brüdergemeine, Erlangen 1981

Beelitz, O.: Die Deutsche Colonisationen an der Westküste Afrika's nach ihren Vorgängen und ihrer Bedeutung, Köln 1885

Beheim-Schwarzbach, Max: Die maritime und koloniale Thätigkeit Friedrich Wilhelms, des großen Kurfürsten. In: Zeitschrift für Allgemeine Geschichte, Kultur-, Literatur- und Kunstgeschichte, Bd. 2, Stuttgart 1885

Berger, H.: Überseeische Handelsbestrebungen und koloniale Pläne unter Friedrich dem Grossen, Leipzig 1899

Beuys, Barbara: Der Große Kurfürst. Der Mann, der Preußen schuf, Reinbek bei Hamburg 1979

Bitterli, Urs: Die Entdeckung des schwarzen Afrikaners. Versuch einer Geistesgeschichte der europäisch-afrikanischen Beziehungen an der Guineaküste im 17. und 18. Jahrhundert, Zürich–Freiburg i. Br. 1970

Bitterli, Urs: Die «Wilden» und die «Zivilisierten». Grundzüge einer Geistes- und Kulturgeschichte der europäisch-überseeischen Begegnung, München 1982

Blake, John W.: European Beginnings in West Africa 1454–1578, London–New York–Toronto 1937

Blake, John W.: Europeans in West Africa 1450–1560, 2 Bde., London 1942

Blake, John W.: West Africa. Quest for God and Gold 1454–1578, London 1977

Bleckwenn, Hans: Brandenburg-Preußens Heer 1640–1807, Osnabrück 1978

Borcke, Heinrich Graf von: Die brandenburgisch-preußische Marine und die Africanische Compagnie, Köln 1864

Bosman, Par Guillaume: Voyage de Guinée, Autrecht 1705

Boßmann, Wilhelm: Reyse nach Guinea, oder ausführliche Beschreibung dasiger Gold-Gruben, Elephanten-Zähn und Sclaben-Handels nebst deren Einwohner Sitten, Religion, Regiment, Kriegen, Heyrathen und Begräbnissen, auch allen hieselbst befindlichen Thieren so bishero in Europa unbekannt gewesen, Hamburg 1708

Brandenburg-Preußen auf der Westküste von Afrika 1681–1721. Verfaßt vom Großen Generalstabe, Abteilung für Kriegsgeschichte, Leipzig 1885, 2. Auflage Leipzig 1912

Brandenburg. In: Georg von Alten: Handburg für Heer und Flotte. Enzyklopädie der Kriegswissenschaft und verwandter Gebiete, Bd. 2, Berlin–Leipzig–Wien–Stuttgart 1904

Brentjes, Burchard: Anton Wilhelm Amo. Der schwarze Philosoph in Halle, Leipzig 1976

Busley, C.: Kurbrandenburgische Fregatte «Friedrich Wilhelm zu Pferde». Schiffe des Mittelalters und der neueren Zeit. In: Jahrbuch der Schiffbautechnischen Gesellschaft, Bd. 21, Berlin 1920

Claridge, W. Walton: A History of the Gold Coast and Ashanti, 2 Bde., London 1915

Cruickshank, Brodie: Ein achtzehnjähriger Aufenthalt auf der Goldküste Afrika's, Leipzig o. J.

Daaku, Kwame Yeboa: Trade and Politics on the Gold Coast 1600–1720. A Study of the African Reaction to European Trade, Oxford 1970

Dageförde, Karl (Hrsg.): Leitfaden der preußischen Geschichte, Hannover–Berlin 1904

Dantzig, Albert von: Forts and Castles of Ghana, Accra 1980

Dapper, Olfert: Umbständliche und Eigentliche Beschreibung von Afrika, Amsterdam 1670

Darmstaedter, Paul: Geschichte der Aufteilung und Kolonisation Afrikas seit dem Zeitalter der Entdeckungen, Erster Band: 1415–1870, Berlin–Leipzig 1913

Debrunner, Hans Werner: Presence and Prestige: Africans in Europe. A History of Africans in Europe before 1918, Basel 1979

Debrunner, Hans Werner: Schweizer im kolonialen Afrika, Basel 1991

Diederichs, H.: Herzog Jacobs von Kurland Kolonien an der Westküste von Afrika. Festschrift der kurländischen Gesellschaft für Literatur und Kunst zur Feier ihres 75jährigen Bestehens, Mitau 1890

Diller, Stephan: Tranquebar. Handelsplatz und Missionsstation (1620–1845). In: Vergleichende europäische Überseegeschichte, hrsg. von Eberhard Schmitt und Thomas Beck (= Forschungsforum. Berichte aus der Otto-Friedrich-Universität Bamberg, Heft 4), Bamberg 1992

Eckardt, Werner/Marawietz, Otto: Die Handwaffen des brandenburgisch-preußisch-deutschen Heeres 1640–1945, Hamburg 1957

EGB: Emden als Marine-Garnison. Großer Kurfürst und SMS ARCONA, in: Köhlers Flottenkalender 1991. Das deutsche Jahrbuch der Seefahrt, Herford 1991

Eich, Lothar: Risse von Schiffen des 16. und 17. Jahrhunderts, Rostock 1979

Fage, John D.: A History of West Africa. An Introductory Survey, Cambridge 1969

Feige, Thomas: Ergänzung zu «Schiffe unterm Roten Adler». In: Das Logbuch. Zeitschrift für Schiffbaugeschichte und Schiffsmodellbau, Heft 2, Heidesheim 1989

Forte, Dieter: «Die europäische Zivilisation setzt sich unaufhaltsam durch». In: Entwicklungspolitische Korrespondenz (Hrsg.): Deutscher Kolonialismus. Ein Lesebuch zur Kolonialgeschichte, 2. Auflage, Hamburg 1991

Friedel, Ernst: Brandenburgisch-Preußische Marine und Kolonisation. In: Brandenburgia. Monatsblatt der Gesellschaft für Heimatkunde der Provinz Brandenburg zu Berlin, 20. Jg., Berlin 1912

Friedel, Ernst: Die Gründung preußisch-deutscher Colonien im Indischen und Großen Ocean, mit besonderer Rücksicht auf das östliche Asien, Berlin 1867

Funcken, Liliane und Fred: Historische Uniformen, 18. Jahrhundert, Gütersloh 1977

Auswahl-bibliographie

Gansauge, H. von: Das brandenburgisch-preußische Kriegswesen um die Jahre 1440, 1640 und 1740, Berlin–Posen–Bromberg 1839

Gartung, Werner: Schreckenskammern. Festungen erinnern an den Sklavenhandel. In: Neue Ruhr-Zeitung, 22.11.1988, Essen

Gieraths, Günter: Benjamin Raule, sein Leben und insbesondere seine volkswirtschaftlichen Ansichten. In: Economisch-Historisch Jaarboek, Bd. 10, 'S-Gravenhage 1924

Giersberg, Hans-Joachim: Über die Mere nach Afrika, in: Der Große Kurfürst. Sammler, Bauherr, Mäzen. Katalog zu einer Ausstellung im Neuen Palais in Sanssouci, Potsdam 1988

Gloger, Bruno: Friedrich Wilhelm, Kurfürst von Brandenburg, Berlin 1985

Graudenz, Karlheinz: Die deutschen Kolonien. Geschichte der deutschen Schutzgebiete in Wort, Bild und Karte, München 1982

Gröben, Otto Friedrich von der: Orientalische Reise-Beschreibung des Brandenburgischen Edelichen Pilgers Otto Friedrich von der Gröben: nebst der Brandenburgischen Schiffahrt nach Guinea, und der Verrichtung zu Morea, Marienwerder 1694

Groeben-Neudörfchen, Günther Graf von der: Die Erbfolge in den von dem Generallieutenaut Friedrich von der Groeben am 8. April 1711 errichteten vier Majoraten Neudörfchen, Ponarien, Groß-Schwansfeld und Ludwigsdorf, Diesdorf 1897

Gross-Friedrichsburg. In: Deutsche Kolonialzeitung, 29. Jg., 2. November 1912, Berlin

Hahl, Albert: Zur Geschichte der kolonialen Betätigung der europäischen Völker, Berlin 1924

Haken, I. C. L. (Hrsg.): Joachim Nettelbeck, Bürger zu Colberg. Eine Lebensbeschreibung, von ihm selbst aufgezeichnet, Leipzig 1845

Halle, Ernst von: Die Seemacht in der deutschen Geschichte, Leipzig 1907

Hamel, J. A. van: Een Nederlander als de geniale organisator von Pruisische zee-en koloniale macht. Benjamin Raule (1634–1707). In: Historia. Maandschrift voor Geschiedenis, 2. Jg., Utrecht 1936

Hartwich: Die Seeschiffswerft des Großen Kurfürsten zu Havelberg. In: Prignitzer Heimatblätter, Nr. 8, Wittenberge 1928

Heyck, Eduard: Brandenburgisch-deutsche Kolonialpläne. Aus den Papieren des Markgrafen Hermann von Baden-Baden. In: Zeitschrift für die Geschichte des Oberrheins, hrsg. von der Badischen Historischen Kommission, Neue Folge, Bd. 2, Freiburg i. Br. 1887

Heyden, Ulrich van der: Brandenburg als See- und Kolonialmacht. In: Die Mark Brandenburg, Nr. 2, Berlin 1991

Heyden, Ulrich van der: «Seefahrt und Handlung die führnehmsten Säulen eines Staates.» Mit der Fregatte «Brandenburg» durch Ingrid Stolpe wird an die fast vergessene maritime Tradition erinnert. In: Der Tagesspiegel vom 28.08.1992, Berlin

Hiltl, George: Die Mohren aus der Behrenstraße. In: Der Bär. Berlinische Blätter für vaterländische Geschichte und Alterthumskunde, 2. Jg., Berlin 1876

Hünemörder, Friedrich: Deutsche Marine- und Kolonialgeschichte im Rahmen einer Geschichte der Seefahrt und des Seekrieges, Kiel 1903

Huth, Hans: Otto Friedrich von der Groebens Abenteuer in Afrika. Zur ersten deutschen Kolonialgründung unter dem Großen Kurfürsten. In: Der Bär von Berlin, Berlin (West) 1976

Isert, Paul Erdmann: Reise nach Guinea und den Caribaischen Inseln in Columbien, in Briefen an seine Freunde beschrieben, Kopenhagen 1788

Israel, Ulrich/Gebauer, Jürgen: Segelkriegsschiffe, Berlin 1982

Jones, Adam: Archival Materials on the Brandenburg African Company (1682–1721). In: History in Africa, vol. 11, East Lansing 1984

Jones, Adam: Brandenburg-Prussia and the Atlantic Slave Trade 1680–1700. In: De la Traite a L'Esclavage, Tome 1: Actes du Colloque International sur la traite des Noirs Nantes 1985, ed. Serge Daget, Nantes–Paris 1989

Jones, Adam: Brandenburg Sources for West African History 1680–1700 (= Studien zur Kulturkunde, Bd. 77), Stuttgart 1985

Jones, Adam: A Critique of Editorial and Quasi-Editorial Work on Pre–1885 European Sources for Sub-Saharan Africa, 1960–1986. In: Paideuma, vol. 33, Wiesbaden 1987

Jones, Adam: The Dark Continent. A preliminary study of the geographical coverage in European sources, 1400–1880. In: Paideuma, vol. 33, Wiesbaden 1987

Jones, Adam: The Earliest German Sources for West African History (1504–1509). In: Paideuma, vol. 35, Wiesbaden 1989

Jones Adam: The Kquoja Kingdom. A Forest State in Seventeenth Century West Africa. In: Paideuma, vol. 29, Wiesbaden 1983

Jones, Adam: Zur Quellenproblematik der Geschichte Westafrikas 1450–1900 (= Studien zur Kulturkunde, 99. Bd.), Stuttgart 1990

Jones, Adam: Semper Aliquied Veteris: Printed Sources for the History of the Ivory and Gold Coast, 1500–1750. In: Journal of African History, vol. 27, Cambridge 1986

Jones, Adam: Still underused. Written German Sources for West Africa before 1884. In: History in Africa, vol. 13, East Lanning 1986

Jordan, A.: Geschichte der brandenburgisch-preußischen Kriegs-Marine. In ihren Entwicklungsstufen dargestellt, Berlin 1856

Jörns, P.: Brigantine Castell Friedrichsburg. In: Der Schiffspropeller, Heft März/April, Baden-Baden 1992

Kaese, Wolfgang: Sklaverei und Staat in Afrika. Das Beispiel Asante. In: Bley, Helmut u.a. (Hrsg.): Sklaverei in Afrika. Afrikanische Gesellschaften im Zusammenhang von europäischer und interner Sklaverei und Sklavenhandel, Pfaffenweiler 1991

Kea, Ray: Firearms and Warefare on the Gold and Slave Coasts from the 16th to the 19th Century. In: Journal of African History, vol. 12, no. 3, Cambridge 1971

Kea, Ray: Settlements, Trade and Polities in the 17th-Century Gold Coast, Baltimore–London 1982

Kecskési, Maria: Kunst aus dem alten Afrika (= Sammlungen aus dem Staatlichen Museum für Völkerkunde München, Bd. 2), Innsbruck–Frankfurt am Main 1982

Kellenbenz, Hermann: Die Brandenburger auf St. Thomas. In: Jahrbuch für Geschichte von Staat, Wirtschaft und Gesellschaft Lateinamerikas, Bd. 2, Köln–Graz 1965

Koschitzky, Max von: Deutsche Colonialgeschichte, Bd. 1, Leipzig 1887

Koser, Reinhold: Der Große Kurfürst und Friedrich der Große in ihrer Stellung zu Marine und Seehandel. In: Marine-Rundschau, Monatsschrift für Seewesen, Heft 4, Berlin 1904

Krämer, P. J. L.: Benjamin Raule en de Groote Keurvorst in 1675. In: De Navorscher, Nijmegen 1893

Krüger, Horst: Plans for the Foundation of an East India Company in Brandenburg-Prussia in the Second Half of the Seventeenth Century. In: Krüger, Horst (Ed.): Kunwar Mohammad Ashraf, an Indian Scholar and Revolutionary, Berlin 1966

Auswahlbibliographie

Das Kurbrandenburgische Fort Groß-Friedrichsburg in Guinea. Bericht über den Besuch desselben durch die Offiziere S. M. Schiff «Sophie» erstattet an den Chef der Kaiserlichen Admiralität, Berlin 1884

Lawrence, A. W.: Trade Castles and Forts of West Africa, London 1963

Liesegang, Carl: Die Goldgewinnung an der Guineaküste in alter Zeit und die ersten deutschen Bergleute in der brandenburgisch-preußischen Kolonie Groß-Friedrichsburg. In: Koloniale Rundschau, 34. Jg., Heft 2, Leipzig 1943

Loth, Heinrich: Das Sklavenschiff. Die Geschichte des Sklavenhandels, 2. Auflage, Berlin 1984

Ly, Abdoulaye: La compagnie du Sénégal de 1673 á 1696, Bordeaux 1955

Marees, Pieter de: Description and Historical Account of the Gold Kingdom of Guinea (1602). Translated from the Dutch and edited by Albert van Dantzig & Adam Jones, Oxford 1987

Marreè, J. A. de: Reizen op en Beschrijving van de Goudkust van Guinea, 2 Bde., Amsterdam 1817/18

Mattiesen, Otto Heinz: Die Kolonial- und Überseepolitik der kurländischen Herzöge im 17. und 18. Jahrhundert, Stuttgart 1940

Mattiesen, Otto Heinz: Die Kolonial- und Überseepolitik Herzog Jakobs von Kurland 1640–1660, Inaugural-Dissertation, Stuttgart 1939

Menzel, Brigitte: Goldgewichte aus Ghana (Veröffentlichungen des Museums für Völkerkunde Berlin, N. F. 12), Berlin 1968

Meyer, Adolf: Prägungen Brandenburg-Preussens, betreffend dessen Afrikanische Besitzungen und Aussenhandel 1681–1810, Berlin 1885

Mittenzwei, Ingrid/Herzfeld, Erika: Brandenburg-Preußen 1648–1789. Das Zeitalter des Absolutismus in Text und Bild, Berlin 1987

Moerner, Theodor von (Hrsg.): Kurbrandenburgs Staatsverträge von 1601 bis 1700. Nach den Originalen des Königl. Geh. Staats-Archivs bearbeitet, Berlin 1867

Mondfeld, Wolfram zu: Friedrich Wilhelm zu Pferde. Kurbrandenburgischer Zweidecker. In: Modellbau heute, Nr. 5, Berlin 1992

Müller, Hartmut: Bremen und Westafrika. Wirtschafts- und Handelsbeziehungen im Zeitalter des Früh- und Hochkolonialismus 1841–1914, 2. Teil. In: Jahrbuch der Wittheit zu Bremen, Bd. 17, Bremen 1973

Müller, Reinhold/Lachmann, Manfred: Spielmann-Trompeter-Hoboist. Aus der Geschichte der deutschen Militärmusiker, Berlin 1988

Müller, Wilhelm Johann: Die Africanische auff der Guineischen Gold-Cust gelegene Landschafft Fetu, Hamburg 1673

Müller, Wolfgang: Die Anfänge des kurfürstlichen Schiffbaues in Berlin. In: Brandenburgische Jahrbücher, hrsg. vom Landeshauptmann der Provinz Brandenburg, Bd. 11 (= Churbrandenburgische Schiffahrt), Potsdam–Berlin 1938

Mülverstedt, Georg Adelbert von: Die brandenburgische Kriegsmacht unter dem Großen Kurfürsten, Magdeburg 1888

Niane, Djibril Tamsir/Suret-Canale, J.: Afrikanisches Geschichtsbuch. Geschichte Westafrikas, Darmstadt 1963

Noerregaard, Georg: Danish Settlement in West Africa 1658–1850, Boston 1966

Nöldeke, Hartmut: Die Fregatte «Friedrich Wilhelm zu Pferde» und ihr Schiffs-Chirurg (= Schiff und Zeit spezial), Herford 1990

Oberländer, Richard (Hrsg.): Das Neue Buch der Reisen und Entdeckungen. Westafrika vom Senegal bis Benguela. Reisen und Schilderungen aus Senegambien, Ober- und Niederguinea, 3. Auflage, Leipzig 1878

Oettinger, Paul (Hrsg.): Unter kurbrandenburgischer Flagge. Deutsche Kolonial-Erfahrungen vor 200 Jahren. Nach dem Tagebuch des Chirurgen Johann Peter Oettinger, Berlin 1886

Oldendorps, C. G. A.: Geschichte der Mission der evangelischen Brüder auf den caribischen Inseln S. Thomas, S. Croix und S. Jan, 2 Bde., Leipzig 1777

Olderogge, D. A./Potechin I. I. (Hrsg.): Die Völker Afrikas. Ihre Vergangenheit und Gegenwart, 2 Bde., Berlin 1961

Olechnowitz, Karl-Friedrich: Ein abenteuernder Kaufmann des 17. Jahrhunderts. In: Wissenschaftliche Zeitschrift der Universität Rostock, 7. Jg., Gesellschafts- und Sprachwissenschaftliche Reihe, Heft 1, Rostock 1957/58

Opgenoorth, Ernst: Friedrich Wilhelm. Der Grosse Kurfürst von Brandenburg. Eine politische Biographie, 2 Bde., Göttingen–Frankfurt am Main–Zürich 1971 und 1978

Parry, John H.: Europäische Kolonialreiche. Welthandel und Weltherrschaft im 18. Jahrhundert (= Kindlers Kulturgeschichte Europas, Bd. 16), München 1983

Pauli, Carl Friedrich: Allgemeine preußische Staats-Geschichte des dazu gehörigen Königreichs, Churfürstenthums und aller Herzogthümer, Fürstenthümer, Graf- und Herrschaften aus bewährten Schriftstellern und Urkunden bis aufgegenwärtige Regierung, 7 Bde., Halle 1767

Paulsen, Klaas: Roter Adler am «Cabo tris Puntas» – oder: Was wollte der Kurfürst an Afrikas Küsten? In: Marinekalender der DDR 1984, hrsg. von Dieter Flohr und Robert Rosentreter, Berlin 1983

Paulsen, Klaas: Roter Adler über See. Gedanken zur Marinepolitik des Kurfürsten Friedrich Wilhelm I. von Brandenburg. In: Marinekalender der DDR 1983, hrsg. von Dieter Flohr und Robert Rosentreter, Berlin 1982

Peter, H.: Die Anfänge der brandenburgischen Marine. In: Sophien-Gymnasium in Berlin. XII. Jahresbericht, Berlin 1877

Peters, Erwin: Die Orientpolitik Friedrichs des Grossen nach dem Frieden von Teschen, Halle/S. 1914

Petersdorff, Hermann von: Der Grosse Kurfürst, Gotha 1926

Petrich, Max: Feste Großfriedrichsburg. In: Die Zinnfigur. Monatsschrift für Sammler und Liebhaber kulturhistorischer Figuren, Neue Folge, Heft 3, 5 und 6, Lehrte 1964

Petsch, Kurt: Seefahrt für Brandenburg-Preussen 1650–1815. Geschichte der Seegefechte, überseeischen Niederlassungen und staatlichen Handelskompagnien (= Das Altpreussische Heer. Erscheinungen und Wesen 1713–1807, hrsg. von H. Bleckwenn, Teil IV: Allgemeine Geschichte der Bekleidung und Ausrüstung des altpreußischen Heeres, Bd. 11), Osnabrück 1986

Pflugk-Harttung, I. von: Entdeckungs- und Kolonialgeschichte. In: Weltgeschichte. Die Entwicklung der Menschheit in Staat und Gesellschaft, in Kultur und Geistesleben, hrsg. von I. von Pflugk-Harttung, Bd. 4: Geschichte der Neuzeit. Das religiöse Zeitalter 1500–1650, Berlin 1907

Poppinga, Reemt Reints: Benjamin Raule. Ein Niederländer machte Emden zum Überseehafen. In: Schiff und Zeit, Nr. 17, Herford 1983

Poppinga, Reemt Reints: Brandenburgs Kriegsschiffe im XVII. Jahrhundert. In: Schiff und Zeit, Nr. 30, Herford 1989

Auswahlbibliographie

Poppinga, Reemt Reints: Brandenburgs Sklavenhandel über Bremen. In: Ostfriesland. Zeitschrift für Kultur, Wirtschaft und Verkehr, Heft 4, Aurich 1986

Poppinga Reemt Reints: 1682: Emden wird Marinestützpunkt. In: Schiff und Zeit, Nr. 16, Herford 1982

Postma, Johannes: West African Exports and the Dutch West India Campany, 1675–1731. In: Economisch- en Sociaal-Historisch Jaarboek, Bd. 36, 'S-Gravenhage 1973

Rachel, Hugo: Benjamin Raule. In: Brandenburgische Jahrbücher, hrsg. vom Landeshauptmann der Provinz Brandenburg, Bd. 11 (= Churbrandenburgische Schiffahrt), Potsdam–Berlin 1938

Radtke, Wolfgang: Die Preussische Seehandlung zwischen Staat und Wirtschaft in der Frühphase der Industrialisierung, Berlin (West) 1981

Reichold, Walter: Brandenburg-Preussen an der mauretanischen Küste. In: Internationales Afrikaforum, 13. Jg., Nr. 1, Köln 1977

Reincke, Heinrich: Hamburg. Ein kurzer Abriß der Stadtgeschichte von den Anfängen bis zur Gegenwart, Bremen 1925

Reincke, Heinrich u. a. (Hrsg.): Hamburg. Einst und jetzt, Hamburg 1933

Ring, Viktor: Asiatische Handelscompagnien Friedrichs des Großen. Ein Beitrag zur Geschichte des preussischen Seehandels und Aktienwesens, Berlin 1890

Ring, Viktor: Deutsche Kolonialgesellschaften, Berlin 1888

Ritter, Lutz: Die Kurbrandenburgische Flotte. Eine Betrachtung des Gemäldes von L. Verschuir von 1884. In: Das Logbuch. Zeitschrift für Schiffbaugeschichte und Schiffsmodellbau, Heft 2, Heidesheim 1982

Ritter, Lutz: Die Kurbrandenburgische Fregatte MORIAN von 1680. In: Das Logbuch. Zeitschrift für Schiffbaugeschichte und Schiffsmodellbau, Heft 2, Heidesheim 1993.

Rodney, Walter: A History of the Upper Guinea Coast 1548–1800, Oxford 1970

Rohrbach, Paul: Die Eingeborenenpolitik der europäischen Kolonialmächte in Afrika. In: Preußische Jahrbücher, hrsg. von Hans Delbrück, 121. Bd., Berlin 1908

Santos Lopes, Marilia dos: Schwarze Portugiesen. Die Geschichte des frühen europäischen Westafrika-Handels. In: Vergleichende europäische Überseegeschichte, hrsg. von Eberhard Schmitt und Thomas Beck (= Forschungsforum. Berichte aus der Otto-Friedrich-Universität Bamberg, Heft 4), Bamberg 1992

Saring, Hans: Schiffahrtspolitik des Großen Kurfürsten. In: Brandenburgische Jahrbücher, hrsg. vom Landeshauptmann der Provinz Brandenburg,, Bd. 11 (= Churbrandenburgische Schiffahrt), Potsdam–Berlin 1938

Schmidt, Günther: Schiffe unterm Roten Adler, Rostock 1986

Schmitt, Eberhard (Hrsg.) Der Aufbau der Kolonialreiche (= Dokumente zur Geschichte der europäischen Expansion, hrsg. von Eberhard Schmitt, Bd. 3), München 1987

Schmitt, Eberhard: Die brandenburgischen Überseehandelskompanien im XVII. Jahrhundert. In: Schiff und Zeit, Nr. 11, Herford 1980

Schmosser, Gustav: Ein Projekt von 1658 den großen Kurfürsten zum deutschen Reichsadmiral zu erheben. In: Märkische Forschungen, Bd. 20, Berlin 1887

Schnitter, Helmut: Vor 300 Jahren starb Kurfürst Friedrich Wilhelm von Brandenburg – Begründer der preußischen Armee. In: VISIER, Heft 5, Berlin 1988

Schoepp, Meta: Benjamin Raule. Des Großen Kurfürsten großer Marinedirektor, Düsseldorf o. J.

Schötter, Friedrich Freiherr von: Die Münzen Friedrich Wilhelms des Großen Kurfürsten und Friedrich III von Brandenburg, Berlin 1913

Schramm, Percy Ernst: Deutschland und Übersee. Der deutsche Handel mit den anderen Kontinenten, insbesondere Afrika, von Karl V. bis zu Bismarck. Ein Beitrag zur Geschichte der Rivalität im Wirtschaftsleben, Braunschweig–Berlin–Hamburg–Kiel 1950

Schröder, Werner: Vogelpark am Rande der Sahara. In: Afrika – Post. Magazin für Politik, Wirtschaft und Kultur Afrikas, Nr. 4, Bonn 1992

Schück, Richard: Brandenburg-Preußens Kolonial-Politik unter dem Großen Kurfürsten und seinen Nachfolgern (1647–1721), 2 Bde., Leipzig 1889

Sebald, Peter: Waren im 15. Jahrhundert die Portugiesen tatsächlich die ersten Europäer in Westafrika? (Eine deutschsprachige Quelle zu einem umstrittenen Problem afrikanischer Geschichte). In: Asien–Afrika–Lateinamerika, Heft 6, Berlin 1980

Seitz, T.: Zur Geschichte der deutschen kolonialen Bestrebungen, Berlin 1924

Seld, Freiherr von: Vertrauliche Mitteilungen vom Preußischen Hofe und aus der preußischen Staatsverwaltung, Berlin 1865

Seraphiem, Ernst: Kolonialpolitische Streifzüge im siebzehnten Jahrhundert im Lichte des herzoglichen Archivs in Mitau. In: Baltische Monatsschrift, Bd. 27, Reval 1890

Seraphim, A.: Mislungene Seefahrten nach Westindien. In: Baltische Monatsschrift, Bd. 27, Reval 1890

Sewigh, H.: Eine kurländische Colonie. In: Baltische Monatsschrift, Bd. 21, Riga 1872

Sieveking, Heinrich: Die Glückstädter Guineafahrt im 17. Jahrhundert. In: Afrika-Rundschau, 2. Jg., Nr. 9, Hamburg 1937

Sieveking, Heinrich: Die Glückstädter Guineafahrt im 17. Jahrhundert. Ein Stück deutscher Kolonialgeschichte. In: Vierteljahresschrift für Sozial- und Wirtschaftsgeschichte, 30. Bd., Heft 1, Stuttgart 1937

Sommer, Elisabeth: Der Große Kurfürst und Hamburg, Dissertation, Hamburg 1929

Spahn, Martin: Der Große Kurfürst, Mainz 1902

Steiner, Edgar: Sklavenschiffe aus Havelberg. Ein Beitrag zur Geschichte der Havelberger «Kurfürstlichen See-Schiffbauwerft» am Schönberg. In: Zwischen Havel und Elbe. Heimatheft des Kreises Havelberg, Nr. 4, Havelberg 1984

Steltzer, Hans Georg: «Mit herrlichen Häfen versehen». Brandenburgisch-preußische Seefahrt vor dreihundert Jahren, Frankfurt am Main–Berlin (West)–Wien 1981

Steltzer, Hans Georg: Die Deutschen und ihr Kolonialreich, Frankfurt am Main 1984

Stuhr, P. F.: Die Geschichte der See- und Kolonialmacht des großen Kurfürsten Friedrich Wilhelm von Brandenburg, Berlin 1839

Suret-Canale, Jean: Schwarzafrika. Geographie, Bevölkerung, Geschichte West- und Zentralafrikas, Bd. 1, Berlin 1966

Szymanski, Hans: Brandenburg-Preußen zur See 1605–1815. Ein Beitrag zur Frühgeschichte der deutschen Marine, Leipzig 1939

Townsend, Mary E.: Macht und Ende des deutschen Kolonialreiches, Reprint: Münster 1988

Auswahlbibliographie

Troschel, Elli: Der Admiral des Grossen Kurfürsten. In: Ueberall. Illustrierte Wochenschriftz des Deutschen Flotten-Vereins, Berlin 1901

Ullmann, Heinrich: Die Baltische Politik des Grossen Kurfürsten um die Sterbestunde der Hanse. In: Hansische Geschichtsblätter, Jg. 1890/91, Leipzig 1892

Ullmann, Mathias: Texte zur brandenburgisch-preußischen Kolonialgeschichte (Brandenburger in Afrika), (= Brandenburgische Entwicklungspolitische Hefte, Nr. 3), Potsdam 1992

Ustorf, Werner: Deutsche in Gambia. Der kurländische Kolonisationsversuch. In: Entwicklungspolitische Korrespondenz (Hrsg.): Deutscher Kolonialismus. Ein Lesebuch zur Kolonialgeschichte, 2. Auflage, Hamburg 1991

Vetter, Klaus: Kurfürst träumte von Afrika. Brandenburgische Kolonialambitionen blieben ein Kuriosum. In: Berliner Zeitung, 15./16. 12. 1990, Berlin

Vogel, Walther: Neue Literatur zur historischen Schiffbau- und Schiffahrtskunde. In: Zeitschrift des Vereins für Lübeckische Geschichte und Altertumskunde, Bd. 24, Lübeck 1927

Vogler, Günter/Vetter, Klaus: Preußen von den Anfängen bis zur Reichsgründung, 5. Auflage, Berlin 1977

Vogt, August: Westafrika in vorkolonialer Zeit. Freuden und Leiden eines Bielefelder Kaufmannes vor fünfzig Jahren in Togo, der früheren Sklavenküste in den Jahren 1873 bis 1877, Bielefeld o. J.

Voigt, Christoph: Admiral Aernoult Gijsels van Lier. In: Brandenburgische Jahrbücher, hrsg. vom Landeshauptmann der Provinz Brandenburg, Bd. 11 (= Churbrandenburgische Schiffahrt), Potsdam–Berlin 1938

Voigt, Christoph: Die Begründung der Marinewerft zu Pillau im Jahre 1680. In: Überall. Illustrierte Zeitschrift für Armee und Marine, 16. Jg., Heft 4, Berlin 1914

Voigt, Christoph: Benjamin Raules Beziehungen zu Berlin. In: Brandenburgia. Monatsblatt der Gesellschaft für Heimatkunde und Heimatschutz in der Mark Brandenburg, 50. Jg., Berlin 1942

Voigt, Christoph: Von der Flagge Kurbrandenburgs. In: Marine-Rundschau. Monatsschrift für Seewesen, Heft 8, Berlin 1933

Voigt, Christoph: Groß-Friedrichsburg. In: Der Burgwart. Zeitung der Vereinigung zur Erhaltung deutscher Burgen, 20. Jg., Nr. 2 und Nr. 3, Berlin 1919

Voigt, Christoph: Die Gründung von Groß-Friedrichsburg in epischer Darstellung. In: Zeitschrift für Kolonialpolitik, Kolonialrecht und Kolonialwirtschaft, 14. Jg., Nr. 7, Berlin 1912

Voigt, Christoph: Ein holländisches Huldigungsgedicht auf den Großen Kurfürsten. In: Hohenzollern-Jahrbuch, Forschungen und Abbildungen zur Geschichte der Hohenzollern in Brandenburg-Preußen, 18. Jg., Berlin–Leipzig 1914

Voigt, Christoph: Jan Conny und seine Beziehungen zu Groß-Friedrichsburg. In: Zeitschrift für Kolonialpolitik, Kolonialrecht und Kolonialwirtschaft, 14. Jg., Nr. 2, Berlin 1912

Voigt, Christoph: Neue Forschungen über Groß-Friedrichsburg. In: Koloniale Monatsblätter. Zeitschrift für Kolonialpolitik, Kolonialrecht und Kolonialwirtschaft, 15. Jg., Nr. 7 und 8, Berlin 1913

Voigt, Christoph: Otto Friedrich v. d. Gröben. In: Überall. Illustrierte Zeitschrift für Armee und Marine, 19. Jg., Heft 1 und Heft 2, Berlin 1916

Voigt, Christoph: Reliquien und Erinnerungen aus der Zeit der kurbrandenburgischen Marine. In: Brandenburgia. Monatsblatt der Gesellschaft für Heimatkunde der Provinz Brandenburg zu Berlin, 20. Jg., Berlin 1912

Voigt, Christoph: Schiffbau und Schiffswerften zu Havelberg. In: Havelberger Tageblatt, Nr. 58, Hamburg 1912

Voigt, Christoph: Über die Abmessungen kurbrandenburgischer Kriegsschiffe. In: Überall. Illustrierte Zeitschrift für Armee und Marine, 16. Jg., Heft 3, Berlin 1914

Voigt, Walter: Der Havelberger Seeschiffbau. Zugleich ein Beitrag zur Geschichte der brandenburgischen Guineakompanie. In: Brandenburgische Jahrbücher, hrsg. vom Landeshauptmann der Provinz Brandenburg, Bd. 11 (= Churbrandenburgische Schiffahrt), Potsdam–Berlin 1938

Wätjen, Hermann: Zur Geschichte des Tauschhandels an der Goldküste um die Mitte des 17. Jahrhunderts. Nach holländischen Quellen. In: Forschungen und Versuche zur Geschichte des Mittelalters und der Neuzeit. Festschrift Dietrich Schäfer zum siebzigsten Geburtstag dargebracht von seinen Schülern, Jena 1915

Westergaard, Waldemar: The Danish West Indies under Company Rule (1671-1754), with a Supplementary Chapter, 1755-1917, New York 1917

Westermann, Dietrich: Jan Cuny. In: Afrika. Studien zur Auslandskunde, Bd. 2, Berlin 1943

Westphal, Wilfried: Geschichte der deutschen Kolonien, Frankfurt am Main–Berlin (West) 1987

Wiedemann, Die Bestrebungen der Brandenburgisch-Preußischen Fürsten und Könige zur Gründung einer Seemacht, Görlitz 1866

Wiemann, Harm: Die Stände holen Preußen nach Ostfriesland. In: Ostfriesland. Zeitschrift für Kultur, Wirtschaft und Verkehr, Heft 4, Aurich 1982

Wilhelmy, Martin: Roter Adler an der Sklavenküste. In: Wochenpost, Nr. 3, Berlin 1991

Wilks, Ivor: Asante in the 19th Century. The Structure and Evolution of a Political Order, Cambridge 1975

Worthmann, Ludwig: Die Deutschen Kolonien in Westafrika, Schweidnitz 1887

Zur Eich, Hans Jakob: Africanische Reißbeschreibung in die Landschaft Fetu, Zürich 1677

Nachwort zur 2. Auflage

Bis zur ersten Auflage des vorliegenden Buches, die 1993 im Brandenburgischen Verlagshaus in Berlin erschien, war das überseeische Kolonialabenteuer des Großen Kurfürsten von Brandenburg und seiner Nachfolger nur einer Handvoll von Historikern bekannt. Die kolonialen Ambitionen Brandenburg-Preußens Ende des 17. und Anfang des 18. Jahrhunderts erstreckten sich auf die Festung Großfriedrichsburg bei Princes Town im heutigen Ghana, einige kleinere Siedlungen an einem etwa 30 Kilometer langen Küstenstreifen am Golf von Guinea, die Inselgruppe Arguin, die heute zu Mauretanien gehört, und die Antilleninsel St. Thomas.

Heute erinnern sowohl auf Arguin als auch in Princes Town und Umgebung nicht nur die steinernen Monumente an die brandenburgisch-preußische Kolonialherrschaft. Auch im Bewußtsein der einheimischen Bevölkerung ist die «Brandenburg family» lebendig, und in den Erzählungen einiger Afrikaner erscheinen die Brandenburger bzw. Preußen, durch die Jahrhunderte verklärt, als weniger despotisch und gewalttätig als die nachfolgenden europäischen Kolonialherren. Tatsächlich kann man aus Berichten in verschiedenen Archiven auf einen respektvollen, ja toleranten Umgang der Brandenburger mit der afrikanischen Küstenbevölkerung schließen. Ob diese subjektiven Darstellungen angesichts der Beteiligung der Brandenburgisch-Afrikanischen Kompanie am transatlantischen Sklavenhandel allerdings der Realität entsprechen, scheint äußerst fraglich.

Hierzulande haben zahlreiche Vorträge, Radiosendungen, Interviews, Seminare, Artikel in Tageszeitungen und Journalen, die als Reaktion auf das Buch entstanden, zur Popularisierung der kolonialen Vergangenheit Brandenburgs beigetragen. Großen Widerhall verzeichnete auch eine Dokumentation, die das Fernsehen des ORB 1995 nach der Vorlage des Buches drehte. In Potsdam wurde der Verein «Brandenburg – Princes Town – Eine Welt e. V.» gegründet, der es sich zur Aufgabe gemacht hat, vor dem Hintergrund einer gemeinsamen Geschichte die Bevölkerung im Land Brandenburg mit spezifischen Problemen der sogenannten Dritten Welt vertraut zu machen. Durch solche Öffentlichkeitsarbeit sind die existentiellen Sorgen der kleinen Fischersiedlung am Fuße der Großfriedrichsburg (insbesondere Palmensterben, Niedergang der Fischerei, fehlende Infrastruktur, Arbeitslosigkeit) zumindest etwas in das Blickfeld des hiesigen Interesses gerückt. Schüler und Lehrer der Wiesengesamtschule Jüterbog unterhalten beispielsweise eine Schulpartnerschaft mit der Schule des Ortes. Und nicht nur Brandenburger Bürger beteiligen sich an der materiellen Hilfe für die Bewohner von Princes Town. Die Besucherzahlen auf der noch gut erhaltenen, dennoch restaurationsbedürftigen Festung Großfriedrichsburg sind in den letzten Jahren gestiegen. Es bleibt zu hoffen, daß der sich langsam entwickelnde Tourismus keine negativen Auswirkungen auf die gastfreundlichen Bewohner des Territoriums der ehemaligen brandenburgisch-preußischen Kolonie in Westafrika haben wird.

Darüber hinaus hat das Buch auf den Beginn der Geschichte der afrikanischen Diaspora in Deutschland aufmerksam gemacht. Denn waren auch zuvor schon Afrikaner als «Mohren» oder «Turkos» an den europäischen Höfen bekannt, so kam im Rahmen des Kaufvertrags von Großfriedrichsburg zu Beginn des 18. Jahrhunderts zum ersten Mal eine Gruppe von Afrikanern nach Preußen. Obwohl dieser Aspekt der historischen Migrationsforschung bislang nur wenig Beachtung fand, lassen sich doch bei aufmerksamem Wandeln und Wandern durch die Mark Brandenburg mit ihren Dörfern, Städten, Schlössern und Herrenhäusern und in den beiden Residenzstädten Potsdam und Berlin zahlreiche Zeugnisse afrikanischen Wirkens finden. Wenn sich die verehrte Leserin, der verehrte Leser dann an dieses Kapitel brandenburgischer Geschichte erinnert und daran denkt, daß seit jener Zeit ein deutsch-afrikanisches Beziehungsgeflecht existiert, so ist das Anliegen des Buches erfüllt.

Dem Selignow-Verlagsservice in Berlin ist es zu danken, daß hierfür noch einmal mit einer überarbeiteten Neuauflage geworben werden kann, in der Text und Bibliographie (Stand 1993) beibehalten, einige Abbildungen jedoch aktualisiert wurden.

Das Buch ist den gastfreundlichen Menschen von Princes Town, für die die Vergangenheit ein Schlüssel für die Zukunft zu sein scheint, sowie meiner verstorbenen Frau gewidmet, die es für das beste meiner bisherigen Bücher hielt.

Ulrich van der Heyden
im März 2001

Weitere Informationen zu Großfriedrichsburg, zum Verein, zu Entwicklungsprojekten, Veranstaltungen usw. finden Sie im Internet unter

www.grossfriedrichsburg.de

BRANDENBURG
unter
d. Gr. Kf. Friedrich Wilhelm, 1640–1688.
Verhältnis = 1:8000000.

Die Erblande Friedrich Wilhelms sind hellblau, die Erwerbungen (Hinterpommern, Magdeburg, Halberstadt, Hohnstein, Minden, Saalkreis, Luckenwalder Kreis, Klettenberg, Kammin, Lauenburg, Bütow, Draheim, Kolonien, Schwiebuser Kreis) sind dunkelblau angelegt. Der Besitz der fränkischen Nebenlinien ist grün umzogen.

⛫ Festungen.